제주 잠수의 바다밭

사회관계와 생태적 지속 가능성을 위한 문화적 실천

안미정

제주대학교출판부
JEJU NATIONAL UNIVERSITY PRESS

The Maritime Garden of Jeju Woman Divers

Social Relations and Cultural Creativity for the Sustainable Environment

이 책은 2005년도 한국연구재단(전 한국학술진흥재단)의 지원(과제번호 A00008)을
받아 이루어진 현지연구의 결과로서, 저자의 박사학위논문을 수정 · 보완한 것이다.

이 책의 거의 모든 내용들은 저자가 한 마을의 잠수(해녀)들이 말하고 보여준 것을 대신 기술한 것이다. 학위논문을 수정한 것이기에 그 틀을 가지고는 있으나, 나는 이 책이 제주 잠수에 대한 민족지로 읽혀지기를 바란다. 돌이켜보면, 잠수에 대해 관심을 갖기 시작한 것은 우연한 계기였으나 왜 거기에 지적 흥미를 느끼고 있는 지는 한참동안 모르고 지나왔다. 물론 지금도 나 자신에게는 묘연한 일이기만 하다. 어떤 사람은 저자가 제주도 출신이기 때문에 잠수 연구에 대한 관심이 당연하다는 듯 받아들이기도 하였다. 그러나 오히려 익숙한 문화는 그 익숙함으로 말미암아 더 많은 물음과 비교를 뒤로 접어놓게 하여 깊은 해석이나 이해의 필요성을 지나쳐 버리게 만들기도 한다. 또 굳이 잘 아는 자문화의 생활방식에 대해 일일이 파헤쳐 따져 볼 현실적 필요성이 있겠는가. 그런 점에서 잘 안다고 여겼던 자문화가 어느 날 낯설게 다가왔던 문화적 충격이 아마도 연구의 출발점이 되었다는 생각이 든다. 시간에 떠밀린 채 필드워크를 떠날 때에도 막연한 기대와 설레임 속에서 물질을 배우겠다는 것 외에는 어떤 주제나 초점이 명확했던 것은 아니었다. 하지만 마을에서 물질을 배우겠다고 하였을 때 잠수들뿐만 아니라 주변 사람들의 반응은 정말 흥미로웠고 이 책의 여러 부분에 시사점을 주었다.

만약 우리가 알고 싶어 하는 어떤 대상이 있다면 우리가 서있는

4

위치, 곧 시점을 바꿔 보는 것이 중요하다고 생각한다. 주체와 객체의 위치를 바꾸는 중요성은 단순히 역지사지의 의미가 아니라, 주체와 객체는 다양한 관점 속에서 보다 역동적으로 상호주체성을 가지며 존재한다는 것을 알 수 있기 때문이다. 바다 '위에서' 잠수들을 보는 것과 그 '속에서' 보는 것은 다르다. 연구자로서 물질을 배우겠다고 한 것은 필드워크라는 목적을 위한 것이기도 하였지만, 그 세계에 대한 참여의 의미가 있었다. 처음 고무옷을 입었을 때 잠수들은 나의 카메라를 거의 뺏다시피 하며 나를 사진 찍었다. 예전에 했던 나의 익숙한 행동을 그들이 함으로써 순간 우리의 위치는 서로 바뀌었고, 사진 속의 초점은 나의 몸에 맞춰져 있었다. 막상 물질하기 위해 바다 '속으로' 들어갔을 때에는 더 이상 이전에 '바라보았던' 바다도 아니었다. 두 발이 바닥에 닿지 않는 두려움은 즉각 내 자신이 육상동물이며, 온몸으로 바닷물을 감지할 수 밖에 없는 것처럼 자연 '속에 있는' 존재임을 알게 하였다. 지역문화 담론 속에 잠수들은 힘들고 어려운 일을 어쩔 수 없이 감내하고 있는 존재로 부각되어 왔지만, 그것은 바다 위에서 바라보는 시점임을 강조하지 않을 수 없다. 바다 속에서 겪는 것과 바다 위에서 보는 것을 대비해본다면 이를 본질과 현상, 내부자와 외부자, 잠수와 비잠수의 시선으로 대별해 볼 수도 있다. 이 이분법적 대비가 커질수록 우리가 잠수의 어로문화를 이해하기란 더욱 요원해질 것이며, 이 둘의 관계를 역동적으로 치환시키며 다양한 비교적 관점으로 접근한다면 특정 지역에 국한되지 않는 인류의 해양 어로문화로서 보편적 가치를 발견해 나갈 수 있으리라 본다. 잠수들의 어

로는 비단 제주도의 지역적 고유함에 한정되지 않고 바다를 통해
여러 지역의 사회, 넓게는 전지구적 이슈(지구온난화, 국가 간 영
토분쟁, 자유경제무역 등)와 깊은 상관관계를 가지고 있는 문화적
고리이다. 따라서 제주의 전통문화, 혹은 지역의 자원관리라는 틀
을 뛰어 넘어 궁극적으로는 자연과 인간이 관계 맺는 생활방식에
대한 탐구로 이어져야 한다고 생각한다.

　그런 의미에서 이 책의 제목이기도 한 잠수들의 '바다밭'은 하나
의 상징으로서 제시한 것이다. 이 말은 잠수들이 사용하는 용어는
아니지만 그들의 생활과 세계관을 담고 있는 상징어라 할 수 있다.
바다 속 해저세계는 해양생물의 서식지인 동시에 이곳을 다니는
잠수들에게는 그곳이 '집'이며 생계의 터전이고, 그들의 조상이 소
라・전복・우뭇가사리들을 키워주는 신화적이고 종교적인 세계이
다. 그 관념은 단지 추상에 그치지 않으며, 집단적 연례 의례뿐만
아니라 노동의 교환과 음식의 분배, 친목을 도모하는 일이나 끼리
끼리 모여 한담을 나누는 일상사 등 잠수들의 중층적 사회관계 속
에서 실재하고 있다. 잠수들의 관계만이 아니라 해양생물, 동료잠
수, 마을주민, 지방자치단체, 국가 등 복합적 관계들도 바다밭에는
투영되어 있다. '바다/밭'이라는 그 자체가 암시하듯이 이 하나의
용어에는 두 개의 영역을 아우르고 있는 잠수들의 통합적 세계관
을 상징하며, 그들이 사회관계를 형성하는 방식, 곧 잠수들이 살아
가는 혹은 살아가고자 하는 가치지향이 투영되어 있다. 이들의 오
래된 어로방식과 바다의 여신에게 풍요를 비는 것, 중층적이며 호
혜적인 사회관계는 삶의 지속성을 향한 문화적 실천이라고 할 수

있겠다. 바다밭을 일구는 잠수들의 생활방식은 인간이 자연(바다)
과 어떤 관계 속에서 지속적으로 존재할 수 있는가를 보여주는 실
제 사례로서 중요한 가치가 있다고 본다.

이 책머리에서, 지금까지 연구자의 길을 이끌어 주신 여러 은사
님들과 동학들에게 감사의 마음을 전하고자 한다. 정병호 교수님
으로부터 사회인류학이라는 학문을 접하고 잠수 연구에 대한 틀을
잡아 갈 수 있었을 뿐만 아니라 그분의 은사님이신 데이비드 플래
스 교수님은 일본의 해녀를 연구하신 분으로서 한·일간 해양문화
연구라는 학문석 인연을 만들어주셨다. 이러한 시작에 앞서 제주
대학교 유철인 교수님은 인류학의 연구방법론을 알게 해주셨다.
조흥윤 교수님의 샤머니즘 강의 내용은 이 책에서 다룬 의례 분석
의 골간을 이루고 있으며, 어느 가을학기 그분의 강의시간에 시애
틀 추장의 편지를 읽으며 제주사람들의 자연관을 떠올렸던 기억이
난다. 이희수 교수님께서는 지역연구의 의의를 되짚어 주시고 논
문의 체계성을 바로잡아 주셨다. 전경수 교수님과 조한혜정 교수
님은 논문의 심사위원으로 참여해주셨을 뿐만 아니라 일찍이 생
태·여성 인류학적 시각에서 제주문화를 연구해 오신 선학들로서
이 책의 여러 부분에 걸쳐 두 분의 업적과 조언이 자리하고 있다.
뒤늦게 인류학이라는 지적 세계에서 공부의 기쁨을 느낄 수 있었
던 것은 배기동·안신원 교수님 등 한양대 문화인류학과의 교수님
들과 함께 해준 동료들이 있었기 때문이었다. 구은아 선생과 정우
창, 김희연, 임성숙은 동고동락을 함께 한 의로운 학우들이었다.

이 분야의 연구를 하면서 나에게 행운이라고 하면 이지치 노리

코(伊地知紀子)와 권헌익 교수님을 만난 일이었다. 인류학도에게 필드워크가 무엇인지를 직접 보여주었던 노리코는 가장 가까이에서 작업하고 있는 동료이자 스승이며, 그녀의 도움으로 재일한인에 대한 연구 기회를 가질 수 있었다. 권헌익 교수님은 인류학의 학문적 전통 속에서 제주사람들의 풍부한 문화적 지층을 보고 그 의미를 깨달을 수 있도록 도와주셨고, 함께 한 대화가 이 책에 많은 영향을 미쳤다. 두 사람은 언제나 나를 제주사람답게 해주었다.

이 책의 주인공인 100명의 동김녕리 잠수회 회원들과 안병삼 어촌계장님, 이창협 간사님께 진심으로 감사드린다. 딸처럼 보아 준 애자 삼춘과 영자·희대·영숙 삼춘 그리고 영주·복자·윤자 언니, 방을 빌려 준 혜숙 언니, 김창호 할머니와 순일·순녀 삼춘, 물질 선생 시순 언니, 진옥·순정·숙자·금옥 언니, 다마짱 언니와 방울이 어멍, 그리고 김옥희 회장님 등등 여러분들께 진 신세가 너무 많았다. 이 분들의 생활 모습과 목소리가 책으로 나올 수 있었던 것은 제주대학교 이창익 교수님의 제안과 권귀숙 교수님의 노고가 있었기 때문이다. 또 수산자료들을 챙겨주신 제주도 해양수산과의 양희범 선생님과 논문이 책이 되기까지 꼼꼼히 편집과 교정을 봐 준 보고사의 민계연 씨께도 감사드린다. 이 모든 분들 덕분에 소중한 출간의 기쁨을 누리게 되었다.

앞으로 또 어떤 물때를 만나 새로운 물길을 찾아가야 할 지 모르나 그 두려움 앞에서 언제나 당당한 힘을 갖도록 해준 가족에게 고마움을 전하고 싶다. 집안의 반대를 무릅쓰고 세상이 '개명'되었기에 물질을 했었다는 우리 할머니와 4·3의 상처가 배어 있는 아

버지와 어머니, 그리고 지난한 과정을 지켜봐준 언니, 오빠, 그리
고 동생들에게도 이 책이 소박한 기쁨이 되었으면 한다.

　언젠가 또 한사람이 새로운 잠수 연구의 물길을 찾아갈 때 이
책이 벗이 되길 바라며.

　　　　　　　　　부산 영도 아치섬에서 안 미정

| 차 례 |

| 표 차례 |

| 그림 차례 |

| 사진 차례 |

제1장 _ 서론

물질 가는 모습

연구 목적

말리노브스키(Bronislaw Malinowski)는 1922년 저작 『서태평양의 원양항해자들 *Argonauts of the Western Pacific*』에서 놀라운 신화 하나를 소개한 바 있다. 이 저작은 인류학의 고전이자 대표적 민족지(民族誌)로서 트로브리안드 제도의 의례와 교역을 다루고 있는데, 일명 쿨라 환(Kula cycle)이라 불리는 순환 체계를 통해 해양 부족들 사이의 사회적 네트워크가 형성이 되고 있음을 보여주고 있다. 쿨라 환을 형성하고 있는 것은 조개 목걸이와 조개 팔찌인데 해양 부족들 사이에서 이것은 단지 조개껍데기 이상의 여러 부족들 사이에서 지속적 사회관계를 내포하고 있는 하나의 상징물이라고 말할 수 있다. 이 조개가 생산되는 곳은 시나케타(Sinaketa)라는 섬으로 이 지역 사람들의 신화에는 그들의 조상이 어떻게 마을에 정착하게 되었고 또 그 조개를 잡게 되었는지 암시하고 있다. 말리노브스키가 소개한 그 신화의 간략한 내용을 말하면, 한 부족에서 나온 세 자매가 각자 정착할 곳을 찾아 가던 중 마지막으로 막내는 해안가에서 빛깔 고운 조개를 보게 되었고 그 고운 조개를 가지고 카누를 타서는 먼 바다로 나가서 바다 속으로 감춰버렸다. 그래서 칼로마라 불리는 그 조개는 주술(magic)과 잠수(潛水, 자맥질)를 할 줄 아는 시나케타 사람들만이 잡을 수 있게 되었다고 한다. 시나케

타인들의 이 신화는 조개에 대한 그들의 독점을 암시한다고 말리
노브스키는 해석하였다(Malinowski 1961[1922]:366~368).

이 책의 서두에서 시나케타인의 신화를 언급하는 것은 두 가지
측면에서이다. 하나는 조개를 시나케타 사람들만이 잡을 수 있다
고 하는 -비록 신화적 논리를 통해서라도 할지라도- 연안바다의
자원에 대한 부족 사람들의 점유(占有)를 보여준다는 것이며, 또 하
나는 실질적으로 조개를 차지하는 방법으로서 자맥질은 중요한 사
회적 기술이라는 점이다. 비단 해양 부족 사회가 아니더라도 인간
이 스스로의 몸을 생산도구로 삼는 사례는 현대사회에서도 볼 수
있으며, 이 책에서 서술하고자 하는 제주도 잠수(潛嫂)[1]들이 바로
그 예이다. 고효율과 생산성을 지향하는 현대사회에서 기계적 기
술을 최소한도로 이용하는 제주도 잠수들은 -그리고 일본의 아마
(あま, 海女)의 경우도 마찬가지로- 고도로 발달한 기계기술이 산업
전반에 근간을 형성하고 있는 현대사회의 어로자들이다. 기계적
장치를 이용하지 않는다는 면에서 이들의 어로법은 고대의 어로법
에서 크게 진화하지 않은 듯이 보이나 분명한 사실은 이들이 현대
사회의 어로자들이며 그들의 어로권리는 법적 장치로 보장되고 그
들이 잡은 해산물은 시장경제의 원리에 따라 유통되고 있다는 것
이다. 때문에 그들의 어로는 단지 원시적 어로형태에 국한 되지 않
고 현대사회의 다양한 메커니즘 속에서 지속되고 있다는 것을 간

---

1) 이 책에서 제주도의 여성 나잠업자를 지역 언어인 "잠수(潛嫂, 좀수)"로 표기하
였다. 이들은 잠녀(潛女, 좀녀)라고도 불려 왔으며, 일반적으로는 "해녀"라고
알려져 왔다. 이들을 지칭하는 용어에 관해서는 학자들 간의 견해 차이가 있으며
이를 제2장에서 다루도록 하겠다.

과할 수 없는 것이다. 잠수들과 아마는 모두 각각의 사회 안에서 '독특한' 한 존재로 주목받고 있으며, 지역의 아이덴티티를 상징하는 '전통문화'이자 관광객의 발길을 사로잡을 수 있는 흥미로운 소재로서의 역할을 담당하고 있다는 점에서 같다. 이는 곧 이들 혹은 이 어로행위에 대한 사회적 시선이 있다는 것과 경제적·산업적 목적의 소재로서 다양하게 재생산되고 재활용될 수 있음을 의미하는 것이기도 하다.

　해양의 어로활동에서 여성들은 남성에 비하여 관계가 희박하다고 비춰지고 있다. 그러나 한국의 여러 어업형태에서 어선어업을 제외한 모든 분야에서 여성종사자들의 수가 남성보다 많고, 연안 바다에서 이루어지는 어업분야(자맥질을 하는 나잠업과 조간대 혹은 갯벌에서 채취하는 맨손어업)에서 여성들의 활약은 두드러지다. 제주도 잠수들의 자맥질은 한국 여성의 대표적 어로활동이라 하여도 지나침이 없다. "잠수(潛嫂)"[2]라 불리는 여성들은 해안마을에 거주하는 평범한 주부들로서 밭일을 하면서도 주기적인 조수 변화에 맞추어 바다 속으로 들어가 각종 해산물을 수렵·채취하고 있다. 이와 같은 수중의 작업을 제주도에서는 "물질"이라고 부르는데, '바다(물)의 일'이라는 의미로써 잠수들의 자맥질 곧 그들의 어로를 말한다. 물질은 기계적 장비를 이용하지 않는다는 면에서 스킨스쿠버와 잠수기선(潛水機船)[3]의 잠수부(潛水夫)들과 구별되는 어로방식이며

---

2) 잠수들 가운데서도 수심(水深) 깊은 곳에서 채취하는 기량이 좋은 잠수를 상군, 얕은 곳으로 올수록 중군, 하군으로 분류한다.
3) 영국 해군의 잠수기술을 배운 일본인이 이를 해산물 채취에 접목시켜 일제시기 동안 한반도 연안과 제주도 근해에서 해양자원을 대량으로 어획하였던 어로선

채취 구역도 다르다. 이를 한국의 수산업법에서는 나잠어업(裸潛漁
業)이라 분류하여 왔으나 지금은 '마을어업'으로 분류된다.[4] 나잠
(裸潛)이라고 한 데에는 잠수들이 작업복이 없이 전라(全裸)로 일했
다기보다는 작업의 특성상 몸이 드러나는 점과 오늘날에는 특별한
기계적 장비를 이용하지 않는 '단순한' 어로라는 점으로 해석할 수
있겠다. 이때의 단순함이란 온전히 신체적 능력으로 자맥질하며
기계적 장비에 의존하지 않는다는 의미의 단순함(plain)일 뿐이다.
일본의 아마를 연구하였던 데이비드 플래스 교수는 이러한 어로법
을 "plain diving"으로 표현했었다(플래스 1997:502).[5] 나잠은 기계
에 의존하지 않는 반면 인간 자신의 그만큼의 신체적 기능을 최대
화 해야 하는 능력이 요구된다는 점에서 고도의 어로기술이라 할
만하다.

   이러한 어로법은 세계 여러 곳에서 이뤄져온 인간의 보편적인
어로방식이지만 한국의 경우 나잠을 행하는 종사자 대부분이 여성
들이며 사회적으로는 여성의 일로 보는 경향이 강하다는 특징이
있다.[6] 어로법 자체만을 놓고 볼 때, 나잠어로는 일본, 필리핀, 대

   (漁撈船)이다(稻井秀左衛門 1937). 연안해에서 전복과 해삼을 주로 채취하므로
   도내 잠수들의 민원이 발생하였고, 1970년대 중반 이후로 제주도에서는 사라지
   게 되었다.
4) 마을어장에서 일어나는 어업을 총칭하며 제주도에서는 주로 잠수들의 어로를
   의미하고 있다(제주도특별자치도 2007:10).
5) 그는 나잠업자를 "트렉터를 가지지 않은 농민(소작농)"에 비유하였는데, 일이
   단순해서가 아니라 산소통 없이 자맥질을 하기 때문이다. 이 책에서는 문맥에
   따라 나잠어로, 수중어로, 제주사람들이 일컫는 물질이라는 용어를 함께 사용
   하겠다.
6) 제주도를 포함하여 동서남해안에 남성 나잠업자가 있다. 그러나 이들은 통상

만, 인도네시아, 넓게는 미크로네시아와 폴리네시아, 아프리카의 마다가스카르에서도 행해지고 있으며(뒤르케 2003; 아키미치 2005; 이이다 2003; 최인학 1978)[7], 쉽게 비교할 수 있는 일본의 아마는 지역마다 남녀 종사자가 구별되고 있으나 전국적으로는 남녀 어로자가 동시에 존재한다(田辺 2000[1993]).

이러한 배경 속에서 필자의 의문은, 고도의 생산성을 지향하는 현대 산업사회에서 왜 잠수들은 과거의 나잠어법을 행하는가, 바꿔 말하면 흔히 잠수들의 일은 고된 일이라고 알려지고 있는데 왜 고생을 덜 할 수 있는 기계기술의 도입(스킨스쿠버와 같은)은 일어나지 않는 것인가라는 점이다. 따라서 필자는 제주 잠수에 대한 기존의 보편적 담론으로부터 보다 구체적인 접근이 필요하다고 보며, 총체적 관점에서 잠수들의 생활세계를 조명함으로써 이들의 해양어로가 갖는 사회문화적 특수성을 알 수 있으리라 기대한다. 이와 같이 문화인류학적 현지연구(fieldwork)를 통해 필자는 잠수들의 생활세계를 기술(記述)하고 어로 행위를 둘러싼 사회문화적 메커니즘을 조명하여 잠수들의 어로문화를 해석하고자 한다.

제주 잠수 연구가 중요하다고 보는 이유는, 비단 이들의 어로가 제주도의 '고유한' 문화이기 때문에 기존의 전통문화론의 시각을

자신들의 나잠어로에 대해 드러내기를 기피하거나 지방자치단체의 통계상에서도 성별 구분 없이 이뤄져 나잠어로자는 여성이라는 전제가 깔려 있다.

7) 그 외, 보아즈(Boas)와 스완톤(Swanton)의 보고에 따르면 콰키우틀 족, 틀링깃 족, 하이다 족 등은 코고리와 귀고리와 같은 장식품으로 큰 전복껍데기를 사용했다고 하며(모스 2002[1973]:176), 이는 곧 북미 인디언 부족사회에서도 수중어로가 폭넓게 전개되어 왔다는 것을 보여주는 것이다.

재강조하기 위함도 아니고, 한국의 '대표적' 여성 어로활동이어서
만도 아니다. 우선, 잠수들의 어로는 인간이 환경과 분리되어 있는
존재가 아니라 '그 속에' 존재하고 있음을 보여주는 구체적 사례로
서 모자람이 없다고 생각한다. 이들의 어로행위는 그 자신의 몸으
로써 또 노동으로써 자신의 존재가 바다라는 환경 속에 위치해 있
다는 것을 전제할 수 밖에 없다. 곧 바다 '속에서' 일한다는 것은
육상에서 볼 때 보이지 않는 미지의 세계인 것이며 위험하고 두려
운 일로 자주 묘사되는 것이 일반적이지만, 잠수들의 어로 세계 가
운데에서 바다는 하나의 "밭"으로서 관념되며, 조상이 관장히는 종
교적 세계로서 추상화되기도 한다(제5장에서 후술). 따라서 육상 중
심의 관점이 아니라 육상과 해양의 통합적 관점에서 바다에 대한
이해가 필요하다는 것을 알 수 있다.

  둘째, 잠수들의 어로는 여성이 '수렵' 채집 활동을 전개하며, 그
것은 바다 속에서, 그리고 현대 자본주의 시장경제체제에서 전개되
고 있다는 점에 복합적 의의가 있다. 일반적으로 인류사회의 진화
에서 남성의 사냥이 중요하였다는 가설에 대해 여성의 채집이 식량
공급에 있어서 중요하였다는 지적이 있으며(Micaela di Leonardo
1991:7), 드물기는 하나 여성이 사냥에 참여하는 사례들도 있다.[8]
제주 잠수들은 수중에서 작살을 사용함으로써 사냥꾼의 면모를 보
여주며,[9] 그러한 수렵채집의 어로가 외부세계의 영향을 덜 받는

---

8) 호주의 킴벌리(Kimberleys)와 멜빌 섬(Melville Island), 캐나다의 오지브와
  (Ojibwa), 몬타나이나스카피(MontagnaisNaskapi), 락 크리(Rock Cree), 필
  리핀의 아그타(Agta) 족 여성들이 사냥을 한다고 보고되고 있다(Lepowsky
  2001:269).

부족사회가 아니라 자본주의 시장경제체제 하의 현대사회에서 전
개되고 있다는 점에서 문화적 의의가 있다고 본다. 게다가 어로 조
직으로서 잠수회(또는 해녀회)는 세계의 해양 어로문화의 비교 연구
대상으로서 주목할 만하다. 시장을 통제하고 관리하는 법적 · 경제
적 공식조직 외에도 관습과 전통에 따라 생산 집단으로서 잠수회라
는 여성 어로조직의 활동과 역할은 여러 측면에서 조명해 볼 필요
가 있다.

　넷째, 제주도에서 공유지/공유자원을 마을주민들이 공동으로
이용, 운영하여 온 생활문화의 전통은 잠수들의 어로문화에서 이
어지고 있다. 연안바다라는 지역 공유지(local-commons)[10]를 다수
가 공동으로 운영하고 그 이익의 분배가 마을주민들에게 환원되도
록 하는 것은 크게 법적 제도적 장치로써 보장되어 있는 것이기도
하지만, 실질적으로 마을주민들에게서 보편적 기준으로서 작동하
는 것은 관습과 지식 등 문화적 규범들이다. 어떻게 공유지/공유자
원을 이용하고 어떻게 이익을 분배할 것인가 등 공동체적 자원 운

---

9) 바나티나이(Vanatinai) 섬 여성들은 얌 농사를 짓는 동시에 사냥과 채집어로를
　병행하고 있으며, 이들이 사냥에 쓰는 도구는 덫과 독이며 이 사회의 남성들만
　이 창을 사용한다(Lepowsky 2001).

10) 일본의 해양인류학자 아키미치 토모야(秋道智彌)는 코먼즈(commons)의 성
　격을 local-commons, public-commons, global-commons로 분류하였다(秋
　道 2004:12~24). 이는 코먼즈에 대해 영향력을 미치는 범주(자원의 접근, 이용
　의 권리)를 기준으로 한 분류이며, 이 책에서 언급하는 '마을어장'은 지역주민이
　촌유(村有)하고 있는 local-commons라 할 수 있다. 이것은 마을 주민이 공유
　하는 재산으로서의 성격을 가지는 것이기도 하지만 국가와 지방자치단체의 관
　리감독과 무관한 영역이 아니다. 이 책에서는 촌유적 성격을 지닌 마을주민들의
　'공유지'라는 의미로 사용하였다.

영의 양상은 중산간 마을주민들의 마을목장이 축산업 몰락으로 쇠
퇴해버린 지금, 해안가의 마을주민들의 어장이용에서 찾을 수밖에
없게 된 것이다. 이러한 집단적 자원 운영의 문화적 전통이 중요한
것은, 단지 생업이 사라짐에 따른 낭만적 아쉬움이나 경제적 이해
관계가 달라지는 변화를 두려워함 때문이 아니라, 기존의 생업을
둘러싼 사회관계가 새로운 관계로의 변화를 수반하고 생업에 관한
종교적 의례가 사라짐으로써 자연관 및 기존의 가치관이 함께 변
화하기 때문이다. 이런 측면에서 잠수들의 어로는 단지 경제적 어
로활동에 한정되지 않고 제주사람들의 자연관괴 가치관을 보여주
는 문화적 창이라 말할 수 있는 것이다.

연구의 배경과 방법

1. 이론적 배경

1) 생산기술과 사회관계

생태 자원과 긴밀한 관련을 맺고 있는 인간의 생산활동은 물리적 환경과의 인간의 상호관계를 주목한 생태인류학의 영역 안에서 다뤄져 왔다. 스튜어드(Steward 1955)는 생물학의 성과를 도입하여 환경과 기술, 인간 행위유형의 상호관계를 파악하였다. 그러나 보다 다양화 복잡화 된 현대사회에서 인간과 환경의 문화적 특성을 설명하는 것은 환경을 둘러싼 보다 다양한 요소들, 즉 사회적 관계나 사회제도, 정책 등은 간과할 수 없는 요소들임이 분명하다. 베네트(Bennett 1976)는 생태계를 '사회자연체계'라 하여 환경, 자원, 기술, 사회조직, 그리고 이데올로기라는 5가지 요소를 포함시키는 보다 포괄적인 개념으로 바라보았다. 이러한 구성요소의 검토에서 주목되는 것은 환경을 일정한 것이 아니라 사회적 체계에 따라 다양한 속성을 띠게 되는 일종의 변수로서 파악하고, 기술과 사회조직은 사회의 구성원이 필요로 하는 물자와 용역의 공급을 가능케 하거나 제한하여 인구밀도에 영향을 미치며, 인간의 가치와 욕구들(이념)이 기술이나 조직의 바탕이자 통제하는 요소가 된다는 점이다. 이러한 주장을 바탕으로 어로 행위에 적용하여 본다면, 일반

적으로 어로는 해양 동식물을 '약탈'하는 것으로서 이를 사회적 생
산으로 바라볼 수 있는가의 문제를 생각해보게 된다. 잉골드
(Ingold 1991)는 바다를 시간과 역사, 문화적 다양성을 녹이는 커다
란 용해물(dissolver)로 보고 있다. 그에게서 "어로(fishing)는 인간
이 '하는' 어떤 것"으로서 이것은 상징적으로 의미 있는 행위이자
목적과 관심이 투영되어 있는 의식적 행위로서 고찰하였다. 이러
한 목적적 활동은 자연 자원을 획득·소유하려는 것뿐만 아니라
이에 수반되는 구성물을 아우르는 것이다. 고기를 잡으려고 배와
그물 같은 인공물을 만들뿐만 아니라 상호의 신뢰와 협동, 책략 등
과 같은 전략을 구사하거나 자원에 대한 주장과 접근을 통제하는
규칙을 만들고, 자신들의 생산적 활동을 재현하는 모델을 구성하
는 것 등도 포함된다(Ingold 1991:viii). 따라서 어로는 행위자의 목
적의식성을 가지고 있는 상징적·생산적인 활동이라고 할 것이며,
육상뿐만 아니라 연안의 바다 속까지 이어지는 어로의 기술과 책
략들 그리고 그것에 얽힌 담화의 행위 등은 모두 사회적 생산 활동
이라 말 할 수 있는 것이다. 바다 속의 해양동식물을 자맥질하는
어로행위도 '자연상태(state of nature)'의 것을 취득하므로 농부가
농사를 지어 작물을 수확하는 것에 비하면 이것은 약탈이라 주장
할 수도 있다. 그러나 지적했듯이 어로 행위가 목적의식성 속에 이
루어지며 인간은 사회적 관계에 근거한 자기 인식을 가진 존재로
서 인간에게 자연상태라는 것은 곧 사회적인 것(Pálsson 1991:2)[11]것

---

11) 팔슨은 어로 사회들의 경제를 통하여 어로를 육상의 수렵채집 차원으로 적용
  되는 것에 반대하며, 어로를 19세기의 많은 진화적 도식들 중의 인류의 또 하

이라는 주장 위에서, 잠수들의 어로는 사회적 생산활동으로서 기술과 조직, 자원을 둘러싼 사회적 가치와 욕구들이 매개되어 있는, 곧 사회적 관계 속에서 해양자원 및 어로의 성격을 파악할 수 있는 것이다.

한편, 생산 활동으로서 잠수들의 어로가 사회관계 안에 있다고 하는 것은 어떻게 파악할 수 있을 것인가? 인간이 생활에서 환경과 어떻게 관련을 맺고, 또 그 관계들을 어떻게 말하는가라는 담화(談話)의 중요성을 지적해볼 수 있다(Ingold 1991: vii). 팔슨(Pálsson 1991)은 아이슬란드의 어로를 연구에서 자연에 대한 사람들의 말을 중요시 하였는데, 인간의 의도와 목적의 원천은 지배적인 '사회적' 관계 안에 놓여 있는 것으로 "의도적인 행위자"인 인간이 자연환경에 대한 행위나 다른 사람과의 나누는 담화는 서로 맞물려 있기 때문이다(Pálsson 1991: viii). 담화를 나눈다는 것은 그들의 일과 관련하여서도 중요하다. 담화를 잘 한다는 것은 일을 잘하는 것이고 일을 잘하기 위해서도 담화가 중요해진다고 보기 때문이다. 담화는 주변 환경에 대한 정보를 주고받는 것으로 나타나지만 그 내용은 그들이 환경과 분리되지 않은 주체임을 확인하는 과정이다. 예를 들어, 사냥꾼들에게 담화는 주변 환경과 동식물에 대한 중요 정보들과 더불어 함께 한 동료들의 이야기가 오갈 뿐만 아니라 먹이와 사냥꾼의 관계가 언제든지 뒤바뀔 수 있었던 자신의 운명까지도 이야기되는

나의 '생존의 기술'이라는 한 범주로써 간주한다. 왜냐하면 수중 자원의 수렵채집자들의 사회적 조직이 육상의 자원을 수렵채집하는 자들의 그것과 다르기 때문이다.

것이라는 주장이 있다(Kwon 1998:116~118). 따라서 담화를 '함께' 나
눈다는 것은 그들 개별 사이의 관계를 돈독히 할 뿐만 아니라 생산
집단으로서 추구하는 가치의 실현과 같은 목적의식적 행위로서 사
회관계 속에서 담화의 주체들을 바라볼 수 있어야 한다.

2) 바다와 자원권리

바다는 물리적으로 육상과 다른 생태적 조건을 가지고 있으며
어로 상황에서 부딪히는 예측할 수 없는 위험과 불확실성이 어로
사회를 설명하는 주요한 특성으로 지적되어 왔다(한상복 1976;
Acheson 1981,1989; Han 1976). 어로는 상대적으로 불명확한 물리
적·사회적 상황에서 이뤄지며 이러한 이유로 예측할 수 없는 상
황의 문제들로 압박을 받고(Acheson 1981:277; Han 1976:14), 어민들
의 협동은 불명확한 물리적·사회적 상황에 함께 대응하고, 어로
도구가 상호 협동의 필요성을 낳기도 하고(Fortes 1937:140), 서로
결속하는 공동의 조직을 구성하기도 한다(網野 2006[2003]:101~
102). 한국의 어촌사회 연구에서도 공동체적 어로 양상은 이러한
물리적 위험에 대비하는 집단적 행동양식으로서 조명되며 그 가운
데 마을어장이라는 생산토대를 공유하는 것은 어촌의 공동체성을
보여준다고 지적되고 있다(정근식·김준 1993:330; 김영돈 1993:152;
강만익 1993:176).

바다의 물리적 특성 외에 주목해야 하는 것은 어로공간을 누가
이용할 수 있는가에 대한 사회적 권리에 관한 부분이다. 일반적으

로 바다는 누구나 이용할 수 있는 공유지로서 열려 있는(open-access) 곳이라는 관점이 있으나, 이것은 서구적 관점일 뿐 해양 사회의 여러 지역에서 바다는 특정 지역 혹은 집단에 의해 점유(占有)되고 있는 것을 알 수 있다(아키미치 2005). 바다가 누구에게나 열려 있는 '자유의 바다(freedom of the seas)'라고 바라보게 된 데에도 16~17세기 동안 전개된 유럽 식민지 건설과정과 무관하지 않다(Pálsson 1991:23~53). 팔슨은 보다 자세히 어로공간에 대한 접근 형태 —곧 권리를 실현하는 형태— 를 구분한 바 있다. 어로공간이 누구에게나 열려 있는 무제한적인 개방(open)과 외부자에 대해 배타적 권리를 가지는 폐쇄(closure), 그리고 폐쇄에 비하여 보다 사회적 점유라는 의미에서의 보유(tenure)가 그것이다. 폐쇄에서 보유로 전환한다는 것은 사회관계의 변형을 의미한다 하였다(Pálsson 1991:49~50). 특정 공간/자원에 대한 점유는 곧 누군가에게는 권리의 제한이 따른다는 말과 같다.

대개 해양자원에 대한 권리가 마을 거주민에게 우선적으로 부여되고 있는 것은 보편적인 현상이라 하겠다(田辺 1990; 아키미치 2005; 한국해양수산개발원 2004).[12] 한국의 경우 연안바다는 역사적으로 사유와 공유(촌유)의 형태로 지배되어 왔으며(朴九秉 1991:223~230), 지금도 어촌 주민들에게는 '우리 바다'라는 소유 관념이 이어지고

---

12) 러시아 연방법령에 따르면 "생활방식, 고용, 경제가 전통적으로 생물자원의 어업에 근거하고 있는 러시아 연방 북부 및 극동지역의 소수 민족 및 인종 사회의 대표자", 또는 "해안 연안에 속하는 영토 내 장소에 거주하고 있는 국민"을 생물자원 이용 권리의 우선권자로 규정하고 있다(〈러시아 연방 배타적 경제수역에 관한 연방법〉 제2장 제9조 ①, ②항, 한국해양수산개발원 2004:36).

있다(한규설 1993,1996). 이처럼 어로공간의 이용, 혹은 자원에 대한
접근 문제란 사회적 권리와 사회관계를 함축하고 있는 문제이다.
그리고 집단적으로 점유하는 어로공간에서 '공유지의 비극(Hardin
1968)'이 초래되지 않는 것도 소유하는 주체들의 사회관계를 통해
조명해 볼 수도 있을 것이다.[13]

3) 여성의 생업 노동

해안의 수심 얕은 지역이나 조간대는 인간에게 먹을 것과 정착,
자손의 번식과 배움을 주었던 중요한 생활무대였다(Sauer 1962:
309). 다양한 해양동식물의 서식과 더불어 어로형태도 다양하게 전
개되게 있다. 비단 어부의 고기잡이만이 아니라 돌을 쌓아 밀물에
들어온 고기를 썰물 때에 잡거나 암초에 붙어 있는 조개들과 해초
들, 혹은 갯벌 속에 서식하는 조개와 게들도 모두 육상과 바다가
만나는 지역에서 손쉽게 전개될 수 있었던 어로들이었다. 그런 가
운데 직접 얕은 수심 속에 들어가 해초와 어패류를 잡는 잠수(潛水)
는 아시아 여러 곳에서 지금도 어렵지 않게 볼 수 있는 어로법이
다. 또한 얕은 물에서 잠수하고 작살을 사용하는 동남아시아의 바

---

13) 공유지의 비극(The Tragedy of the Commons)이란 공유지에서의 자유가 부른
비극이라고 말할 수 있다. 그에 따르면, 공유지를 이용하는 소치기 목동들은
가능한 한 더 많은 소를 키우려고 할 것이고, 한정된 공간에 한정 없이 그의
소떼를 증가시키려는 것은 모든 목동에게도 마찬가지인 관심이므로, 공유지 이
용이 자유로운 사회에서는 모두가 그 목적을 향해 가서 결국 파멸을 불러올
것이라는 것이다. 하딘은 이러한 비극의 본질을 자원의 공유(共有)에 있음을
지적하였다. 그는 이 비극을 사유재산(private property) 또는 형식적으로 이와
같은 어떤 것(something formally like it)으로 피할 수 있다고 보았다.

다 유목민을 어부(fisherman)보다 바다의 수렵채집자(sea hunters and gathers)라 보는 견해도 있다.

한국의 경우 바다 속에서의 어로를 '여성의 일'로 보는 시각이 지배적이며 나아가 이를 생물학적으로 여성에게 적합하기 때문이라고 분석한 주장은 재고되어야 한다. 다른 지역에서 보듯이 어로의 한 형태이고 남성과 여성들에 전개되고 있는 양상을 통해 한국의 역사적·사회문화적 배경 속에서 '여성의 일'이 되고 있는 것을 살펴보아야 하는 것이다. 잠수들의 노동은 산업화 이전부터 존재해 온 생업활동이었으며, 산업사회의 임금노동과 다른 배경을 가지고 있다. 여성학자들은 서구의 식민지 통치를 경험하였던 제3세계 지역의 여성들이 사회 발전 과정에 성차별적 젠더 모순을 경험하며, 사회 변동을 여성과 남성이 동질하게 경험하는 것도 아님을 지적한다. 또한 같은 방식으로 발전에도 참여하지 않으며, 발전 과정에 수반되는 다양한 비용과 그 이익에 있어서도 동등하게 공유되지 않는다는 점을 지적하고 있다(Lockwood 2001:529).

젠더 편견(biases)을 가진 서구자본주의 사회의 특성은 식민지경영을 통해 비서구사회에 소개되었다. 젠더 편견의 하나는 서구의 구조적 양상인 공식적, 경제적(생산적인)인 것과 가내적(재생산적인)인 양상으로 인위적으로 구분된 자본주의적 관계이고, 후자인 가내 영역은 평가절하 되었다. 자본주의 사회에서, "노동(labor)의 개념은 잉여가치를 생산하는 활동, 즉 현금 소득 활동으로 제한되었다." 따라서 "일(work)"은 상품 또는 환금작물 생산, 고용 임금, 남성들이 전형적으로 지배하는 활동들이며 그래서 남성들은 공식적,

생산적인 영역과 제휴(associate)하게 되었으며 이는 종종 물리적으로 가구/가내(household/domestic)의 활동으로부터 분리된 것이다. 여성의 전형적인 많은 활동들은 -아이를 낳고 보살피며 주로 배우자와 가구를 유지하는, 가족이 이용, 소비를 위한 생산-화폐가치(monetary value)을 발생시키지 않는 것이기 때문에 자본주의적 체계 안에서 "생산적인"활동으로 규정되지 않는다. 따라서 여성들은 "일" 하는 것이 아니다(Lockwood 2001:532).

비서구 사회의 여성 노동에 대한 평가절하의 배경에는 자본주의적 노동 개념과 이를 가내영역으로 환원시키는 서구사회의 젠더모순이 투영되어 있음을 알 수 있다. 제3세계의 여성들은 가족의 생계를 위해 노동을 하고 있으며, 한국의 농어촌에서도 이러한 양상은 크게 다르지 않다. 서구 자본주의 경제체제는 노동의 개념을 '화폐가치에 국한된 일'로 축소되었으며, 여성의 가내 영역을 비생산적인 활동으로 간주되었다. 물론 잠수들의 경제적 어로 활동이 가계와 지역 경제에 기여하여 왔다는 것은 주지의 사실이다(제주도 1996; 안미정 1997; 김영돈 1999; 진관훈 2004). 그럼에도 이들의 어로가 더 이상 새로운 '직업'으로서 고려되지 못하고 있는 것은 전통적어로, 전근대적 어로, 가내 영역의 노동으로 국한시키기 때문으로, 이것은 서구 자본주의적 생산 관계가 안고 있는 젠더의 편견이 작용하고 있는 결과와 무관하지 않은 것이다. 이들의 어로는 공적 영역에서의 생산 활동이 아니며, '여성의 노동'으로서 개인적인 가내노동이라는 인식에 묶여 평가절하 되고 있는 것이다.

1970년대 말 공적·사적 개념을 적용하여[14] 조혜정 교수는 한국 여성의 사회경제적 지위와 역할을 수렵채집·농경·자본주의 사회에 따라 공·사적 영역을 나누어 남녀의 역할을 분석한 바가 있다. 이에 따르면, 생산 활동은 가정 영역이었으나 자본주의 사회에서 공공 영역이 되었으며, 의례와 친족 조직은 자본주의 사회 이전 단계에서 모두 공적 영역과 연관성이 있었다. 그런데 이러한 공·사적 이분법은 어느 사회에서나 분명하게 나타나는 보편적 현상이 아니며 여성들은 남성과 다른 방식으로 사회적 네트워크를 형성하고 다른 전략들을 구사하며, 자신의 위치를 조정해 간다 (Menon 2001; Reiter ed. 1975). 따라서 경제적 활동으로서 여성노동의 중요성은 비단 어떤 일을 한다는 것 자체보다 일의 전개과정에서 요청되는 능력 혹은 역할 수행을 고려해야만 할 것이다.

사피오티(Saffioti)는 많은 여성들이 비자본주의적 활동에 종사하고 있는 현실 속에서 자본주의 생산양식과 전자본주의(前資本主義) 노동관계의 접합은 여성의 상황을 이해하는 데 중요하다고 지적하였다. 자본주의 사회 안에서도 다양한 형태의 생산 활동이 전개되며, 많은 여성들이 그와 같은 영역에서 노동하고 있음을 본 것이다. 하나의 지배적 생산양식으로 노동 상황을 설명하는 것이 아니라, '기술을 어떻게 이용하는가라는 사회적 이용방식'에 주목함으로써 전자본주의적 노동관계에 있는 여성들의 노동을 설명할 수 있음을 제시하였다. 결국, 기술 도입의 결과는 다양하게 나타날 수

---

14) 가내적(domestic)이란 한 명 또는 그 이상의 어머니들과 그 아이들 중심으로 조직된 최소의 기관들과 행위 양식에 연관된 것으로 사용하며, 공적(public)이란 특정 모자집단들을 규정짓거나 연결, 분류 짓고, 조직하는 결합의 형태들과 활동들, 기관들을 말한다(Rosaldo and Lamphere, 1974:23).

있으며 그에 따른 노동관계 속에서 여성의 사회적 역할을 논하는 것이다(사피오티 1985:130~134). 이러한 주장을 바탕으로 해볼 때, 여성이 여러 의례에서 —마을의 공식적 행사뿐만 아니라 가내의례를 포함하여— 음식 준비와 분배의 역할을 수행하는 것은 그 행위가 다양한 형태의 증여와 교환 관계 속에서 일어나는 것이므로 다각적 측면에서 해석해 볼 수도 있겠다. 스톨러(Stoler 1985)는 남녀 간의 관계는 성(gender)에 의해서만이 아니라 노동 과정에서 요청되는 능력을 수행하는 것이 그 사회의 여성의 경제적 지위와 역할을 반영한다고 지직하였고, 조혜징 교수는 유교식 의례에 참어한 여성은 남성이 의례에 참여하는 의미와 다를 수 있다는 것을 보여주고 있기도 하다(Cho 1979:265).

여성들의 생업노동은 국가의 산업정책, 외부 시장가격의 변동, 해수온도의 상승 등의 다양한 요인들에 의해 요동치는 복합적 영향권 안에 존재하고 있다. 때문에 외부 상황에 따른 사회적 위기가 노동에 미치는 영향의 파장이 그들의 일상적 생활세계와 동떨어져 있지 않다는 것을 고려해야만 한다. 생업 위기와 공동체의 집단적 대응양상에 관해서는 스콧(Scott 2004[1976])이 주장하는 '도덕경제(moral economy)'[15] 틀이 분석에 주요한 시각이 될 수 있다. 스콧은

---

15) 도덕경제는 톰슨(E. P. Thompson)이 영국의 식량폭동에 대해 물질적 궁핍보다 사회문화적 정당성에 의해 폭동의 동기가 부여되고 있음을 밝히면서 적용한 개념이다. 스콧(James C. Scott)은 동남아의 농민 저항을 이 개념을 통해 해석하였다. 서로 다른 연구에서 도덕경제의 틀이 유용성을 가질 수 있었던 것은 두 연구에서 모두 지역사회를 단위로 삼으며, 생존을 위한 경제를 매개하는 규범으로서 호혜성의 규범을 다루고, 공유재산의 물질적 기초, 그리고 도덕경제를 전통과 관습의 문화적 기반으로 보고 있다는 점 때문이다. 이러한 점에서

동남아 농민의 폭동은 단지 경제적 손익 이상의 관습적 사회보장
체제의 붕괴에 대해 더 큰 위협을 느끼는 공동체의 저항이었음을
주장하였다. 같은 맥락에서 잠수들의 각종 해안개발사업 과정에서
발생하는 분쟁 양상은 잠수들에게 있어 경제적 이해관계와 사회적
자원점유권 뿐만 아니라 그 사회의 다양한 사회관계로 형성된 생
활세계의 위기로 간주될 수 있음도 놓쳐서는 안 될 것이다.

4) 신화와 상징의 힘

'과학'과 달리 "신화적 사고는 사건이나 사건의 잔재를 가지고
구조를 만드는" 것으로, "신화적 사고의 특성은 그 구성이 잡다하
며 광범위하고 그러면서도 한정된 재료로 스스로를 표현한다(레비
-스트로스 2005:70)." 말리노브스키는 이러한 신화가 "한가한 서사
시도 아니고 목적 없이 공허한 상상에서 분출한 것도 아니며 오히
려 매우 중요한 문화적인 힘을 가지고 있다."고 주장하였다. 그리
고 그 신화의 생명력은 사회생활로부터 나오는 것이라고 지적하였
다(말리노브스키 2001[1926]:20).

신화가 구체적으로 구현되는 공간으로서 의례의 장(場)은 중요
하다. 신화가 의례의 실행을 설명하고 합리화시켜준다면 의례는
신화의 이야기들을 극화하고 행동으로 표현한다(키징 2001:439). 의
례는 신화 속의 이야기들을 활성화시키는 문화적 장치라고 한다면
의례의 구성자들은 신화의 주인공/혹은 상징들과 어떤 관계로 연

연구자는 마을어장의 자원이용과 분배를 둘러싼 마을주민들의 생활세계를 고찰
하는 데 틀이 될 것이라 본다.

결되어 있는 의미 있는 존재이다. 신화 속의 상징 또는 신화가 설
정되고 있는 관계의 고리가 신화를 구현하고 있는 사회의 문화적
핵심과 결코 무관하지 않은 것이다. 핵심적 상징은 의례 상황 속에
서 계속 반복되는 주요 상징적 대상들에 집중되어 있으며, 사회적
행위의 한 요인으로써 의례적 상징은 인간의 이해관계와 의도, 목
적이나 수단과 관련되어 있다(Turner 1967:20). 그러한 상징이 힘을
가진다 할 때 그것은 상징이 다양한 메시지를 전달할 수 있기 때문
일 것이며, 곧 상징이 '다의적(multivocal)'이기 때문이다(Turner
1974:55).

　의례의 상징이 집단의 사회적 통합에 기여한다는 것은 뒤르켐
(Durkheim 1992[1916])이 일찍이 지적한 바이지만, 글루크만(Gluckman)
은 의례가 사회적 규율 간의 현실적인 갈등을 과장하고 이러한 갈등
에도 불구하고 통합이 이루어진다고 함으로써 의례와 갈등에 대한
이해를 넓혔다(Gluckman 1956:18).[16] 글루크만은 의례를 통해 기대
되는 사회적 질서를 역할 반전을 통해 담아내는 동시에 의례는 갈등
을 해소하고 집단 통합에 기여하게 되므로 현실 사회 질서를 강화한
다고 본 것이다.[17] 의례의 주체와 상징들이 사회적 상황과 무관하지

---

16) 글루크만은 아프리카 줄루(Zulu) 족의 의례에서 여성들이 남성들에게 힘을 발
　휘하는 역할의 반전(反轉)이 일어나는데, 규범적으로 금지된 행동을 의례가 허
　용하는 것은 사회의 특정 규범에 대한 항의일 뿐만 아니라 또한 그것을 강화하는
　것이라고 지적하였다(Gluckman 1956:116).
17) 사회적 질서의 반전이 일어나는 의례의 상황을 글루크만은 터너의 코뮤니타
　스(communitas)에 비유하였다. 코뮤니타스는 "이도 저도 아닌 상태(betwixt
　and between)", "여기도 저기도 속하지 않는" 상황으로서 고정되어 있는 구
　조나 의미, 관계 등이 의례의 과정에서 '구조 사이에' 있게 되는 상황을 말한
　다(Turner 1969:95).

않으므로, 의례는 사회정치적 관계 속에서 참여자들이 만들어가는 상징적 정치공간으로서 접근할 수 있는 여지를 준다. 의례의 참여자들이 그들이 참여하는 본래의 목적과 별도로 그리고 자신의 상징적 행위가 권력 관계에 연관되는 것을 의도하지 않는다 할지라도, 그들은 개인·집단 간의 권력 관계에 영향을 주며 또한 받기도 한다(코헨 1982[1974]:224).[18]

상징이 사회관계에 대해 갖는 기능은 사회관계가 언제나 가시화되어 있는 것이 아니며 변동과 갈등의 상황에서 은폐되거나 신비화·추상화 되어 숨겨질 수 있으므로 상징이 끊임없이 생성 중인 관계들을 구체적이고 비교적 지속적으로 객관화시켜준다는 데에 있다(코헨 1982[1974]:222). 예를 들면, 제주사람들의 불행했던 역사가 그들의 의례 속에서 불온한 신화적 영웅이 조상이라는 '서민적' 개념에 응축되어 등장한다는 것이다(Kim 1989:153). 또 한편, 흔히 말하듯이, 의식(儀式)이 '조상'들로부터 유래되었기 때문에 지켜진다는 말에는 의식(자체)의 권위와 사회적 산물로서 전통의 권위를 구분할 필요가 있다(뒤르켐 1992:514). 한국의 무(巫)는 조선시대로부터 일제시기를 거쳐 해방 후 근대화 과정에서 탄압을 받아 왔으나(조흥윤 2002:19), 1980년대 이후 한민족의 정체성과 전통문화로

---

18) 의례를 상징적 정치공간으로 보는 것은 코헨의 견해를 따르는 것이다. 그는 단순 사회이든 산업 사회이든 권력의 분배, 유지 및 행사에 있어 중요한 역할을 하는 여러 형태의 규범적·비합리적·비공리주의적 행동이 존재하며 이것을 보통 관습 또는 문화라 일컬어지기도 하지만 보다 분석적이고 추상적인 수준에서 말하자면 이를 상징이라고 보았다. 사회관계는 엄밀히 말하여 권력 관계를 내포하고 있는 것이므로 의례의 상징은 정치적 사회관계에서 해석할 수 있는 것이다.

서 재인식되고 국가의 법률에 의해 공식적으로 '전통성'의 권위를
부여받게 되었다. 의례는 공동체의 위기 상황에서 연속성과 공동
체감, 안정성을 위해 의도적으로 변하지 않게 된 것일 수도 있으나
또한 표면적으로는 과거와 동일한 의식을 답습한다 하더라도 의례
거행이 갖는 성격과 맥락에 따라 그 의미는 근본적으로 바뀔 수도
있다(홉스봄 외 2005:214~215). 따라서 '전통'의례는 동적으로 파악
할 수 있어야 한다. 의례 주체에 의해 전통은 "사회적 상황에 적응
하거나 저항하거나 또는 대안적 삶의 양식을 추구하기 위한 전략
적 자원"일 수도 있으며(김광억 2000:8), 하나의 상징자본이라고 할
수도 있을 것이다.[19]

2. 기존 연구의 전개

제주도 잠수는 생리학·역사학·경제학·지리학·민속학·인
류학 등 여러 분야에 걸쳐 연구가 이루어져 왔으며, 이외에도 문학
작품이나 영화의 소재가 되기도 하고, 지역의 잡지·방송·신문을

19) 상징자본이란 부르디외(P. Bourdieu)의 개념으로서, 예술가와 지식인이 문학
과 예술에 대한 교양처럼 남들과 다른 방식으로 전유하고 소비하는 것을 예로
들 수 있다. 연구자가 이 개념을 사용한 맥락은 시간이나 교양의 획득에 바쳐진
시간을 소비하는 것과 같이 '오랜 시간성'에 대한 가치 때문이다. 오래된 집단에
소속되는 것, 이는 '오랜 시간에 걸쳐서만' 축적될 수 있기 때문에 가장 고귀하고
변별적인 가치를 부여받는 모든 소유물들에 대한 소유의 유일한 보증이 된다(부
르디외 1996:470). 이것을 획득할 수 있는 능력과 시간의 낭비(소비)를 과시하
는 것. 잠수들의 의례의 전통성은 바로 그들의 어로(기술)가 오랜 숙련의 시간을
들여야만 형성되는 시간의 소비가 요구되는 것이며 그것을 축적해왔다는 것이
바로 의례가 상징자본으로서 그들에게 유의미하다는 맥락에서이다.

통해서 잠수들의 생활이 소개되어 왔다. 각 학문 분야에서 진행되어 온 잠수 연구를 간략히 살펴보도록 하겠다.

1) 연구의 흐름

제주 잠수에 관한 인문학적 연구의 시작은 1960년대부터였다고 할 수 있다. 사학자 민경임(1964)은 사회적 통념상 "여자가 특수한 기술이나 재능에 의하여 일정한 직업에 종사한 것은 일반적으로 최근의 일"이라 여겨지지만 제주 잠수들은 "그 예외이며 또한 상당히 적극적인 여성의 직업적 활동"으로서 전개되어 왔음을 밝혔다 (1964:85). 일찍이 여성의 경제활동으로서 잠수에 주목하였다는 점에서 의의가 있다. 비슷한 시기에 여성이 수중어로를 한다는 것을 일본의 아마와 비교하였던 생리학적 연구가 있다(Hong and Rahn 1967). 이 연구에 의해 나잠업은 여성에게 신체적으로 적합한 일이라는 인식을 낳았다.[20] 이것은 물론 본래 연구목적과 무관한 것이었으나, 나잠어로자(breath-holding divers)들이 장기간 훈련을 통해 한냉(寒冷) 환경에 적응하는 능력이 생겼다고 결론지으면서도, '여성이 남성보다 더 많이 수중어로에 종사하는 것'은 여성이 상대적으로 남성보다 두터운 피하지방을 가지고 있기 때문이라는 주장 때문이었다. 또한 생활이 더 편리하고 덜 힘든 방식을 선호함에 따라 이들은 20세기 말에 사라질 것이며 스킨스쿠버 혹은 현대적 다

---

20) 여성에게 보다 신체적으로 적합하다는 근거로서는 한냉 지역에서 지방층이 두꺼운 고래나 물개가 생존하는 것과 같은 이치임을 주장하고 있으며, 이 논문은 제주도 잠수에 관한 주요 저작들(강대원[1973], 제주도[1996])에서 모두 인용·소개되어 왔다).

이버들에 의한 생산이 확대될 것으로 전망하였다(Hong and Rahn 1967:43). 여성의 나잠업에 대한 비교적 '과학적'인 설명이 이후 줄곧 일반화되어 왔으나, 이것이 제주도의 역사적 특수성에 기인한 것임은 2000년대에 이르러서야 밝혀졌다. 남녀가 함께 하던 나잠업은 조선 후기 수심 깊은 곳에서 전복을 채취하던 남성 포작인(鮑作人)들로부터 여성 잠녀에게 전가된 것이라는 주장에 의해서이다(박찬식 2004). 만약 생물학적으로 나잠이 여성에게 적합한 노동이라면, 일본의 가장 남쪽과 북쪽에서 일하는 나잠업자들이 남성이라는 점을(마스다 1995:79)을 설명할 수 있었다 힌다.[21] 즉 여성의 나잠업 종사는 '자연스러운' 결과가 아니며, 사회 역사적 배경 속에서 고찰되어야 한다.

1970년대와 1980년대에는 다양한 분야에서 여러 주제들에 대한 연구가 전개되었다. 경제, 법, 지리, 복식 분야에서 지역사회와 가계경제의 기여, 공동체성, 출가실태,[22] 어로권을 둘러싼 갈등문제, 그리고 잠수들의 노동 복식(服飾) 등이 다루어졌다(강대원 1973; 김영돈·김두희 1982; 김영돈·김범국·서경림 1986; 김정숙 1989). 본격

21) 일본의 가장 추운 지역에서도 남성이 나잠을 하고 있다(田辺 1993). 연구자가 현지조사한 마을에서 잠수들은 뚱뚱한 사람보다 마른사람이 더 일을 잘한다고 말하며 실제 노련한 잠수들은 오히려 마른 사람들이었다. 이점은 마른사람에게 잠수(潛水)가 유리하다는 리포의 지적과 일치한다(클로드 리포 1988:213).

22) 출가란 데까세기(でかせぎ, 出稼ぎ)라는 일본 말로서, 한시적으로 타지에 가서 벌이를 하는 또는 그 사람을 일컫는 말이다. 따라서 잠수들이 고향을 떠나 육지의 다른 곳에 가서 하는 임노동을 지칭한다고 할 수 있다. 그런데 필자가 만난 대다수의 잠수들은 '출가'라는 말을 사용하지 않았으며 "육지에(혹은 바깥에) 물질하러 갔었다."라는 표현을 쓰거나 드물게는 "영업"이라는 표현을 들을 수 있었다. 일부 '출가물질'이라고 하는 명명은 일본식 한자표기에 제주말을 혼용한 것이다.

적인 제주 잠수 연구가 시작된 이때에 연구자들이 모두 제주 지역 출신 학자들이자, 여성의 나잠업을 모두 독특한 어로로써 바라보고 있었다. 대표적인 사례를 언급하면 아래와 같다.

> 男性도 아닌 연약한 女人이 거친 바닷 속으로 무자맥질하는 生業이라는 점에서 海女 작업은 특이할뿐더러, 海女는 韓國과 日本에만 분포되어 있으므로 그 존재는 異色的인 셈이다. 근래의 급격한 社會變動과 産業構造의 改變으로 말미암아 해녀들의 작업양상도 나날이 탈바꿈되고 있을뿐더러 이의 激減現象이 두드러지므로 해녀조사 연구 작업은 참으로 시급한 시점에 놓여 있다(김영돈·김범국·서경림 1986:145~146).

'여성'이 바다에서 자맥질을 하는 특이함, 이색적으로 보는 시선은 제주의 전통문화 담론 속으로 줄기를 형성하여 왔으며, 1990년대의 어로도구와 민요, 의복, 타지에서의 생활사, 속담과 전설 등의 민속학적 자료들이 축적되는 성과로 이어지기도 하였다(제주도 1996; 김영돈 1999; 고광민 1996; 이성훈 2005). 이처럼 '독특한 여성의 어로'로서 바라보는 한 축이 있었다면 '여성의 경제활동'으로서 잠수에 주목하였던 여성학자들의 논의도 있다(〈2〉 주요 쟁점〉에서 후술). 그리고 1980년대 말 한림화·김수남의 저서(1987)는 잠수들의 어로와 종교적 의례를 일상의 생활과 더불어 기술한 문화기술지(文化記述誌)로서 당시의 중요한 사진과 자료들을 담고 있다.

제주사회의 변동에 연관하여 고찰하는 작업도 있었다. 제주도의 지역별 산업 변화와 함께 잠수인구의 감소문제가 다뤄졌으며(원

학희 1985), 잠수들의 어로가 지역사회의 경제적 중추를 담당하는
제주 가파도의 사회문화 변동에 조명되기도 하였다(강경희 1997).
사회적 변동이 개인에게 어떻게 묘사, 인지되는가를 고찰하는 생
애사(life history) 연구방법으로서 잠수 연구 사례도 있다. 홍귀영
(Hong 1997)은 한 잠수의 생애사를 통해 유교주의 사회체제 안에서
여성이 자신의 이미지를 발전시키고 갈등하며, 문제해결의 전략으
로 삼는 등 다양한 심리적 활동들을 통해 자신의 입장을 편성·조
정, 창조해간다고 지적하였으며, 유철인(1998)은 한 잠수의 생애와
물질 이야기를 통해 잠수의 시각을 드러내는 해석인류학적 연구를
한 바가 있다.

　'여성의 어로문화'라는 점 외에 제주 잠수에 대한 학문적 관심이
이어져 온 배경에는 잠수들이 감소한 사회적 현상과도 관련이 깊다.
2000년대에 들어서, 잠수연구는 지역사회의 여론을 형성해가며 사
회적 주목을 받기에 이르렀다. 잠수들의 어로문화를 유네스코 문화
유산으로 등재하려는 움직임은 학술 활동으로 전개되었으며, 이 바
탕에는 잠수인구가 감소하여 머지않아서 잠수는 사라질 것이라는
지역 사회의 여론이 있었다. 제주대학교 평화연구소가 2002년부터
3년간 수행한 제주잠녀학의 성립 모색을 위한 한국학술진흥재단의
연구과제는 한·일 나잠어로자에 관한 첫 비교 연구였다. 연구결과
보고서에는 제주 잠수가 "세계적인 가치를 갖는 직업"이며, "사라져
서는 안 될 소중한 인류의 직업과 무형문화재로 선정하여 보전"해야
한다는 것을 제기하였고(제주대학교평화연구소 2004:276, 288), 이후
'제주 해녀'의 보전과 유네스코 문화유산 등재를 위한 다양한 학술

세미나가 전개되고 왔다.[23] 이와 같이, 2000년 들어 제주 잠수에 대한 사회적 초점은 세계적 문화유산의 등재라는 목표에 설정되어 있으며, 제주 잠수들의 어로문화가 구제(salvation)문화라는[24] 전제 속에서 진행되고 있음을 보여준다. 제주여성의 강인함과 잠수들의 어로에 관한 일반적 담론들은 사회적 배경 속에서 설명될 수 있어야 하며, 이들은 다른 세계의 '특수한' 존재가 아니며, 그들이 창조해 온 생활세계로부터 우리가 배울 수 있는 문화적 보편성을 발견하는 것이 중요하다(이지치 2004). 세계문화유산 등재의 결과 잠수문화의 '보전과 전승'은 '전통문화'가 사라지지 않고 유지 계승될 수 있는 좋은 보호막 역할을 해줄 수 있을지도 모르나, 잠수 인구가 꾸준히 재생산되어 이들의 어로문화가 지속적으로 전개될 것인가에 대한 해답은 아직도 요원한 상태이다.

2) 주요 쟁점

(1) 여성의 경제적 지위와 노동 이데올로기

기존 연구에서 다뤄진 주요 논점으로서 우선 제시할 수 있는 것

---

23) 〈제주해녀의 보전과 계승 방안〉 토론회(탐라대학교 지역개발연구소 2004)와 〈제주해녀의 유네스코 인류문화유산 등재와 해녀가치의 보존 전승〉을 주제로 한 세미나가 열렸으며(제민일보사 2006), 2006년부터 최근 2009년까지 매년마다 제주해녀박물관을 중심으로 제주의 세계문화유산등재를 통해 잠수의 보존/보전 논의가 이어지고 있다.

24) 구제라는 말은 미국 인류학자 크뢰버의 '구제 민족지'에서 차용한 것으로, 그는 북미 인디언 문화가 구미 사회와 접촉하기 이전의 언어와 사회 흔적들을 구미사회에 의해 완전히 사라지기 전에 그 흔적들을 복원하는 구제 민족지를 작성했었다(제리 무어의 『인류학의 거장들』[김우영 역, 한길사, 2002] 참조).

은 잠수들의 경제적 활동과 사회적 지위에 관한 것이다. 1970년대 제주의 한 섬 마을에서 현지연구(fieldwork)를 행하였던 여성 인류학자 조혜정(1982,1988b; Cho 1979) 교수의 연구는 한국사회의 본격적인 젠더 연구였을 뿐만 아니라 잠수에 대한 첫 현지연구였다는 점에서도 의의가 있다. 1970년대 말, 조혜정은 제주도 잠수사회의 노동의 성별 분업과 성 역할을 중심으로 고찰하여 잠수 사회가 남성 지배 이데올로기와 더불어 여성의 실제적인 지배가 상호작용하고 균형을 이루며 공존하고 있는 "양편비우세의 사회(neither-dominance)"라고 보았다(Cho 1979:268).[25] 그러나 1980년대 후반, 또 다른 민족지 기술에서는 "마을이 경제·사회·문화적으로 국가체계 속에 밀접하게 연결되고 종속되어 가며 특히 젊은 세대가 대거 진출함에 따라 성 역할 구조에 커다란 변형이 일어나", 공공 영역이 확대되고 비공식적(사적) 영역이 종속되는 변동이 일어났으며 이러한 변동은 "고등교육의 대중화와 TV 위주의 대중매체를 통한 문화 식민주의적 확산이 지방문화를 잠식"해 온 것이라고 분석하였다. 그리하여 젊은 여성들은 "'노동'의 부담만을 볼 뿐 그 노동에 담긴 또 다른 긍정적인 면을 보지 못하고 있다."고 지적하였다(조혜정 1988:310~319). 잠수의 어로활동을 경제적 활동으로서 여성의

---

25) 잠수사회에 관한 조혜정의 연구는 1979년의 논문과 1982년, 1988년의 연구가 있으며, 특히 1988년의 연구는 1970년대 말부터 1980년대 말에 이르는 잠수사회의 변화를 다루고 있다. 남성은 의례 영역에서, 여성은 경제적 활동에서 자치권을 가지고 있는 성 역할을 통해 노동의 성별분업이 일반이론으로 가정되는 것처럼 그렇게 '자연스러운(natural)' 것이 아닐 수 있으며, 성 역할(sex-roles)도 대부분 '보증된 것이 아니라(unwarranted)' 종종 임의적인 것임을 지적하였다(Cho 1979:x).

사회적 지위를 탐색하였던 이 연구를 시작으로 여성의 노동을 사회체계 안에서 고찰한 연구가 이어졌다. 김은희(1993)는 여성의 경제 활동의 중요성과 더불어 남성에 비해 여성에 부과된 노동의 과중함과 낮은 의사결정권을 지적하였고, 사회학자 권귀숙 교수도 제주 해녀를 근대의 산물로 보며 이들의 근면함이란 "남성우월주의에 따른 강요된 적극성"으로 여성들을 일로 내몰며 과도한 노동의 결과는 다시 가부장제를 강화하게 될 것이라고 보았다(1996: 254). 이처럼 해안마을 부녀자들의 어로를 여성의 경제활동으로서 다룰 수 있었던 그 배경은 시대적으로 볼 때 1970년대부터 1990년대까지 아우르는 한국 페미니즘의 영향이 있었다고 하겠다. 이와 같은 연구들은 여성의 경제적 활동과 사회적 지위를 탐색하는 동시에 그들이 수행하고 있는 노동의 과중함은 가부장제 사회에서 조장하고 있는 지배이데올로기의 이념으로부터 자유로울 수 없음을 지적하고 있다. 따라서 잠수들의 노동은 남녀가 공존 체계를 이루는 토대인가 아니면 지배이데올로기를 재생산하는 초과 노동의 담론 속으로 내몰리고 있는 것인가라는 물음으로 치환시켜 볼 수 있다. 일하는 것 자체를 즐기는 것으로 표현하는 잠수들의 담화(조혜정 1988:285)와 '신화화'된 근면함이 이들을 초과 노동으로 내모는 담론으로 작용한다는 지적(권귀숙 1996:241)은 여성 노동의 사회적 성격을 파악하는 데에 있어서 중층기술(thick description)을 요구하는 지점이다. 가부장제 사회에서 제주 잠수들의 노동이 마치 여성에게 '자연스러운' 것처럼 보이는 것은 그 자체로서 이미 억압적이다. 생태인류학자 고 이기욱 교수는 여성노동력에 크게 의존하는 제주도의 농업형태를 통해 제주도에서 가장 중요한 생산요소는 토지가 아니라 '노동'임을 강조한 바 있다(이기욱 2003:170).[26] 따라서 잠수들이 일에 대해 어떠한 가치를 부여하고 있는지, 이들은 근면함의 이데올로기에 걸린 거미처럼 생존을 위해 '자기착취(self-exploitation)적'[27] 노동을 하고 있는 것인지 노동의 상황 -담화가 오가는 농사와 어로, 의례의 상황 등- 에 대한 면밀한 고찰이 이루어져야 하는 것이다.

(2) 어로자의 권리

제주 잠수의 근현대사에는 고향을 떠나 타지에서 물질하며 살았던 이주노동의 생활사와 식민지 수산경제에 저항하였던 역사가 크게 자리하고 있다. 고향을 떠나 외지에서 노동하여 현금을 벌어들였던 여성들의 노동사나 부당한 어업조합에 여성들이 대거 저항하였던 일은 전무후무한 것으로 모두 식민지 수산경제체제 속에서 전개된 것이다.

제주 잠수들이 육지와 일본, 러시아 등지에 정착하여 이주 사회를 형성하여 온 것은 일본에 의해 전개된 20세기 전반의 식민지 수산경제의 영향이 크다. 한반도에 정착한 제주출신 잠수에 관한

---

26) 그는 노동을 중시하는 태도가 제주사람들의 의식에 지배적이었다고 보며 이러한 의식이 최소 노동단위로 구성되는 핵가족 형태와 균분상속, "수눌음"의 관행 등 노동의 효율적인 분배와 이용전략이 선호되어 제주문화의 특수성을 이루게 되었다고 보고 있다.

27) 차야노프(A. V. Chayanov)는 최소한의 생산증대를 위해서도 상상할 수 없을 만큼 열심히 일하는 것을 두고, '자기 착취적'이라고 표현하였다(스콧 2004 [1976]:30).

연구(李善愛 2001)와 현지주민과의 갈등, 여성의 정착과정을 보여
주는 연구(오선화 1998; 양원홍 1999)와 어로권(현지 어장에서 해산물을
채취할 수 있는 입어권)을 둘러싼 분쟁의 양상을 보여주는 연구(강대원
1973, 2001) 등이 있다. 해방 이후, 경상도에서 있었던 제주 잠수들
의 입어권(入漁權) 분쟁의 핵심은 식민지 시대로부터 다른 곳에 이
동하여 어로하였던 잠수들의 입어관행을 지속적인 권리로 볼 수
있는가에 관한 것이었다. 해방 후 현지주민들은 타지 출신인 잠수
들이 자신들의 마을 앞 바다에 들어와 해산물을 채취할 권리가 없
다고 주장하게 된 것이다.[28] 따라서 이 분쟁은 식민지체제가 파생
시킨 지역 주민들 사이의 갈등이라 할 수 있다. 잠수들이 타지로
활발하게 이동할 수 있었던 배경에는 한반도 연안의 수산자원을
대량 어획하기 위한 일본의 식민지 수산경제가 있었기 때문이다.
김수희는 잠수와 현지주민과의 갈등이 '조선인의 어장 관행', 곧
마을거주민에게 어장 자원권이 부여되던 관습과 마찰을 빚었기 때
문에 현지 주민들의 불만을 일으킨 것이었다고 지적한 바가 있다
(2006:88). 제주도내에서도 한 마을의 경계를 넘어 어로가 이루어
졌을 때 분쟁이 야기되었다는 것을 보면(김영돈·김두희 1982; 한림
화·김수남 1987; 한림화 2006), 타지에서 일어났던 잠수들의 어로권
분쟁은 제주 잠수들에 대한 차별적 대우라기보다 어장이용의 관습

---

28) 당시의 지역 언론에서도 이 문제의 경과를 보도하고 있으며, 제주 출신의 인사
들이 중심이 되어 잠수관련 조직들이 구성되었다. 1955년 전국나잠노동조합이
구성되어 경북지역에 잠수 입어문제를 법적으로 지원하였고, 1961년 (사)한국
잠수협회와 1963년 잠수권익옹호회는 모두 부산에서 결성되어 잠수들의 권익
옹호와 자유입어를 도모하였다(강대원 1973:121~123).

과 식민지 관행이 몰고 온 갈등이라고 볼 수 있다.

　한편, 어촌의 흔한 분쟁으로서 어장경계 싸움을 들 수 있는데, 이를 "공동체적 질서의식이 희박해져 가는" 데에 따른 것이라고 보는 지적이 있다(김영돈·김두희 1982:26). 그러나 이는 어촌을 정(靜)적이고 단단한 공동체로 가정하는 데에 따른 시각이며 보다 역동적 시각에서 어촌문화를 볼 필요가 있다.

　잠수들의 어로 권리와 관련하여 발생하였던 가장 대표적인 분쟁 사례를 꼽는다면 1931년에서 1932년 사이에 일어난 잠수항쟁(잠녀항쟁)을 들 수 있겠다. 이는 제주도 동부 해안마을의 잠수들이 어업조합과 중매상인의 부조리와 수산물 처리의 불합리성에 항의하여 일어난 것으로 일본경찰의 무력 진압으로 인하여 잠수와 다수의 사회주의 활동가들이 검거되었다. 이를 현재 사학자들은 "일제권력과 유착한 어업조합에 대한 마을 공동체의 투쟁"(강제언 2004:11), "살아남기 위한 투쟁", 공산주의운동과 무관하지 않은 "민족해방투쟁"(후지나가[藤永] 1999:121), 식민지 수탈에 대한 생존권적 투쟁(박찬식 2004; 박용욱 2006)으로 보고 있다.[29] 사회주의 활동가들이 검거된 것은 이들이 잠수들의 배후세력으로 지목되었기 때문이었는데, 실은 잠수들의 저항을 일제가 사회주의 운동가의 '항일(抗日)'투쟁으로 보고 대량 검거의 빌미로 삼은 것이었다.[30] 지금도

---

29) 이러한 논의의 한편에서 행정학자 고창훈은 항쟁의 원동력을 잠수회라는 여성의 어로조직에 두고 있다(고창훈 2006).
30) 잠수들의 요구 내용은 조합이 수매에 늦장을 부리고, 저울을 눈속임하고, 중간상인의 횡포와 부당한 제도 등의 개선 촉구하는 것들이었다(강대원 1973:103, 2001:169~174; 후지나가 1999:100~103).

매년 이 지역의 삼일절 기념식장에서는 항일운동을 기념함과 동시에 그 해의 최고 잠수상(潛嫂賞)을 시상하고 있다. 식민지 통치 체제에서 벌어진 저항운동으로서 잠수항쟁은 식민지 수탈정책이 초래한 항일성을 배태(胚胎)하고 있다. 그러나 저항의 주체였던 잠수들의 목소리는 '항일'이라는 담론 속에 희석되어버린 것은 아닐까. 잠수항쟁에 덧씌워진 이념을 벗겨내어 '속살'을 보아야 하며(현길언 1993), 잠수항쟁에 대한 기존 담론의 탈신화화를 주장하고 있는 것(박찬식 2006b)도 이러한 맥락에서 되새겨 보아야 한다.

3. 연구 방법 : 현지연구

이 책의 본론은 저자의 현지연구(fieldwork)를 바탕으로 한 것이며 민족지적 기술(ethnographic description) 방식으로 서술하였다. 현지연구는 2005년 4월부터 2006년 3월까지 1년 간 제주도의 북동쪽 해안마을인 구좌읍 김녕리에서 이루어진 것이며, 본격적인 연구에 앞서 저자는 2002년부터 해마다 이 마을 잠수들의 굿을 참여관찰 했었다. 연구지로서 김녕리를 선택한 까닭은 이곳 잠수들의 어로활동이 왕성할 뿐만 아니라, 농사와 어로를 병행하는 생업 패턴, 근거리 생활권에 중소도시가 있는 농어촌이며, 선사시대로부터 혈거민들의 어로가 이루어져 온 곳이자 육지와 일본 등 외부 세계와 소통하였던 오래된 역사적 배경도 중요하게 고려하였다. 그 가운데에서도 잠수들의 집단의례와 일에 얽힌 잠수들의 언설이 이 마을을 선택하게 된 중요한 요인이었다. '김녕리 여자들이 앉았던 자리엔 풀도 나지 않는다.'라는 말은 제주 지역사회 내에서 흔히 들을 수 있는 언설이며, 저자가 현지연구를 막 시작할 때에도 마을의 잠수들은 연구자에게 그 말을 들은 적이 없느냐고 물었었다. 이 말에는 이중적 함의가 있다고 본다. 제주여성의 부지런함을 높이 '칭송'하여 온 일반적 담론에 비춰볼 때 이 언설은 긍정적인 것 같으나 동시에 이들을 노동에 메어 있는 여성이라고 보는 부정적 맥락을 가지고 있기 때문이다. 곧 마을 잠수들의 물음은 그들 스스로 마을 외부인인 연구자에게 여성의 노동에 대한 입장을 묻고 있는 것이었다.

　잠수들의 생활세계에 참여하기 위해 ―또한 마을에 살기 위해― 연구자는 "물질"을 배우고자 하였으며, 물질이 중요한 이유는 마을 부녀자가 잠수라 불리는 까닭은 그들이 물질을 하기 때문이어서이다. 물질을 알지 못하고서는 잠수들의 생활세계에 대한 참여관찰이 어렵고, 그들이 나누는 대화의 흐름이나 맥락을 이해하기 어렵다고 생각하였다. 저자가 잠수들의 작업복인 고무옷을 처음 입었을 때와 바다에 나가 첫 물질을 배울 때, 바다에서 물질할 때의 다양한 상황들은 육상에서 '보지 못했던' 잠수들의 관계와 행동, 대화의 숨은 뜻을 알아가는 과정이었고, 육지와 연결되어 있는 바다에서 전개되는 여성들의 어로를 이해하는 과정이었다. 물질은 육상 생활에 길들여진 몸을 거꾸로 하여, 육상에서 보이지 않았던 연안 해저(海底)의 세계가 가시화되며, 자신의 욕심과 명심, 동네의 이웃인 동료와의 멤버십(membership) 또한 호흡만큼이나 잘 조절해야 하는 일이다. 따라서 잠수들이 흔히 '위험하고 힘든 일'이라

고 말하는 그 이면에는 보다 다양한 상황으로부터 도출되는 중층
적인 의미들이 함께 내재되어 있음을 고려해야만 한다.

　마을에 사는 동안 연구자는 물질 외에 잠수들과 밭일을 가거나
우뭇가사리를 채취하고 약 4개월 동안 "저울을 잡았다."[31] 때때로
마을의 원로들과 공식기관의 대표자들을 만나 마을의 역사와 주민
의 생활에 관하여 이야기를 들었으며, 마을에서 열리는 여러 가지
행사(부녀회의, 좀도리회 창립식, 초등학교 운동회, 중학교 총동창회의 체육
대회, 어촌계 회의, 읍 관내의 수산 설명회, 제주도청 앞 시위 등)에 참여하
며 마을주민과 잠수들(그리고 잠수회)의 사회적 관계를 관찰하였다.
또한 잠수회원들의 움직임을 따라 여러 친목회과 한 달에 두 번
-여름을 제외하고- 물질한 돈을 받는 날에는 노래방이나 단란주
점을 다녔다. 그러나 '연구자'라 하여 모든 상황을 자유로이 참관
할 수 있는 '특권'을 가진 자가 아니며, 오히려 참관을 제지하거나
거부하는 상황이 그 사회의 중요한 코드를 암시하기도 하였다. 마
을의 포제(유교식 남성 마을의례)는 연구자가 여성이기 때문에 참관
할 수가 없었으며, 잠수들과 항의시위를 간 때에는 다른 잠수들 보
다 '어려 보였기 때문에' 경찰이 연구자의 정체를 묻기도 했었다(이
때 연구자는 "준간사"라고 대답했었다). 1년 후 연구자는 제주시내에 거
주하며 수산 관련 기관의 자료들을 수집하였고 그 사이 제주도의
행정체계가 개편되어 기존의 북제주군청이 없어지고 김녕리는 제
주시의 한 마을로 바뀌었다. 본문에 기술된 잠수들의 활동은 김녕

---

31) 저울을 잡는다는 것은 잠수들이 채취한 각 종 해산물을 일일이 계량하여 개인별
　　로 증명서를 발행해주는 일이다.

리에서도 동쪽 잠수회를 중심으로 기술한 것이며, 주요 정보제공
자(key-informant)들의 이름은 가명을 사용하였다. 경우에 따라 정
보제공의 의의를 살려 실명을 언급하기도 하였고, 현지조사 시점
인 2005년도를 기준으로 하여 나이를 밝혔다.

제2장 _ 제주 잠수의 역사와 사회적 맥락

한국의 나잠어로자들은 전국적으로 분포하고 있으나 가장 많은 나잠어로자들이 살고 있는 지역이 제주도이다. 제주도의 나잠어로 역사를 길게는 선사시대로부터 추정할 수 있으며 짧게는 중세의 문헌들과 식민지 시대의 경험을 가진 잠수들의 생애사를 통해서도 알 수 있다. 사회체제와 생산방식의 변화에도 불구하고 나잠이라는 어로방식은 사회적 생산 활동으로서 오늘날까지 지속되고 있는 것이다. 이 장에서는 제주 잠수들의 역사를 정치경제적 배경 속에서 살펴보며, 특히 잠수와 어로행위인 물질의 사회문화적 맥락을 짚어보도록 하겠다.

〈탐라순력도〉 속에 보이는 잠녀

식량획득에서 부역노동까지

식량획득을 목적으로 한 인류의 어로 활동은 오랜 기원을 가지고 있으며, 제주도에서도 그러한 사실은 해안의 선사유적지들을 통해 알 수 있다. 해안가에 위치한 선사시대의 혈거지와 바위 집자리(rock-shelter)에서 발굴된 각종 석기와 토기 및 동물뼈와 조개류들은 구석기와 신석기 시대로부터 어로가 선주민의 생활방식으로 존재하여 왔다는 것을 보여주고 있다(이청규 1995). 전복껍데기를 이용한 화살촉 혹은 사슴뿔을 다듬어 만든 칼자루 모양의 도구는 지금의 전복 채취용인 비창과 유사하고 마산과 김해지역에서도 발견되며(이청규 1995; 제주대학교박물관 1985; 국립해양유물전시관 2003), 경상남도 김해 예안리 고분에서 출토된 4~5구의 유골에서는 잠수(潛水)로 인해 생기는 외이도골종(外耳道骨腫)이 나타나는 등(강대원 2001:30) 얕은 바다 속의 수중어로는 고대로부터 여러 지역에서 행해져 온 것이라 추정할 수 있다. 이러한 사정은 일본의 경우도 마찬가지이다(稻井秀左衛門 1937:129). 일본 전국에 분포한 여러 패총의 유물은 해안에서도 수중 수렵과 해초 채취, 조간대의 채집활동이 전개되었음을 보여주고 있다(田辺 1990:30~31). 또한 자급자족적인 어로활동뿐만 아니라 특정 목적(주변지역과 교환을 목적으로 한)을 위한 채취가 있었다고 한다(田辺 1990:35).[32]

이와 같이 고대 선사시대의 해안 어로가 오늘날 여성들의 어로
로 '정착'하게 된 것은 '자연스러운' 현상이 아니다. 역사적으로 한
국의 나잠어로는 여성에게만 규정되어 온 정치적 산물이다. 박찬
식은 조선시대의 문헌연구를 통해 물질이 봉건왕조에 의해 여성에
게 전담되어 온 것임을 주장하였다(2004:135~164). 본래 해산물 채
취에 '포작인(浦作人, 남성)'[33]과 잠녀(잠수)가 함께 동원되었으며,
조선왕조의 지배체제가 확립됨에 따라 공물 진상과 노역 징발, 수
령과 토호들의 수탈, 왜구의 침범 등 제주도민의 고통이 가중되자
15세기 후반부터 진상 부역을 피하여 포작인의 출륙(出陸)이 시작
되었다(박찬식 2004:137). 16세기 말엽에 이르러서는 도민의 수가
반으로 줄어들 정도였고,[34] 이러한 악순환은 출륙금지령이 행해지
던 약 200년간(1629년부터 1825년) 지속되었다. 이 기간 동안 제주도
는 관의 업무를 제외한 외부세계와의 왕래가 차단되었다(제주도
2006:456). 섬을 빠져나가는 인구의 증가로 17세기 이후 포작인 수
가 감소하였고 미역을 주로 채취하던 잠녀들에게 그 역(役)이 전가
되었다. 이러한 전이 과정은 다음의 기록을 통해 알 수 있다.

　　진상하는 추 · 인복(搥 · 引鰒)을 전복 잡는 잠녀 90명에게 전적

---

32) 이와 관련해서는 제주도 곽지리에서 발견된 두 개의 구멍이 뚫려있는 조개껍데
　　기와 부산 동삼동 패총에서 발굴된 조개 가면, 조개 팔찌도 해양문화연구에서
　　주목할 만한 사실이다.
33) 포작(浦作)이란 '보자기'라는 한자 차용 표기이며, 제주도말에서는 '보재기'라
　　고 불렸다(김찬흡 · 고창석 등 역 2002:155).
34) 세종 17년(1435년) 민호가 9,935호, 인구가 6만 3,093명이었고, 숙종 5년
　　(1679년)에는 인구가 3만 4,980명으로 격감하였다(박찬식 2004:144. 재인용).

으로 책임을 지워왔는데, 늙고 병들어 거의가 담당을 할 수 없게 되었다. 미역 캐는 잠녀가 많게는 8백 명에 이르는데, 물속에 헤엄쳐 들어가 깊은 데서 미역을 캐는 것은 채복녀(採鰒女)나 다름이 없다. 미역을 따는 잠녀들은 (전복 캐는 일을) 익숙지 못하다고 핑계대면서 죽기를 작정하고 저항하며 이를 피할 꾀만을 내고 있다. 모두 같은 잠녀들인데 부담하는 역의 괴로움과 헐거움은 커다란 차이가 있다. 장차 전복을 캐는 잠녀가 없어지지 않을까 염려하고 또한 역을 고르게 하고자 하여, 미역을 따는 잠녀들에게 전복 캐는 것을 익히도록 권면하여 추·인복을 (전복 잠녀들과 함께) 나누어 배정하였다. 종전에 한 명의 잠녀가 지던 역을 10명의 잠녀가 힘을 합하여 (나누어) 분담하니, 매달 초하루에 각각의 잠녀가 바치는 것이 한두 개 전복에 지나지 않다. (이를 시행하던 초기에는) 소송이 오히려 분분하더니 일 년을 시행하고 나니 편리하다고 하는 자가 많아졌다. 또 이로 인하여 전복 따는 것을 익히는 사람이 있어서 거의 효과를 보았다고 할 수 있다.[35]

18세기 이후 해산물 채취는 온전히 잠수들에게 부과되었고, 19세기 중반(1849년)에 이르러서야 진상과 공납의 고역에서 벗어날 수 있었다(박찬식 2004:146~150). 이처럼 수심(水深)에 따라 분업적이었던 남녀의 어로는 남성이 이탈하자 여성들은 더 깊은 곳으로 자맥질하여 부역을 행해야 했다. 또한 몸이 쉽게 노출될 수 있는 바다의 자맥질은 당시 유교주의 사회 속에서 이들을 더욱 비천한 존재로 바라보고 있었음을 알 수 있다.

---

35) 李益泰, 『知瀛錄』, 增減十事(1694년) (박찬식 2006a:121~122에서 재인용).

해산물에는 단지 전복, 오징어, 미역, 황옥돔 등 수종이 있고 이 밖에도 이름 모를 수종의 물고기가 있을 뿐으로 다른 어물은 없다. 그 중에서도 천한 것은 미역을 캐는 여자를 잠녀라고 한다. 그들은 2월 이후부터 5월 이전에 이르기까지 바다에 들어가서 미역을 채취한다. 그 미역을 캐낼 때에는 소위 잠녀가 벌거벗은 몸으로 바닷가에 꽉 차서 낫을 갖고 바다에 떠다니며 바다 밑 미역을 캐어 이를 끌어 올리는데 남녀가 상잡하고 있으나 이를 부끄러이 생각지 않는 것을 볼 때 놀라지 않을 수 없다. 전복을 잡을 때도 역시 이와 같이 하는 것이다(양순필 1992:470. 재인용).

이 글은 17세기 한 유학자의 글로서 잠수(잠녀)에 대한 한 시각을 보여주고 있다.[36] 중세의 공납제 생산방식 속에서 물질은 부역 노동으로서 하층 계급의 노동이라는 인식과 함께, 여성에게는 어로 특성상 몸이 드러나게 됨으로 말미암아 더욱 비천한 존재가 되고 있음을 알 수 있다. 중세 봉건왕조의 공납제에 의해 섬주민의 어로 활동은 하층계급의 노동으로 바뀌었고, 여성들에게 이 노동이 강화된 것은 비단 남성들의 출륙에 따른 인구 감소만이 아니라 가부장적 유교주의 문화 속에서 더욱 심화된 것이라 볼 수 있겠다.

---

36) 이건(李健 1614~1692)이 쓴 〈濟州風土記〉의 한 부분이다. 그는 부친의 유배에 의해 15세부터 유배생활을 하게 되었으며, 제주도에서 8년간 생활하였다 한다. 이때의 기록이 규창집(葵窓集)이며, 제5권에 수록된 것이 〈제주풍토기〉이다(양순필 1992:462~463).

현금 소득과 저항

　일제의 식민지 통치제체하에서 수산물 상품경제가 확산되었고 잠수들의 노동은 새로운 변화를 맞이하였다. 마을 부녀자들은 물질을 통해 현금을 벌 수 있었으며 그것은 해안마을 경제에도 큰 영향을 미쳤던 것으로 보인다. 1926년 한 마을의 잠수 가구의 어로 소득을 보면 총소득의 절반을 차지할 정도로 나잠어로의 경제적 비중이 높았다. 그리고 이후에도 잠수들의 현금 수입은 제주도 경제의 초석이 되었다는 지적도 있다(진관훈 2004:268~269). '딸을 낳으면 돼지 잡아 잔치를 하고 아들을 낳으면 엉덩이를 찬다.'라는 제주 속담은 여성의 경제적 기여, 특히 잠수들의 어로가 가계에 기여하였던(송성대 1996:272; 문순덕 2004:29) 사회적 배경과 무관하지 않을 것이다.

　이러한 사회적 변화는 또 다른 어로환경의 변화와 함께 진행된 것이었다. 일제의 식민지 지배 동안 한반도 연안에는 일본 잠수기 어업자(潛水器漁業者)들이 진출하였고 이들에 의한 수자원 채취는 연안 자원의 남획과 고갈 문제를 파생시켰다.[37] 배 위에서 산소를 공급받고 장기간 수중에서 채취할 수 있는 잠수기어업은[38] 나잠방

---

37) 잠수기어업은 한반도의 전 연안해를 구획한 가운데 이루어졌으며, 제주도에서는 동서남북에 거점을 두고 연안 어장 구역이 겹쳐지도록 경영함으로써 수자원을 대량어획 하였다(稲井秀左衛門 1937:7,15).

식보다 더 깊이 더 많은 시간 동안 채취하여 그 생산량에 있어서
압도적 우위를 차지하였다. 잠수부(潛水夫)들은 주로 남성이었으며
전복과 해삼을 채취하였다. 이렇게 잡은 것은 대개 1차 가공을 통하
여 일본 국내와 중국, 홍콩으로 수출되었다(稻井秀左衛門 1937:17~
19). 제주도 연안의 자원 고갈은 잠수들이 타지로 이동하는 하나의
요인으로 지적되고 있기도 하다(후지나가 1999:93; 진관훈 2004: 259).
1900년부터 1903년에 이르기까지 제주도내에서 이뤄진 잠수기어
업은 18척에서 30척으로 증가하였으며, 1905년 제주도 연안에 출
어하던 일본어선은 200척에 이르렀었다(식주명 1968[1949]:172). 일
본 잠수기어업으로 인한 연안 자원의 남획은 도민의 생활에 큰 타
격을 주었다고 한다(枚方市敎育委員會 1991:50; 河原 2006:25).

후지나가(藤永 壯)는 일제의 식민지 통치기간 동안 "해녀노동에
의해 섬 경제의 중심이 해촌(海村)으로 옮겨졌다"고 보며, 이는 다
름 아닌 "제주도에 있어서 해녀노동의 지위가 상승했다는 것을 말
한다."고 밝히고 있다(후지나가 1999:92). 그리고 이러한 "지위 상승"
은 일본 자본주의에 종속됨에 따라 얻어진 것이라고 지적하였다.
그러나 잠수들의 어로에 의한 경제적 가치 상승과 이들의 사회적
지위 상승은 구분해서 보아야 한다. 타지로 간 잠수들은 자신들이
채취한 수산물을 중간 거래자와 일본상인들과 배분함에 있어 언제

---

38) 잠수기어업에는 두 가지 방식이 있다. 마스크(mask)를 착용하는 것과 헬멧
(helmet)을 쓰는 것으로 이는 산소를 선상으로부터 공급받는 방식의 차이이다.
일본은 잠수기어업법을 명치(明治) 초년에 영국인으로부터 배웠으며(稻井秀左
衛門 1937:130), 이를 식민지 한반도 연안에서 해산물 채취어법으로 적용하여
경제적 부를 창출하였던 것이다.

나 열등한 위치에 있었다(후지나가 1999:95; 박찬식 2006b:130). 그리
고 타지로 이동한 데에는 연안자원을 고갈시킨 잠수기어업의 남획
과 일본의 수산물 수요가 식민지 여성의 값싼 노동력을 고용함으
로써 이루어진 것이라는 점도 빼 놓을 수 없는 사실이다. 잠수들의
어로는 현금을 조달할 수 있는 노동으로서 경제적 가치를 획득하
게 된 것일 뿐 이들의 사회경제적 지위가 향상되었다는 것을 확인
할만한 근거는 아직 보이지 않는다. 오히려, 잠수들의 어로와 권익
을 목적으로 한 사회조직은 해체되었으며, 연안자원에 대한 체계
적 투자와 관리가 이루어지지 못하였고, '약탈적' 어로만 이뤄진
것도 잠수들의 사회적 지위에 간접적 영향을 미쳤다고 할 수 있다.
무엇보다도 전무후무한 잠수항쟁이 왜 식민지 지배체제하에서 발
생하였다는 것을 지적하지 않을 수 없다.

애초에 잠수와 관련한 사회조직이 없었던 것은 아니다. 1920년
제주도해녀어업조합은 전국으로 진출한 제주도 잠수들이 수천 명
에 달함으로써 이들에 의한 어획고가 높아지고, 각지에서 벌어진
객주들의 횡포와 금전착복 등 여러 사회문제에 대응하기 위해 조
직된 것이었다(제주시수산업협동조합 1989:79). 당시 조합원은 잠수
(해녀)와 사공을 조합원으로 하였으며, 제주도내뿐만 아니라 부산,
목포, 여수 등지에 출장소를 설치하여 어로활동을 지원하고 있었
다. 그러나 1936년 조선총독부의 인가를 받은 제주도어업조합이
도내의 모든 어업조합과 해녀어업조합을 통폐합함으로써 '해녀조
합'은 사라지게 되었다(제주시수산업협동조합 1989:86). 그리고 새로

운 조합장은 식민통치자인 도사(島司)가 겸임하였다. 식민지 지방
통치자인 도사가 각종 조합장을 겸하고 있었다는 것은 사회적으로
주요한 자원, 곧 사회적 가치재(價値材)의 획득과 통제가 식민지 지
배의 중요한 부분이었음을 의미하기도 한다.

연안 어업제도의 정착

　해방 후 수산업법 제정(1953년)과 수산업협동조합법(1962년)이 제
정되었고, 이 법에 의해 지구별 어업조합과 어촌계가 설립되었
다.[39] 새마을운동이 전국적으로 확산되던 1975년에 수협과 더불
어 어촌계가 마을어장의 면허어업권의 취득주체가 되었으며, 특히
어촌계가 우선하도록 하였다(김승 1999:36). 이로써 1976년부터 어
촌계가 어업권을 취득하기 시작하였다. 어촌계가 어촌새마을사업
에 주도적으로 참여하였던 것이 어업권 취득에 있어 수협보다 우
선권을 획득할 수 있었던 것이었다(김승 1999:46). 1973년부터 실측
어장도에 의해 마을별 어장의 구역이 구획되어 왔으며, 1975년 수
산업법 개정을 통해 어촌계를 공동어업(현재의 마을어업) 면허의 최
우선 순위로 하였다(제주시수산업협동조합 1989:212~213). 어촌계는
지구별 조합원 20인 이상이 마을을 단위로 하여 자주적인 협동조
직으로 구성될 수 있었다. 그리고 이전부터 자생적으로 존재하던
마을 잠수들의 조직은 어촌계의 잠수회로 자리 잡게 되었다.[40]
　한 마을의 주민들이 그들이 거주하는 마을 앞 바다에 대한 어로

---

39) 당시 수산업협동조합은 연합체가 아니라 중앙 통제 조직의 성질을 띠고 있었고
　　어촌계는 지구별 수협의 하부협력 조직으로 규정하였다. 이때 전국적으로 설립
　　된 어촌계의 수는 1,658개였다(김승 1999:19~20).
40) 2006년 2월 10일, 김애자 씨 인터뷰 내용, 자택에서.

권리를 법적으로 보장받게 되었다는 것은 동시에 다른 지역에서의 어로 권리는 제한되었다는 것을 말한다. 식민지 지배체제하에서 전개되었던 제주도 잠수들의 타지에서의 '관행적' 입어권은 1967년 소멸되었으며 이에 지속적 입어 권리를 주장하는 제주도와 경상도 지역 주민들 사이의 분쟁이 발생하였다(강대원 1973; 원학희 1985; 오선화 1998; 김수희 2006). 해방 후 입어분쟁이 불거진 것은 지역주민들이 식민지체제에서 만들어진 관행을 없애고 마을어장에 대한 자신들의 자원권리를 주장하였던 것이라 해석할 수 있다. 흥미로운 사실은 그러한 분쟁의 빌미가 된 해양 사원이 해초(우뭇가사리)였다는 점이며, 이것은 자원의 생태적 서식 조건과 사회적 권리 사이에 중요한 시사점을 던지고 있는 것이다(제4장 2절에서 후술). 마을 주민에 의한 어장의 배타적 권리는 1975년 마을어장도의 측량으로 어장경계가 문서화됨으로써 분명해졌다. 잠수들은 이동하기보다 자신이 사는 마을 앞 바다에서 물질해야 하는 것이며, 따라서 그들에게 연안바다의 중요성은 더욱 커졌다고 할 것이다. 1980년대 잠수들이 어장 내에 '자연양식장'이라 하여 금채구역을 설정하여 어장의 부분적 휴식기를 도입하였던 것도 어장을 지속적으로 이용하기 위한 노력으로서 이해할 수 있다.

제4절

시장과 도구의 변화

한국의 수산물 수출입 현황을 볼 때, 수출은 감소하는 반면 수입은 꾸준히 증가하고 있고 가장 많이 수출하는 해외 시장이 일본이다(수산경제연구원 2006:76, 83). 이를 국내의 수산물 수요와 1인당 소비량으로 살펴보면 소비는 증가하는 반면 수출은 정체되어 있는 것을 볼 수 있다.

〈표 1〉 국내 연도별 수산물 수요와 1인당 소비량

(단위:천톤)

구　　분		1991	1993	1995	1997	1999	2001	2003	2005
국내소비		2,223	2,846	3,212	3,187	2,748	3,260	3,578	4,469
수　　출		1,284	1,002	1,170	1,193	1,232	1,080	1,202	1,121
1인당 소비량 (kg)	계	35.9	43.3	45.1	43.6	38.3	42.2	44.9	(48.7)
	어패류	28.9	31.6	33.4	32.0	30.7	35.6	38.5	(40.8)
	해조류	7.0	11.7	11.7	11.6	7.6	6.6	6.4	(7.9)
자급률(%)		134.2	117.2	104.1	101.8	105.9	81.7	69.4	65.1

* 해양수산부 2006년 〈수산물 수급 및 가격편람〉 pp.17~19에서 간추린 것이다.
** (　)안은 2004년 통계이다.

2001년 이후 한국수산물의 자급률은 감소하여 해외시장에 의존하기 시작하였다(2000년 자급률은 94.2%). 외부적으로는 국가 간 교역이 확대된 결과라 할 수 있겠으나 국민 1인당 증가하는 수산물

수요를 국내 어업이 충족시키지 못하고 있으며, 또한 수출이 답보
상태를 거듭하고 있다는 것은 국내 어업이 활성화되지 못하고 있
다는 것을 말한다. 제주도 지역경제에서 잠수들의 어로에 의한 대
일(對日) 수산물 수출은 주요한 경제적 기반이었으며(강대원 1973;
진관훈 2004) 이러한 사정은 변화하고 있다. 1966년 전체 수출고에
서 수산물의 비중은 99.4%를 차지하였고, 1970년대와 1980년대
까지 70~85% 범위를 차지해 왔다(제주시수산업협동조합 1989). 수출
된 것은 주로 톳과 우뭇가사리, 고장초 등 해조류와 활선어 그리고
소라 등이었다. 잠수들에 의한 해산물 수출을 별도로 히였을 때
1980년에서 1990년까지 평균 69%의 비중을 차지하여 왔다(안미정
1997:12). 그러나 최근 몇 년 간의 통계에서 수출의 큰 비중을 차지
하고 있는 것은 활선어 양식 산업이다.

<표 2> 제주도 수산물 수출과 소라

(단위: 천$)

연도별\품목별	2000	2001	2002	2003	2004	2005	2006
활선어	19,312	23,121	24,543	34,311	39,954	49,771	42,461
패류 전체	13,686	10,317	11,597	9,927	10,532	8,245	7,163
패류 소라(A)	13,478	10,134	11,427	9,629	10,336	7,495	6,791
해조류	5,196	4,774	3,688	4,224	3,674	3,966	4,808
기타	68	17	-	794	4	10	88
합계(B)	38,262	38,229	39,828	48,463	54,164	61,992	54,524
소라 비중 (A/B, %)	35.22	26.51	28.69	19.86	18.40	12.09	12.4

* 제주도 해양수산과에서 발행한 <해양수산현황>(2005년, 2006년, 2007년)을 토대로
재작성.
** 2001년 자료는 제주도청 사이트(www.jeju.go.kr) <2006 주요 행정 총람:농수축산분
야> 통계자료 참조.

2000년 이후 수출품목에서 소라는 계속 감소추세에 있다.[41] 마을어장에서 생산되는 패류와 해조류의 수출고는 2000년 활선어의 수출고와 비슷하였으나, 2002년 이후 급격히 차이 났다. 2002년과 2003년 사이 수산물 수출이 크게 증가 하였음에도 당시 소라는 감소하였고, 수출 증가에 지속적 영향을 미치고 있는 것은 활선어이다. 그런데 활선어의 주요 수출시장도 일본이다. 대일시장은 근거리의 해외시장이라는 이점에서 지속되어 왔으나 국제 시장가격의 변동에 지역 경제가 고스란히 연동된다는 점에서 특정 시장의 편중은 오히려 지역 경제의 불안정을 가중시키는 요인이라 하겠다. 2005년 10월, 김녕리 마을 잠수들은 법적 금채기가 끝나고 소라를 채취하는 첫 시즌("대조문")[42] 에 많은 양의 소라를 잡았으며 그만큼의 소득도 높아졌었다. 그러나 1년 후, 잠수들이 기다리던 10월의 대조문은 일본시장의 수요가 낮아 미뤄지는 일이 벌어졌다. 게다가 몇 달 후인 2007년 1월, 엔화의 하락으로 제주시수협의 소라 입찰 가격은 형성되지 못하였다. 일본수출이 이뤄지지 않음으로써 잠수들의 어로도 시장성을 잃은 것이었다. 이에 잠수들은 소라 채취작업을 미루고 다른 "일당벌이"에 나섰다. 또한 마을어촌

---

41) 소라의 학명은 Batillus cornutus, 연체동물문 복족강 원시복족목 소라과 (Family Turbinidae)에 속하는 종이다. 동·서해안에서 어획되어 피뿔고동과는 다른 종이다. 조간대로부터 수심 20미터 사이의 암초에 서식하고 남해안과 울릉도 등에서도 부분적으로 분포하지만 주로 제주도에 분포한다. (장대수 2002:1).

42) '대조문'의 뜻은 많이 채취하는 시기, 곧 법적으로 소라의 산란을 금하였다가 허채(許採)되는 10월의 채취를 말한다. 해수온도의 상승으로 2007년부터는 공식적으로 9월이 되었으나 김녕리에서는 예전대로 10월에 허채가 시작되었다.

계에서는 인근의 마을들과 협의하여 상호 채취일정을 조율함으로써 소라의 생산량을 조절하였고, 소라 이외의 해산물을 대신 채취하며 물질을 하였다.

이와 같이 시장의 변동은 잠수들의 어획물, 도구의 변화와도 밀접한 관계가 있다. 〈표 3〉은 시장을 점유하였던 해산물과 어로도구를 함께 제시한 것이다. 패류와 해조류로 나누어 살펴보았을 때 1900년대부터 1940년대까지 패류에서는 전복, 해조류에서는 감태가 가장 많이 채취된 수산물이었다. 전복은 잠수기선에 의해 대량 어획되었으며 감태는 화약원료로 쓰였던 일제의 군수산업과 연관된 식민지 자원이다(김영·양중자 2004[1988]). 당시 잠수들은 무명옷의 "물소중이"를 입고 쌍안경("족세눈" 혹은 "족은눈")을 사용하고 있었다. 1945년 해방 후, 전복은 여전히 주요한 시장상품이었으나 감태 대신 미역이 시장의 주요 상품이었다. 미역과 톳은 조간대와 수중에서 채취되는 해초이며 이를 채취하는 마을주민들의 '공동어로'의 양상은 이 시기에 정착되었다고 고려된다.

〈표 3〉 어획물과 도구의 변화

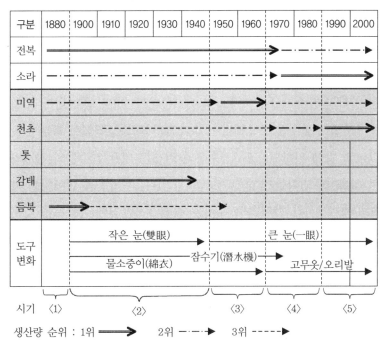

구분	1880	1900	1910	1920	1930	1940	1950	1960	1970	1980	1990	2000
전복												
소라												
미역												
천초												
톳												
감태												
듬북												

* 원학희의 글(1985:188)을 참조하여 연구자가 재작성

자연산 미역은 1963년부터 미역 양식기술이 보급되고 1960년대 말 군납이 단절되면서 시장성을 상실하였다(제주시수산업협동조합 1989:216; 원학희 1985:189). 그럼에도 제주 잠수들의 어로가 큰 타격을 입지 않은 데에는 한일국교정상화라는 외교 변화가 일본이라는 새로운 시장을 만들고 소라를 수출할 수 있었기 때문이었다. 1970년 7월 제주도의 잠수 26명이 일본 고강(高岡)어협 관내에서 우뭇가사리를 채취하였는데 이는 한일교류 차원에서 이루어진 시범사

업이었다.[43] 이때 참가하였던 김녕리 상군 잠수 김영자 씨(57세)는 고무잠수복[44]을 가지고 돌아왔다. 그녀의 언니인 김애자 씨(65세)는 물소중이(무명으로 된 작업복)를 입는 마을잠수들과 함께 고무잠수복을 입어 물질을 했었다고 한다. 그녀는 "하다께머구리"라 부르는 방식의 잠수기선에 고용되어 어로를 행한 적도 있으며,[45] 무명옷에서 고무잠수복과 오리발이 전파되는 과정을 경험한 잠수였다. 그녀의 말에 의하면, 고무잠수복의 전래는 기존 잠수들의 관계와 어로패턴에 변화를 일으킨 것으로 보인다. 무명옷을 입어서는 약 30분에서 1시간 간격으로 휴식을 취했었지만 고무잠수복을 입은 후에는 휴식 없이 하루 4시간에서 6시간까지 작업했다고 한다.[46]

1970년대 중반에 이후 전도적으로 퍼진 고무잠수복에 의해 잠수들은 더 멀리 더 깊은 바다에서 작업하였다. 새로운 변화는 고무의 역겨운 냄새나 더 깊이 수중으로 들어갈 수 없었던 기존 잠수들의 이탈을 동반하였다. 1970년대 초반과 중반 사이에 잠수 인구가 급감하였던 데에는 이러한 배경도 작용하였다고 본다. 변화의 한 복판에서 잠수들의 물질이 계속 전개될 수 있었던 까닭은 소라를 팔 수 있는 시장이 있었기 때문이었다. 그리고 미역에서 소라로 바

---

43) 제주신문, 1970년 7월 4일자, "일본 출가 해녀 실태, 아직도 문제점 많다." 그러나 이 사업은 현지에서 1인이 사망하는 사고로 말미암아 1회에 그치고 말았다.
44) 잠수들의 작업복은 스쿠버다이버들의 잠수복(wet suit)과 달리 상하의로 분리되어 있으며, 딱딱하여 입고 벗기가 몹시 불편하다.
45) 이 어로는 1970년대 중반을 기점으로 사라졌으나 그녀는 지금도 제주도 북부 연안을 누비며 다녔었던 바다 속의 생태를 기억하고 있었다.
46) 2006년 1월 10일, 김애자 씨 인터뷰 내용, 김영자 씨 자택에서.

꿰은 이제 잠수들의 노동이 국내가 아니라 국제 시장의 영향 속으로 들어가게 되었음을 의미하는 것이었다.

제주연안에서 잠수기선은 잠수들에 의해 1970년대 중반 퇴출되었으며, 스쿠버다이버들을 감시하는 자율적 어장 감시체제가 각 마을의 잠수회를 중심으로 이루어지고 있다.[47] 2005년 김녕리 잠수들이 채취한 우뭇가사리는 전국 최고 가격으로 거래되었으며,[48] 새로운 상품으로서 우뭇가사리는 당분간 시장에서 각광을 받을 것으로 보인다.

이와 같은 변화를 정리해보면, 첫째 마을어장에서 채취되는 수산물이 외부의 사회적 상황, 특히 시장의 변화에 깊이 연관되어 있으며, 둘째 채취하는 해산물의 변화는 도구와 어로형태의 변화를 동반하였고, 셋째 제주도의 각종 해산물은 외부적 요인에 의해 경제적 가치가 창출되어 왔으며, 따라서 앞으로 잠수들의 일상생활도 외부 시장에 노출되어 민감하게 변화할 것임을 전망할 수 있다. 그리고 지금껏 등장하지 않았던 새로운 변수, 곧 해수온도 상승에 의한 해양생태의 변화는 또 다른 어로환경의 변화를 초래할 지도 모른다.

---

47) 강순녀 씨는 마을 잠수들이 야간에 마을어장에서 불법적으로 채취를 하던 스킨스쿠버를 잡기 위해 잠수회원들이 해양경찰대와 함께 야간 수색작업을 했었던 사건이 있었다고 하였다. 그녀는 잠수들이 마을어장에서 스킨스쿠버들이 불법적 어로를 할 수 없도록 계속 요구해 왔다고 하였다. 2005년 당시 그녀는 제주시 수협의 총대로 활동하고 있었다. 2005년 7월 22일, 자택에서 이야기).
48) 우뭇가사리는 경상남도 일대와 제주도내에서는 우도, 하도, 김녕리에서 질 좋은 우뭇가사리가 생산되어 왔다.

제5절

잠수 인구의 감소

    한국 통계청 집계에 따르면, 2005년 기준 나잠어업에 종사하는 인구는 총 6,574명(여성 6,360명, 남성 214명)으로 전국 해안마을에 분포하고 있다.[49] 5년마다 시행되는 이 조사통계를 기준으로 전국 어업분야별 성별 인구수를 파악해보면 〈표 4〉와 같다. 어선어업을 제외한 양식어업·맨손어업·나잠어업 모두 여성인구가 남성보다 많으며, 그 가운데 나잠어업은 여성들이 주도적으로 벌이고 있는 어업인 것을 볼 수 있다. 그리고 어선어업을 제외한 그 이외의 어업은 연안해에서 이루어지는 어업이다.

---

49) www.nso.go.kr.통계청 사이트에서 검색한 자료이다. 여기의 통계수치는 제주도지방 행정기관에서 발행하는 수산현황자료의 수치와 차이를 보이고 있다. 제주도청이 발행한 〈해양수산현황〉에서는 5,545명이었다. 이는 집계방식의 차이 때문이라 생각된다. 그동안 잠수들은 어촌계의 가입이 입호주의(立戶主義)에 의하여 한 가구에 1인씩 되어 있던 것이 2005년 하반기부터는 가구별 2인 가입이 가능하게 되었다.

〈표 4〉 2005년 전국 어업분야별 성별 인구수

(단위:명)

성별 어업구분	전 국			제 주		
	계	남	여	계	남	여
어선어업	58,257	38,558	17,160	2,539	2,254	285
양식어업	41,631	19,901	21,117	613	381	232
맨손어업	22,950	8,521	13,873	556	95	461
나잠어업	6,574	141	2,414	4,019	73	3,946
기 타	1,177	364	783	30	19	11
총 가구원수	130,589	67,485	55,347	7,757	2,822	4,935

* 통계청 사이트(www. nso.go.kr) 〈2005년 어업종사분야 및 어업종사가구원〉 자료.

위 표에서 보듯이, 제주도는 어선어업보다 나잠어업 인구가 훨씬 많다. 제주도 해양수산과에서 집계한 〈해양수산현황〉 자료에 의하면, 2006년 제주도의 잠수인구는 5,406명이다. 총 14,431ha에 이르는 127개의 마을어장에서 이들은 소라·전복·성게·톳·우뭇가사리 등을 채취하여 174억 8천 1백만 원의 소득을 올렸다(제주특별자치도 2007:63). 그러나 잠수 인구는 계속 감소하고 있다. 1913년 제주도 잠수는 8,391명으로 15세 이상 제주도 여자 인구의 22%를 차지하였고(윤유녕 1997:5), 1965년 23,081명까지 증가하였다가 1975년에는 8,402명으로 감소하였다. 이는 식민지 초반기와 비슷한 수치이다.

〈표 5〉 제주도 잠수 인구 변화

(단위:명)

연도 \ 인구	전국 어업인구수(A)	제주 어업인구수(B)	잠녀 인구수(C)	인구점유율(%)	
				A/C	B/C
1913[1]	–	–	8,391	–	–
1932[2]	–	–	8,862	–	–
1960[3]	–	–	19,319	–	–
1969[4]	–	–	20,832	–	–
1970	1,165,232	85,230	14,143	1.21	16.59
1975	894,364	68,038	8,402	0.93	12.34
1980	844,184	49,195	7,804	0.92	15.86
1985	689,351	42,730	7,649	1.10	17.90
1990	496,089	37,643	6,827	1.37	18.13
1995	347,070	26,477	5,886	1.69	22.23
2000	251,349	21,281	5,789	2.30	27.20
2001	234,434	19,487	5,047	2.15	25.90
2002	215,174	20,390	5,659	2.63	27.75
2003	212,104	19,381	5,650	2.66	29.15
2004	209,855	19,737	5,650	2.69	28.63
2005	221,267	18,617	5,545	2.50	29.78
2006	211,610	19,388	5,406	2.55	27.88
2007	201,512	19,186	5,279	2.61	27.51

1) 윤유녕(1997:5)의 글을 참고함. 2) 桝田一二(1935)의 글을 재인용(원학희 1985:180).
3),4) 泉靖一(1966)의 글을 재인용(원학희 1985:180). 그 외 1970년부터 제주도해양수산
과 〈해양수산현황〉(2005년, 2006년, 2008년)을 참고로 재작성함.

잠수 인구는 약 60년 사이에 3배의 증감(增減)을 반복하였으며, 그 가운데 50년은 증가하였고 후반 약 10년 사이에 급감하였다. 1970년대에 들어 잠수 인구가 감소한 데에는 환금작물의 재배와 여성의 교육기회 확대, 그리고 3차 산업의 취업 등이 그 배경으로 지적되고 있다(원학희 1985; 조혜정 1982,1988; 한림화, 김수남 1987; 권귀숙 1996). 여성의 고학력화와 대중매체의 영향, 그리고 도시 왕래와 같은 생활환경의 변화도 중요하게 작용하였다(조혜정 1982:95). 1960년대 이후 제주도개발정책으로 활성화된 제주관광산업은 잠수들의 어로 활동을 이국적 풍물로 소개하여 왔다. 일상의 문화가 상품화되는 과정에서 잠수는 근면한 제주여성의 상징으로 부각되었으며 다양한 관광 상품으로 이들을 대상화한 이미지가 재현되어 왔다(안미정 1997:18~28). 그러한 한편으로, 물질은 가족에 의해 제지되기도 하였다. 김녕리의 상군잠수 혜자의 한 친구는 바닷가에서 놀던 일이 중학교에 가면서 아버지에 의해 금지되었으며, 중군잠수 지영(57세)의 동생(50대 초반)은 혼인 후 남편의 만류로 물질을 그만두었다. 이와 같은 이야기는 물질이 단지 육체적으로 힘든 노동이어서가 아니라 잠수에 대한 사회적 인식이 작용하고 있음을 말하고 있다.

흔히 물질은 마치 못 배웠기 때문에 하는 일인마냥 인식되며, 잠수들 스스로도 그렇게 말하기도 한다. 이는 마치 물질과 교육이 상극 관계에 있는 것처럼 비춰지지만 −오히려 조장되어 왔다고 볼 수도 있을 것이다− 이것은 물질하는 여성들에 대한 왜곡된 시선이라 본다.

중세의 부역과 가부장제적 유교문화와 더불어, 서구식 근대교육은 현대적 이미지의 여성상을 만들어 왔으며, 이에 비하여 잠수들의 검게 그을린 얼굴과 파도와 싸우며 일하는 어로행위는 거리가 먼 것이었기 때문이다. 물질은 못 배운 사람이 하는 일이라는 인식에는 물질로 인하여 학교교육을 받지 못하였다는 것이 아니라 −고령의 지금 잠수들에게 교육의 기회는 그다지 보편적이지도 않았다−, 오히려 서구식 근대교육을 통해 사회화시킨 여성상이 물질을 기피하게 만들었다고 해야 한다. 조혜정(1988) 교수는 대중매체에 의한 여성상의 변화를 지직하고 심 마을에서 일어난 남녀의 성역할의 변화를 중앙의 주류문화에 의한 지방문화의 종속 과정으로 해석하기도 하였다.

물질은 현대사회의 '직업'으로서가 아니라 오래된 '전통적' 어로라는 인식이 지배적이며 여기에는 이 일이 '낡고 전근대적인' 일이라는 시각이 동시에 혼재되어 있다고 본다. 제주의 잠수들이 모두 기혼녀(드물게 기혼남)인 점을 감안할 때, 이미 미혼 남녀의 직업으로서 고려되지 않고 있음을 보여준다. 30세 미만의 잠수가 없으며 50세 이상의 잠수가 전체의 90.4%를 차지하고 있다(제주특별자치도 2007:59). 그러나 한국 어업인구 가운데에서도 잠수의 인구 감소율은 상대적으로 낮아 다른 어로자들에 비하여 이 일에 오랫동안 종사하는 것을 알 수 있다. 그리고 제주 잠수는 전국 어업인구에서 2.5%를 차지하지만, 제주도내의 어업인구의 약 30%를 차지하고 있어 이들의 어로활동은 지금도 제주도 해안마을의 역사와 사회경제를 이해하는 데 있어 중요한 부분을 차지하고 있다.

잠수의 호칭

해안의 수중에서 자맥질하여 해산물을 채취하는 나잠어로자를 제주도에서는 잠녀(좀녀, 潛女), 잠수(좀수, 潛嫂)라고 부르며 흔히 해녀(海女)라고 알려져 왔다. 일본에서도 나잠어로자는 해녀, 해사(海士)라고 표기한다. 현재 잠녀, 잠수, 해녀라는 호칭은 제주도민의 일상적 생활에서 엄밀한 경계를 두고 사용하는 용어가 아니라 상황에 따라 사용되거나 쓰기 쉬운 대로 사용되는 면이 있다. 일반적으로는 '해녀'가 빈번히 사용된다. 저자는 한국 혹은 제주의 나잠어로자 호칭이 반드시 통일되어야 한다고 보지는 않으나 그렇다고 하여 용어가 함축하고 있는 역사성을 간과해서도 안 된다고 본다.

학계에서 '해녀'의 용어가 논란이 된 것은 일본문화 개념에 의해 제주문화현상을 설명할 수 없으므로 용어의 탈식민지화가 필요하다는 주장(전경수 1992a)이 제기되면서였다. 이에 대하여 '해녀'라는 용어는 일본에 의해 강요된 것이 아니라 '자연스럽게' 수용된 것이라는 주장도 있었다(제주도 1996). 이와 같은 논란에는 식민지 경험을 하였던 한국의 역사적 특수성이 자리하고 있으며, 민족주의적 시각을 배제하고 보더라도, 식민지 시대에 기존 용어를 대체한 새 용어의 사용을 '자연스러운' 수용이라고 보는 것은 설득력이 약하다. 또 다른 주장으로서 잠녀는 "통속적 용어(folk term)"이고 해녀는 "분석적/과학적 용어(analytic term)"라고 보는 견해도 있다(유철

는 "분석적/과학적 용어(analytic term)"라고 보는 견해도 있다(유철인 2001).

　문헌을 통해 볼 때 해녀는 〈조선왕조실록〉(숙종 40년, 1714)에 처음 등장하며 이때 해녀는 왜인(倭人)을 지칭하고 있다.[50] 잠녀(潛女)는 〈조선왕조실록〉(숙종 28년, 1702)과 비슷한 시기에 제작된 〈탐라순력도(耽羅巡歷圖)〉(1702~1703)에 기록되어 있는 것을 보면,[51] 18세기 초반 잠녀와 해녀는 엄연히 구분된 한·일 양국의 나잠어로자를 지칭하고 있었음을 알 수 있다. 해녀라는 용어가 공식적으로 쓰이기 시작한 것은 1920년 결성된 제주도해녀어업조합(濟州島海女漁業組合)을 통해서였다. 이후 한국에서 나잠어로자를 지칭하는 보편적 용어로서 해녀를 사용해 오고 있으나, 제주도에서는 여전히 고령자들 사이에서 잠녀와 잠수라는 용어가 쓰이고 있다. 흥미로운 점은 잠녀의 용어가 일본의 『萬葉集』(759년)에도 등장하고 (제주도 1996:42), 19세기 후반까지 천황에게 전복을 진상하였던 미에현(三重縣)의 구자키(國崎)라는 해안마을의 신사(神社) 이름에서도 볼 수 있다. 〈해사잠녀신사(海士潛女神社)〉는 "아마카즈키메(あまかづきめ)"라 하여 잠녀를 존칭하여 부르며, 이 마을에서 '카즈키메'라는 말은 문자로만 남아 있을 뿐 마을의 해녀들은 "아마"라고 부

---

50) 해녀는 촌락의 부녀자들과 성밖에서 물물교환 하는 일본인을 지칭하고 있다.
51) 〈탐라순력도〉는 제주도에 부임하였던 李衡祥 목사(당시 절제사)가 제주도를 순회하며 그려진 것으로 그림은 김남길(金南吉)이 그렸다고 한다. 1702년부터 1703년 사이에 완성된 것으로 보이며, 300여 년 전 제주도의 지리적 이해에 도움을 주고 있다. 잠녀가 등장하는 것은 병담범주(屛潭泛舟)라 하여 뱃놀이 하는 모습을 그린 부분인데, 민가의 모습과 용두암 부근에서 자맥질하는 잠녀의 모습을 볼 수 있다(제주시·제주대학교박물관 1994:90).

르고 있었다.[52) 잠녀는 한·일 사이에 형성되어 온 해양문화의 한 단면을 담고 있는 용어라 할 만하다.

나잠어로는 여러 지역에서 나타나는 보편적인 어로이나 지역에 따라 다양한 호칭으로 불리며 지역의 특수한 역사적 배경과 사회변화를 담고 있다. 전라도의 '무레꾼'처럼 국내에서도 지역별로 나잠어로자에 대한 다양한 지역어가 있으리라 본다. 저자는 유사한 해양의 어로자들이라 하더라도 지역의 역사적 배경 속에서 갖는 사회문화적 맥락을 간과할 수 없으며 용어의 편리성이 역사성에 우선하지 않는다고 본다. 무엇보다도 현재 제주도의 해양 어로자들의 내부자적 용어가 사멸된 것이 아니며, 더욱이 이들의 생활문화를 연구함에 있어 그들이 사용하여 온 용어는 존중되어야 마땅하다. 이러한 맥락에서 저자는 잠녀와 잠수라는 용어가 제주도의 나잠어로자들의 어로문화를 지칭함이 마땅하다고 보며, 다만 지금의 어로자들은 모두 기혼여성이라는 점에서 잠수(潛嫂)라는 용어를 사용하였다.

---

52) 2009년 2월 13일, 일본 현지조사 내용 중에서.

제3장_마을의 사회적 배경

마을에서 본 한라산과 바다

마을의 풍경

해안마을 김녕리는 제주도 본섬의 가장 북단에 위치한 마을이다. 제주도는 한국의 최남단에 위치한 섬으로 동쪽으로는 일본의 규슈, 서쪽으로는 중국, 북쪽으로는 한반도의 남해를 두고 있는 화산섬이다. 해발 1950m의 한라산이 섬 중앙에 있고 동서로 긴 타원형의 모양을 이루고 있다. 김녕리는 섬 북쪽 중앙에 위치한 제주시로부터 동쪽해안을 따라 약 22㎞ 떨어진 곳에 있다.[53]

마을의 동서쪽 어귀에는 오래된 두 개의 포구가 있다. 서쪽의 포구("한개")는 국가지정 1종 어항으로 근해어업에 종사하는 고깃배들이 정박하며, 동쪽 포구("성세기")는 한말(韓末)까지 육지로 미역을 실은 상선들이 오갔던 곳이었으나[54] 지금은 해안도로에 가려져 옛 흔적만 남아 있다. 두 포구를 통해 마을 주민들은 육지와 일본으로 내왕하였으나 항공로가 생기고 어업이 쇠퇴하여 지금은 근해어업에 종사하는 20여척의 작은 배들만 볼 수 있다.

마을의 두 포구가 있는 내륙 쪽으로 한라산을 바라보고 있는 두개의 오름(기생화산)이 또한 동서로 자리잡고 있다. 동쪽의 오름("입산봉")에서는 한때 벼농사도 지었다고도 하나 지금은 마을주민의

---

53) 북위 33.3°, 동경 126.5°. 해양수산부(2005) 〈어업정보도〉 참조.
54) 마을의 원로 김여문 옹의 인터뷰 내용, 2005년 12월 14일, 자택에서.

〈그림 1〉 김녕리의 오름과 마을어장

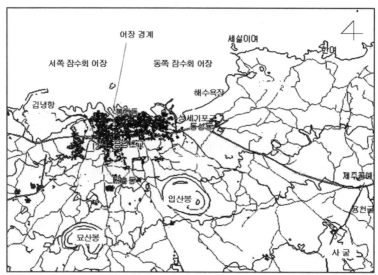

* 국토지리정보원(www.ngi.go.kr)에서 제공한 지형도에 연구자가 재작성함.

　공동묘지가 되어 있다. 서쪽의 오름("고살미")은 숲과 밭들로 이루어져 있는데 흔히 마을사람들은 이 오름의 형상이 마치 고양이가 웅크려 있는 듯하여 아쉽게도 마을을 등지고 있어 마을이 발전하지 못하는 것이라고들 한다. 마을의 총면적은 19.925㎢로 넓지만 농경지는 4.14㎢로 협소하다. 연평균 기온은 11.8℃이고, 평균 강수량은 1,444㎜로 농사를 짓기에는 용수가 언제나 부족한 실정이다. 마을의 대부분이 동굴과 목장지대이며 그나마도 사질토양과 토심이 얕고, 겨울철 차가운 북서풍과 해풍으로 인해 농사짓기가 수월치 않다. 그러나 마을사람들은 밭 안에 있는 암석바위를 깨어 농경지를 확장하고 흙을 실어다 넣어 토심을 두텁게 하며, 자주 밭

에 들러 작물의 작황을 살핀다. 가물 때에는 트럭에다 수조통을 실
어 온종일 밭에다 물을 뿌리기도 한다. 이렇게 가꾼 농경지들 가운
데에는 군유지(郡有地)를 임대하여 농사짓는 땅들도 흔하다.

마을을 동서로 가르는 안길에는 식당, 새마을금고, 어촌계, 농
협, 우체국, 파출소, 약국, 병원, 사진관, 어물전, 주유소 등이 길
가를 따라 나란히 들어서 있다. 그러나 마을의 가장 중심에는 일제
시대 마을주민들이 각 호당 미역을 팔아 모은 돈으로 세운 초등학
교가 있다. 2005년 당시 마을에 거주하는 총인구는 2,505명으로
남자(1,205명)보다 여자(1,300명)가 조금 많았다. 총 1,159세대가
거주하며 동서쪽으로 각각 4개씩 모두 8개의 동네로 구성되어 있
다. 동네를 걷다보면 어촌계의 공동창고와 동별 회관, 농기구 공
동보관창고, 그리고 공동식수로 사용하였던 해안의 용천수 터가
비석과 함께 정돈되어 있는 것을 볼 수 있다. 1970년대, 상수도가
보급되기 이전까지는 해안에서 솟아나는 용천수(23개)와 마을 안의
우물(18개)이 주민들의 식수원과 공동 목욕탕 역할을 하였다.[55] 마
을 안에는 이러저러한 역사를 알려주는 오랜된 비석들이 곳곳에
세워져 있는데, 옛 목사의 선정비, 효자비, 시신 없이 죽은 자의
비석, 동년(동갑)들의 결의비(結義碑), 마을발전에 기부한 독지가들
의 기념비, 공로비 등 중세로부터 근현대에 이르기까지 다양한 인
물들과 내용을 가진 비석들이 세워져 있다.[56] 마을의 한 유지(有志)

---

55) 해안 용천수는 암반 사이의 결절부분에서 흘러나오는 것으로 이를 "고냥물(구
멍물)"이라고 부른다. 마을주민 임완배 씨는 마을의 역사에 관심을 가지고 용천
수와 우물의 옛 위치를 모두 파악하고 있었으며, 여기에 제시한 숫자는 그의
도움을 받은 것이다.

는 이러한 마을의 풍경을 마을 이름의 첫 글자인 '김(金)'에 적용하
여 설명하였다.[57] 그리고 〈그림 2〉에서 한자 김(金)은 바다에서 내
륙을 바라볼 때 성립되고 있다는 점이 주목된다.

마을에는 동굴이 많은 반면 하천이 없다. 때문에 폭우에는 농경
지가 침수되는 반면 바다에는 담수의 영향이 적어 좋은 어장을 유
지할 수 있다. 게다가 마을 잠수들이 하는 말로 "김녕리의 바다는
나갈수록 바다이다."라는 표현은 수중의 용암대지가 비교적 멀리
까지 펼쳐져 있어 그들
의 어장이 넓음을 의미
한다. 각종 해산물과 조
개들이 자랄 수 있는 좋
은 서식지를 만들고 있
다는 것이다. 제주시수
협관내의 해산물을 입찰
하는 한 상인은 김녕리
마을어장에서 가장 다양
한 해산물이 생산되고
있다고 하였다.

〈그림 2〉 바다에서 본 마을의 풍수지리

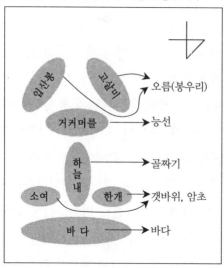

56) 마을 안에 세워진 주요 비석만 70여개에 이른다.
57) 2005년 7월 15일, 임문배 씨와의 인터뷰, 같은 동네의 이웃집에서.

제2절

마을의 역사

1. 마을의 형성과 발전

　김녕리에서는 선사시대로부터 어로와 수렵을 행하던 혈거민들의 생활 흔적을 찾아 볼 수 있다. 동쪽 오름 근처에 있는 작은 동굴 "궤내기굴"은 기원전후에서 AD 500년까지 사람들이 살았던 선사시대의 주거지였고, 이후 중세시대에는 의례가 행해졌던 신앙 유적지였다. 지금은 지방문화재로 지정·보호되고 있다(제주도민속자연사박물관 1995:53,61). 해안가를 따라 솟아나는 여러 용천수가 있어서 이를 중심으로 일찍이 씨족 사회가 형성될 수 있었으며, 농경을 병행하게 되면서 점차 큰 마을이 되었다(박수양 1986:127~128). 현재 마을의 주요 성씨로는 한(韓)씨, 안(安)씨, 김(金)씨, 박(朴)씨, 임(任)씨, 강(姜)씨, 윤(尹)씨 등이 있다. 우물을 함께 이용하였던 사람들끼리는 가까운 바다에서 멸치잡이를 함께 하기도 하였다. 마을 남자들은 여러 개의 작은 선단을 조직하여 고기떼가 마을어장에 모여드는 여름철에 날짜를 정해 서로 돌아가며 멸치잡이에 나섰다. 이런 작은 조직들을 "접(계)"이라고 불렀다.[58]

　마을의 원로들은 예전에 김녕리가 "천하대촌(天下大村)"이었다고

---

58) 마을남성들이 각 50명 내외로 "그물접"을 조직하여 멸치를 잡고, 부인들은 잡아온 멸치 행상을 다녔었다(2006년 2월 13일, 장일봉 옹(81세)와 인터뷰 내용, 고봉개 포구에서.).

하는데, 그 유래는 현청이 있었던 12세기 중반으로 거슬러 올라간
다. 천하대촌으로 마을이 성장하게 된 데에는 동서로 있었던 두 포
구와 관련이 깊어 보인다. 김녕리의 포구는 도내 최북단에 위치하
고 마을의 풍부한 용천수는 제주해협을 오가는 선단들에게 식수를
공급할 수 있었다(박수양 1986:126~130). 외래선단들이 내왕하며 인
구와 물자의 교류가 왕성하였으며 서쪽 포구로부터 마을 안길로
이어지는 길에는 시장이 형성되었다. 1900년대 마을에서 생산된
멸치 젓갈과 미역, 해초 등은 평양과 인천, 목포 등지로 나갔으며
상선들은 그곳의 물품들을 가져와 김녕 시장에서 매매하였다(박수
양 1986:192). 1874년 마을이 동·서 김녕리로 분할되었으나,[59] 포
구를 통한 물자의 교역과 마을의 활기는 일제시대에도 계속 이어
졌다. 김녕항은 오사카(大阪)를 오가던 군대환(君代丸)의 도내 첫 기
항지였다. 이 시기 마을 안에는 우편소와 주재소, 금융조합과 해
녀조합이 있었다. 당시 1개면에 1개소 공립학교를 인가하던 국민
학교(현 김녕초등학교)를 마을주민들의 노력으로 김녕에 설치할 수
있었다.[60] 소라와 전복 통조림 공장, 소라·전복의 껍데기를 이용
한 단추 공장이 있어 육지와 일본 등지로 수출도 하였는데 대부분
은 시모노세키(下関)를 통하여 오사카 지역으로, 일부는 상하이(上
海)와 타이완(臺灣)으로도 수출되었다(河原 2006:26). 이외에도 1930
년대에는 톳 공장을 만들어 일본수출의 길을 열었다. 이처럼 여러

---

59) 1914년 일제의 전국적인 행정개편에 의해 나뉘어졌다고도 하며(오창명 2007:
   280), 이 글에서는 『舊左邑誌』(구좌읍 2000:512)를 참조하였다.
60) 2005년 10월 23일, 전 노인회장 임기추 옹의 인터뷰 내용, 노인회관에서.

공장을 설립한 사람은 모두 마을사람들이었다(박수양 1986:193~
194).

한편, 마을 사람들의 이동도 활발하였다. 마쓰다 이치지(桝田一
二)의 제주 연구기록에는 1930년대 초반 오사카에서 배를 타고 물
질 갔다오는 잠수들의 모습과 김녕항에서 하선하는 풍경들이 나온
다. 이즈음 마을 호수는 373호(일본인 2호)이며 인구는 1,702명, (일
본인 6명)이 살고 있다고 기록하고 있다(마쓰다 2005:52). 1932년 일
본 동경 근처에서 잠수들을 고용하여 조업을 주도하였던 인물은
김녕리 출신이었으며 240명의 제주도 잠수들이 물질하였다고 한
다(진관훈 2004:266). 해방 후 일본과 공식적 해양항로는 단절되었
으나 제주도 사람들은 비공식적 경로를 통해 도일(渡日)하거나 합
법적 도일 이후 불법체류자가 되는 경우도 허다하였다. 이러한 도
일의 경험은 김녕마을의 중장년층의 남녀에게 일반적이다. 일본으
로 건너 간 1세대로부터 형성된 지연(地緣)과 혈연관계에 의해 마을
주민들의 일본 네트워크가 형성되어 있다. 일본에 사는 사람들이
고향을 방문할 때는 조상묘의 벌초와 여러 의례(친족의 경조사 및 돗
제, 요왕맞이 등)에 참여하기 위하여 오며, 마을사람들은 경제적 취
업을 위해 일본으로 가고 있다. 흔히 부잣집이란 '일본에 친척이
있는 집'이라고 말해지곤 하였다.

2. 공유재산 : 목장과 어장

2000년 1월을 기해 마을주민들은 동서로 나뉘었던 마을을 주민

투표를 거쳐 통합하였다(구좌읍 2000:512). 잦은 이권분쟁의 발생과
농어촌의 인구 과소화 현상이 지속적으로 나타나는 등 마을발전의
필요성이 대두되었기 때문이었다.[61] 각각 2개씩 있었던 공공기관
들은 하나로 합쳤고, 마을의 공유재산이었던 마을목장과 어장도 하
나로 합치자는 의견들이 있었다. 그러나 마을목장은 통합된 마을의
재산으로 공유화 할 수 있었으나 마을어장은 통합되지 않았다.

　　김녕리의 마을공동목장은[62] 제주도 마장(馬場)의 기원과 같은 궤
를 그리며 형성되어왔다. 13세기 몽고의 지배에서 시작된 제주도
의 말 목장은 19세기 말까지 이어졌으며, 밀 목초지로 인하여 농경
지 개간이 저해되었다.[63] 식민지시기에 목장은 몇 세대의 집단이
공동으로 소와 말을 교대로 방목하는 형식을 취했었다. 1933년 마
을단위별로 목장조합이 구성되었는데 116개가 있었다. 해방 후 목
장조합은 1960년대부터 마을공동목장으로 개편하여 소와 말을 방
목해 왔었다. 그러나 우루과이 라운드와 WTO 체제에서 축산업은
무한경쟁에 직면하여 마을의 축산업이 쇠락하는 길을 면치 못하였
다(남도영 2003:625~634). 목장을 이용하는 관행과 축산 의례도 약
화되었다. 김녕리의 마을공동목장도 불모지로 방치되어오다가, 마
을통합 이후 2006년 육지 투자가들의 자본에 의해 관광지로 개발

---

61) 2005년 5월 28일, 강정윤 씨의 인터뷰 내용, 마을 안의 ㅇㅇㅇ사무실에서.
62) 임야와 대지가 동쪽은 364,175㎡, 서쪽은 1,688,129㎡ 이었다.
63) 말 목장이 설립된 1276년부터 조선 말기인 1895년까지 619년 동안 제주도의
　　중산간지대는 마장(馬場)의 기능을 하였고, 군마와 교통수단, 하사품으로 쓰였
　　던 말의 높은 사회적 가치에도 불구하고 봉건왕조의 공마(貢馬)는 목자(牧者)들
　　을 경제적 착취의 대상으로 전락하게 만들었으며, 식량을 생산하기 위한 농경지
　　확보가 진상마의 사육지와 경쟁관계에 있었던 것이다.

되기에 이르렀다. 이 사업은 기존 공동목장의 200만평 부지 안에 130만평의 땅에 1조 300억 원을 들여 골프장(36홀), 쇼핑아울렛, 콘도미니엄, 스파호텔, 영상단지 등을 만드는 대규모 관광개발 사업이다.[64] 마을주민들은 이 사업이 마을 청년들의 실업을 해소하고 정체되었던 마을의 발전을 도모할 수 있으리라 기대하고 있다.

통합과정에서 개발을 통해 마을의 새로운 부를 창출하고자 하는 마을주민들의 기대가 마을목장에 있었던 반면, 마을어장의 경우는 사정이 달랐다. 1962년 동·서 김녕어촌계가 각각 인가를 받아 운영해 오다가 마을행정개편에 따라 38년 만에 하나의 어촌계가 되었다.[65] 처음 설립 당시에는 총 계원수가 690명(동김녕리 427명, 서김녕리 263명)이었으며(제주시수산업협동조합 1989:138), 2005년에는 640명이었다. 김녕리 마을어장의 총 면적은 457.52ha으로, 1가구 1인의 한정하여 어촌계에 가입할 수 있도록 한 수산업법에 의해[66] 어장 자원을 통한 경제적 소득은 마을주민들의 가구분배로 이어져 왔다. 어촌계에 가입한 마을주민들은 각 동별로 어장을 분할하여 매년마다 어장을 순환해가며 이용권을 행사하고, 해초를 채취할 때는 공동노동과 공동분배의 원칙하에 작업을 한다. 마을통합에 의해 어촌계도 통합되었으나, 그 하부조직으로 있었던 동·서 김녕리 잠수회는 통합되지 않았다. 따라서 그들이 이용하는 어장도

---

64) 2007년 2월 20일, 강정윤 씨 인터뷰 내용, 마을현장사무소 앞에서.

65) 1962년에 동김녕어촌계(면적 2,996,000㎡, 계원 수 427명)와 서김녕어촌계 (면적 1,573,000㎡, 계원수 263명)로 각각 설립인가 받았다(제주시수산업협동조합 1989:138).

66) 2005년 하반기부터 1가구에 2인이 가입할 수 있게 되었다.

통합되지 않았는데 동쪽 잠수회가 어장 통합을 반대하였기 때문이
다. 그 까닭은 통합에 따른 동서간의 균형적 호혜성이 성립하지 않
았기 때문이다. 동쪽의 어장은 서쪽보다 훨씬 넓고 자원이 풍부하
다. 서쪽 어장은 수심의 굴곡이 심한 반면 동쪽 어장은 완만한 해
저지형을 형성하며 멀리까지 펼쳐져 있다. 이 같은 해저지형의 차
이를 육상의 지형과 연육(連陸)하여, 잠수들은 서쪽의 토지가 비옥
하고 동쪽의 바다가 좋다고 말한다. 만약 어장을 통합하게 된다면
동쪽 어장을 서쪽 잠수들과 공유하게 되는 반면, 서쪽의 비옥한 농
경지를 동쪽 잠수들이 이용할 수는 없다. 바다는 공유지이지만 밭
은 사유지이기 때문에 어장 통합의 문제는 단지 바다의 이용에 한
정된 문제가 아니며, 상호간에 자원을 나누고 교환함에 있어 등가
(等價)가 성립하는가의 문제인 셈이다.

　　마을에 살고 있는 원로들과 청년들, 잠수들은 모두 천하대촌이
었던 과거의 명성을 기억하며 새로운 마을의 발전을 기대하고 있
다. 공유재산인 목장과 어장이 어떠한 형태로 마을주민들에게 지
속적인 자원이 될 것인지 앞으로 주목된다.

생업

1. 농어업

마을주민들이 주로 하는 농사는 마늘과 양파 농사이다. 그외 부수적으로 쪽파와 깻잎, 한라봉와 감귤농사를 짓고, 여름 한 철을 이용하여 팥, 깨, 녹두, 조 등을 재배하였다. 양파는 토심이 얕은 사질 토양에서도 잘 자라 1950년대부터 널리 경작되었고, 점차 노동집약적이며 단위면적당 생산성이 높은 마늘을 경작하게 되었다. 2005년 마을에서 생산한 마늘과 양파의 생산량과 가구별 소득을 보면 〈표 6〉과 같다.

〈표 6〉 농가 소득액

연도 분류 작물	2005년도 가구별 평균 농사 소득			
	농가수	생산량	kg당 평균수매가격	평균 가구별 소득
마늘	288호	1,613톤	1,350원	7,560,000원
양파	113호	1,002톤	200원	1,760,000원

* 김녕농협, 2005, 〈김녕농협소식지〉 104호, pp.14~15.

평균 가구별 소득에서 종자비와 인건비 등을 제외한다면 실제 농가 소득은 더욱 낮아질 것이다. 농업 생산성을 높이기 위한 여성

들은 틈틈이 밭을 돌아보며 잡초를 제거하고, 밭 안에서도 유휴지
가 없도록 돌담 경계까지 최대한 작물을 재배하였다. 마늘과 양파
농사를 할 때 대개 1~2인의 남성과 5~15인의 여성이 함께 일을
하였으며, 수확철에는 20여명의 여성노동력이 한꺼번에 동원되기
도 하였다. 여성가구주는 노동력의 조직과 인건비의 준비, 작업 일
자의 선택 등 농사일에서 남편보다 주도적 역할을 수행하였다. 농
번기에 필요한 일손은 여성가구주가 자신의 가족뿐만 아니라 친인
척, 친구 등 다양한 네트워크를 통해 조달하였다. 또한 여성들 자
신이 스스로 작은 그룹을 만들어 때때로 수요가 있는 마을로 밭일
을 하러 다니기도 한다. 내륙과 해안마을에서 재배하는 작물이 다
르므로 두 지역의 여성들은 계절에 따라 서로의 노동을 교환하는
것이다.

<표 7> 마을의 주요 산업과 시설

주요산업	농업		어업(어촌계)		축산업	
가구 수 (면적)	680 (604ha)		640 (457.5ha/ 동:332.3ha 서:125.2ha)		16 (460ha)	
주요시설 (개소)	교육 (3)	관광 (3)	민박 (25)	어항 (2)	식당 (15)	보건소 (1)

* 김녕리사무소, 2005, <정기총회> 자료, p.69; 2005년 마을리사무소 현황판 참조.

농사를 짓는 가구는 모두 680가구이며(김녕리사무소 2005), 여기
에는 마을어장에서 물질을 하는 잠수의 가구도 포함되어 있다. 마

을어장에 대한 자원권리를 가지고 있는 어촌계원은 640명이며 이들 가운데 잠수는 160명이다. 나머지 480명의 계원들을 "앉은 계원"(물질하지 않는 어촌계원)이라고 불렀다. 앉은 계원들 가운데에는 어부회원(25명)이 포함되어 있으며 근해어업을 행하고 있다. 〈표 7〉에서 농어업을 하는 가구 수는 총 1,320가구이지만 마을 세대수가 1,159세대임을 감안하면 161가구가 농어업을 겸한다는 것을 알 수 있다. 그리고 이 겸업 가구 수는 마을의 잠수인구수 160명과 거의 일치한다. 2005년과 2006년 김녕리 어촌계의 분기별 어획물 가격을 정리하면 〈표 8〉과 같다.

〈표 8〉 수협의 분기별 어획물 입찰 가격

구분	가격/연도/분기 해산물	분기별 입찰가격(1kg/원)							
		2005년				2006년			
		1분기	2분기	3분기	4분기	1분기	2분기	3분기	4분기
패류 외	소라	5,860	4,500	4,500	4,500	4,500	4,500	4,100	4,100
	전복	122,000	120,000	105,000	–	105,000	100,000	100,000	–
	오분자기	34,000	34,000	32,500	32,500	32,000	32,000	32,000	31,000
	해삼	17,000	13,000	–	12,000	12,000	12,000	12,000	12,000
	문어	5,000	5,000	–	5,000	5,000	5,000	5,000	5,100
	성게알	36,500	35,500	–	35,000	35,000	35,000	–	37,000
해조류	톳	3,100				3,000			
	우뭇가사리	4,300(우도産 4,386)				8,000(우도産 9,000)			

* 제주시 수산업협동조합 지도과 집계 자료(2007년 2월).

해산물들 가운데 가격하락세가 나타나는 것은 소라, 전복, 오분 자기와 해삼이다. 특히 소라와 오분자기의 가격 하락이 계속 이어 져 왔다. 상대적으로 전복과 해삼은 일정한 가격 수준에서 정체되 어 있다. 이와 달리 문어와 성게알은 조금 상승하였다. 해초에서 톳은 조금 감소한 반면 우뭇가사리는 크게 상승하였다. 이러한 수 산물별 가격 변동의 차이는 유통시장과의 연관성 때문으로 추정된 다. 해초 외의 수산물들 가운데 감소한 것은 모두 일본시장과 연관 되어 있으며, 도내에서 발생하는 수요품의 가격은 오히려 상승하 는 추세이다. 하지만 예외적으로 오분자기는 국내 양식으로 생산 된 전복의 유통으로 인해 가격 하락한 것이 다르다. 정부가 '해녀 정보화마을'로 지정한 이후에는 인터넷을 통해서도 해산물을 판매 할 수 있도록 하고 있다.[67]

2. 노동의 패턴

마을 여성들 가운데에서도 잠수들은 정해진 "물때"[68]에 맞추어 물질을 하며 그 이외의 시간에 밭일과 집안일 그리고 이웃의 일을 돌아본다. 〈표 10〉은 2005년 김녕리 잠수들의 농사와 어로, 그리 고 여러 의례에 관한 연간 주기를 도표한 것이며, 생업과 의례는 여성의 '일'이라는 의미에서 상호 밀착되어 있음을 알 수 있다. 표

---

67) 마을 홈페이지 http://gimnyeong.invil.org
68) 물때란 조수간만의 차가 일어나는 일정한 주기에 이름을 부여한 것으로 이에 맞추어 어부나 잠수들은 고기잡이와 채취작업을 한다.

의 ①,②,③은 두 영역이 서로 겹침으로써 물질하는 잠수들에게는 가장 바쁜 시기였다. 각 시기별로 농사와 어로, 의례를 어떻게 조율해 가는지 살펴보도록 하겠다.

1) 신년의례와 밭일

새해가 되어 명절이 지나면 마을유지들을 중심으로 하여 마을주민의 안녕을 기원하는 "포제"를 올린다. 이후 각 가정의 여성가구주들이 "큰당"이라 부르는 마을 본향당을 찾아 제물을 바치고 가족의 무사안녕을 기원하였다. 본향당은 아름드리 큰 나무 아래 제단을 마련한 곳으로 이 마을주민들의 일을 관장한다고 여겨지는 여신을 모신 곳이다. 이 외에도 각 가정에서는 집안의 곳곳을 관장하는 신들에게 새해 인사를 하고 한 해 운세를 보는 "조왕제"를 올린다. 이 모든 신년의례에서 돼지고기를 먹거나 만지는 것은 금기(禁忌)이다. 포제를 제외한 여러 의례들은 모두 여성가구주가 해야 하는 일들이다. 따라서 여성들은 부정(不淨)한 것을 보지도 먹지도 말아야 한다. 만약 들짐승의 죽음을 보았거나 상(喪)을 당하는 일이 생기면 "몸을 비렸다(몸을 더럽혔다)"하여 다음 당제(堂祭)에 방문하고, 끓인 팥물을 마셔 부정을 씻어낸다. 마을 안의 여러 가정에서 이러한 의례가 이뤄지므로 의례를 거행해 줄 "심방"(무당)도 자연 이때가 가장 바쁜 때이다. 심방은 본향당에서 온종일 마을 여성들을 맞이하고 의례를 거행하며, 각 가정마다 약속된 날짜에 찾아가 조왕제를 거행해주며, "이 밤과 저 밤 사이(밤 11시부터 익일 1시)"에 이집 저집을 다녔다. 의례를 마친 여성가구주들은 새벽 4시~5시가

〈사진 1〉 본향당의 신년 의례(2006.2.11.)

되면 일이나 밭일을 할 일헹들을 만나 밭으로 향했다. 여러 의례가 집중되어 있는 정월 동안 낮에 일하고 밤에 의례를 행하는 패턴이 연속적으로 이어졌다.

2) 마늘 수확과 해초 채취

오뉴월이 되면(② 시기) 마을주민들은 밭과 바다를 오가며 바쁜 하루하루를 보낸다. 농사와 어로를 병행하는 마을의 생업 구조가 가장 극명하게 드러나는 시기이다. 5월부터 어린 마늘에서 싹이 올라 온 "쫑"을 잘라내어 굵은 마늘 알이 생기도록 해야 하는데 이 일은 대체로 여성들의 몫이다. 수확기가 되면 마늘을 캐어 줄기를 자르고 알만을 골라내어 자루에 담기까지 모든 과정이 여성들의 손으로 이루어지고 하루 동안 일한 인부에게 일당을 지급하는 것도 여성가구주이다. 남성(대개 남편 또는 아들)들은 마늘 자루를 나르고 인부를 나르는 역할을 맡았다. 마늘 수확은 우뭇가사리를 채취하지 않는 날을 골라서 한다. 우뭇가사리는 동네별로 조직된 "조합원"들끼리 공동으로 작업하며 또한 채취할 수 있는 물때가 한정되어, 마늘수확을 일사천리로 끝낼 수 있어야 하는 것이 여성가구주에게 중요한 문제였다. 이를 잘 해내는 것이 그녀의 능력을 보여주는 것과 같다. 이즈음 마을 잠수들은 바다와 밭으로 밤낮없이 이동하며 가장 고단하게 노동하는 때였다.

3) 파종과 소라잡이

추석명절이 돌아오기 전, 마을사람들은 마늘과 양파를 파종하고 조상의 묘를 벌초하느라 분주하다. 마늘과 양파를 파종하는 것은 한 알 한 알 심어야 하는 작업으로 일시에 많은 노동력이 필요하였다. 그리고 나서 어장에서는 여름 동안 금채 하였던 소라를 잡는데, 이를 두고 "막았던 바당을 튼다(막았던 바다를 열다)"고 한다. 이때가 잠수들에게는 빅 시즌("대조문", 10월)과 같다. 잠수들은 본격적 채취에 앞서 부이("테왁")와 자루("망사리")를 새로 만들기도 하고, 간단한 물질 작업으로 "바다에 귀를 적셔둔다." 이것은 그동안 둔감해졌을 자신의 몸 상태를 점검하고 물질 감각을 회복시키기 위한 사전 준비인 것이다.

〈표 9〉 농사와 어로의 패턴

월별 (양력)	농사	어로	비고
1		물질 (전복, 성게 허채)	
2	농약, 비료 잡초 제거(물 주기)		설, 당제, 조왕제
3		톳 채취(2006년)	①
4		톳 채취(2005년) 갯 닦기(해초 제거)	
5	마늘종 꺾기(약 3회)	천초 채취(건조)	톳 공판 우미 공판
6	수확		② 우미 공판
7	양파 수확 / 여름농사 파종 (조, 깨, 녹두 등) 파종마늘 까기	소라 금채기 (고장초, 오분자기 채취)	조합장 선출 바당 바꾸기
8		바다 지키기 소라 옮기기 (오분작기, 보말 채취)	
9	마늘 파종 수확 양파 묘종 심기	(태풍에 감태 건지기)	벌초, 추석
10		물질("대조문") (성게, 전복 금채)	③
11	물, 비료 주기		
12	*남의 밭일	**야간 햇바리	

* 남의 밭일은 "반장"을 중심으로 "구지(소그룹)"를 만들어 다니는 일을 말한다.
** 햇바리는 밤 동안의 간조 때 햇불을 밝혀 낙지잡이하는 것을 말하며 가을부터 겨울철
  까지 이어진다.

이와 같이 표의 ①,②,③ 시기는 농사, 어로, 의례가 서로 맞물려 바쁘게 돌아가는 것을 보여준다. 이러한 연중 생활의 사이클 속에서 잠수들이 특히 바쁜 것은 "물에 들지 않을 때(물질을 하지 않을 때) 농사일을 한꺼번에 해버려야 하기 때문"이다.[69] 분명, 노동과 의례의 순환적 체계는 여성 가구주에게 과중한 노동강도를 주고 있다. 그렇다 하여 남성의 노동영역이 없는 것은 아니다. 의례와 노동에서 성별 분업양상은 보다 다양한 시공간 속에서 접근할 필요가 있다. 해안마을 주민들의 노동의 성별 분업은 물질이 여성의 일로 규정된 사회에서 남성의 노동력을 합리적으로 배분·조정하는 양상으로 전개되고 있다고 생각된다. 여성들만이 물질을 하고 있는 상황에서 여성들은 남성에 비해 상대적으로 과중한 노동에 종사하고 있으며, 여기에는 기본적으로 다수의 여성과 소수의 남성 인구 편차가 노동 분업 양상에 영향을 미쳤으리라 본다.

---

69) 2005년 4월 27일, 강순녀 씨 자택에서 제사를 준비하며.

제4절

사회조직

1. 사회조직의 성별 구성

마을의 행정적 업무는 리사무소에서 총괄하며 다만 마을어장의 어로에 관한 사항은 어촌계에서 독자적으로 처리하였다. 마을주민들은 공식·비공식적 조직들에 참여하고 있으며 이를 보면 다음의 표와 같다.[70]

마을의 주요 사안은 주민총회를 열어 의결을 수합할 수 있지만 보통은 마을 안에서 활동하고 있는 공식적인 조직인 개발위원회, 노인회, 새마을부녀회, 청년회, 어촌계의 대표들의 연석회의를 통해 마을 운영을 이끌어 갔다. 공식적 조직들이 마을 전체의 사안과 관련성이 깊다면 비공식적 조직은 개인에게 일어날 수 있는 다양한 생활사들과 깊은 관련성이 있다. 남성으로 구성된 조직은 개발위원회와 어부회가 있으며, 여성으로 구성된 조직은 새마을 부녀회, 잠수회, 좀도리회(새마을금고 산하)[71]가 있다. 남성들은 전국적으로 동일한 조직의 마을 대표자 역할을 하면서 마을의 정치, 행정에 주도적 역할을 하였다. 그리고 개별적으로는 '마을유지'라는 권

---

70) 공식적 조직이란 전국적으로 분포하는 조직의 하부 조직이거나 마을공동의 문제를 논의하는 조직체들을, 비공식적 조직은 사적인 친목과 생활상의 이익을 도모하는 여러 소모임들로 분류하였다.

71) 2005년 10월 27일 창립.

위를 가지기도 하였다. 반면, 여성들이 구성된 공식적 조직으로 새
마을 부녀회(농협 산하)와 잠수회(수협 산하), 좀도리회가 있다. 모두
금융기관들과 연결되어 있는 부녀자 조직이라는 점이 특징이다.
조직 안에서는 출신지(마을 내/외), 일(잠수/비잠수), 지역(동김녕/서김
녕) 등의 요소를 고려하여 임원을 구성하는 것을 볼 수 있었다.

<표 10> 마을 조직의 성별 구성과 목적

구분	공식성	성별	목적/역할
개발위원회	공식	남	개발 행정
영농회	공식	남, 여	생업(농사)
노인회	공식	남, 여	행정 자문
청년회	공식	남, 여	봉사, 행정
부녀회	공식	여	봉사, 행정
어촌계(어부회)	공식	남	생업(어로)
어촌계(동서잠수회)	공식	여	생업(어로)
새마을금고(좀도리회)	공식	여	금융, 농사
문중회	비공식	(부계친족)	제사, 벌초
동갑, 동창회	비공식	남, 여	친목(계)
친목회	비공식	남, 여	친목(계)

2. 여성 생업조직 : 잠수회(潛嫂會)

잠수회는 공식적으로는 제주시수협 김녕어촌계의 소속이지만
어촌계와 마찬가지로 주민들의 자치적·자생적 조직이다. 김녕어

촌계는 제주시수협의 출장소로서 수협의 금융 업무를 동시에 담당
하고 있기 때문에 사람들은 어촌계 사무실을 '수협'으로 부르기도
하였다. 잠수회원들은 특정의 친족집단이 아니라 마을 거주하는
여성들이 물질을 공통기반으로 하여 구성된 조직이다. 잠수회원이
되려면 마을에 거주할 뿐만 아니라 자신의 집을 가지고 살고 있는
자가 어촌계에 가입하고 재차 잠수회의 심의 과정을 거쳐 입회비
를 내야 한다. 이것은 공식적 법률이 아니라 불문율이다. 옛 동·
서김녕리의 잠수회가 실질적으로 운영되고 있지만 대외적으로는
잠수회의 총회장직을 둠으로써 한 조직임을 표방한다. 선출방식은
투표가 아니라 동·서김녕 출신을 번갈아 가면서 나이와 지도력을
고려하여 추천하고 당사자가 수락하면 결정되었다. 회장은 "감투"
쓴 자이기보다 조직의 "봉사자"로 비유되곤 한다. 보직수당이 없음
에도 회장을 맡는다는 것은 그녀 자신에게는 명예로운 일이다. 총
회장 외에도 장수회장, 동네별 회장들이 있다. 각 회장들은 다른
잠수를 대표하기도 하지만, 그들의 가장 신성한 집단의례인 잠수
굿에서는 회장만이 '한복'을 입을 수 있는 권한이 주어지고 외부
인사들을 접견하는 것도 중요한 직책 중의 하나이다.

　2006년까지 동쪽 잠수회의 역대 회장은 마을 출신의 잠수들이
었다. 보이지 않게 그러나 의도적으로 마을출신 잠수들(주로 "대파")
이 회장직을 차지해온 것이지만, 2007년 이러한 상황도 조금씩 변
하여 타지 출신의 잠수들(주로 "쪽파")이 회장단을 구성하게 되었다.
그럼에도 여전히 총회장과 동쪽 잠수회장은 마을출신의 잠수였
다.[72] 잠수회원들이 서로를 부를 때는 공식적 직함이나 자식의 이

름을 수식어로 사용하는 것이 아니라 당사자 이름을 불렀다. "OO
어멍(어머니)", "OO언니"라고 부르는데, 이는 남성을 매개로 한 혈
연적 관계를 개입시키지 않는 것이다. 잠수들은 연구자에게 나이
많은 잠수들은 "OO이모", 비교적 어린 잠수들은 "OO언니"라고 지
칭하였다. 또한 연구자가 이들 간의 친족관계에 관심을 두어 사회
적 관계를 파악하고자 하였을 때, 그들의 관계를 수직적인 가계도
가 아니라 가로로 나란히 "시어머니, 며느리, 딸, 고모, 이모"라고
나열하였다.[73] 이는 가부장제적 체계로 잠수회원들의 생활세계를
분석한다는 것이 오류를 범할 수 있음을 암시한다.

3. 다양한 친목회

개인의 필요와 목적에 따라 다양하게 조직되고 또 와해되는 모
임들을 흔히 볼 수 있는데, 남성보다 여성들이 많은 모임을 구성하
며, 40~50대의 여성가구주들의 모임이 가장 활발하였다. 남성의
경우는 학교 동창회가 주를 이루고, 각 회원이 1년에 1회 정도 회
원들에게 저녁을 대접하고 회비를 모아 목돈을 마련하며, 함께 여
행을 가기도 한다. 이외에도 회원들의 경조사에 경제적인 협력을
하고 마을 정치(이장·조합장 선거)에서 특정인을 지지하는 정치세력
의 단위가 되기도 하였다.

반면, 여성들은 같은 나이, 같은 띠, 같은 집안의 며느리, 같이

---

72) 2009년 새롭게 선출된 잠수회장도 마을출신의 상군잠수였다.
73) 2005년 5월 6일, 강순녀 씨 인터뷰 내용, 자택에서.

사진을 찍은 모임 등 공통분모를 찾아가며 순발력 있게 조직되는 특징이 있었다. 젊은 잠수들일수록 모임의 수가 많았다(7~9개). 매월 또는 격월별로 모임을 가지며 회원이 이삼중으로 겹치기도 한다. 회합은 마을 안의 여러 갈비집과 치킨가게에서 자주 이루어지고, 1회 모임에 회비는 1만원, 격월인 경우 2만원이 되는 경우도 있다. 저녁 식비는 각 회원이 순차적으로 돌아가며 지급하므로 나머지 회원들은 외식을 하는 기회가 된다. 모임에서 적립한 회비로 단체 여행을 가거나, 또다시 적립하고 혹은 분배하여 김치냉장고, 금제품 등 값비싼 제품을 구입하였다. 이러한 경제직 기능 외에도 친목회는 회원들 모두에게 필요한 각종 노동력을 제공하는 이점이 있다. 농번기에는 품앗이를 하고, 부모의 상(喪), 자식의 혼인 같은 의례가 닥친다면 가족의 힘만으로 해결할 수 없는 다양한 역할들을 친목 성원들이 대신하였다. 모임의 성격은 한국의 전통적인 '계'와 같이 상호부조의 원리에 입각한 것이라 볼 수 있다. 그러나 모임이 실질적 효력을 가지지 못했을 때에는 개별적으로 모임의 다변화를 모색하거나 와해되기도 한다. 비슷한 시기에 회원 모두가 필요한 노동력을 얻을 수 없으므로 개별적으로 또 다른 모임을 만들어 보다 넓은 네트워크 속에서 다양한 대응 방안을 모색해 가는 것이다. 실제 회원들이 중복되면서도 여러 모임들을 조직하는 것은 모임을 통해 회비를 축적하려는 경제적 기능보다 —경제적 주목적이라면 은행을 이용하는 것이 더 나을 것이므로— 다면적 네트워크 속에서 생활상의 다목적인 협력을 구할 수 있는 장점이 있기 때문이라 생각된다.

마을의 신들과 의례

마을 안에는 천주교회와 기독교회도 있지만 그 외 두 개의 사찰과 여러 당(堂)들이 분포하고 있다. 교회나 당(堂)을 찾는 사람들은 주로 여성들이고, 조선시대 유교식 제례가 보급되어 정착된 마을의 포제만이 남성들이 참여하는 주요한 의례이다. 여성들의 참여로 이루어지고 있는 샤머니즘 의례는 신(神)이 좌정하게 된 내력을 담은 "본풀이"가 심방을 통해 구송되는데, 이는 곧 무가(巫歌) 형식의 신화이다(장주근 1986; 현용준 2002; 문무병 1993; 하순애 2003; 김헌선·현용준·강정식 2006). 김창민(1990)은 마을당제를 제주도민의 역사의식의 표현기제라고 지적하며, 마을의 공유재산을 토대로 하여 발전한 공동체 신앙이라 하였다(김창민 1990:287~293). 이 글에서는 마을주민들이 섬기는 신들을 당신(堂神)과 터신[址神]으로 구분하여 살펴보려고 한다. 신을 모시는 형태가 다르고, 관념적 구분이 존재하기 때문이다. 마을당의 신들은 모두 타지(他地) 또는 바다에서 온 외래신(外來神)으로 마을에 "좌정(坐定)하였다"하였고, 모두 울타리로 경계 지워진 공간을 차지하고 있다. 반면, 산과 바다, 집과 배에서 벌이는 의례들은 어떤 '공간에 내재'해 있다고 관념하는 신들에 대한 의례의 형식으로 개별 가구의 의례로 이뤄지며, 따라서 이 신들을 '당신'이라고 부르지는 않는다.

1. 당신(堂神)과 신화

1) 마을의 당신들

신이 "좌정하였다"고 하는 당들은 모두 민가와 가까이 마을 안에 있으며, 큰 팽나무의 아래와 덤불 숲, 그리고 팽나무 아래의 작은 굴에 자리잡고 있다. 대개 당 둘레에 돌담으로 쌓고, 가운데에는 시멘트로 된 긴 제단이 마련되어 있다.[74] 마을 부녀자들은 특정 제일을 지켜 당을 방문한다. 당제는 본래 '굿'을 하였던 것이나 지금은 "앉은제"라 불리는 간단한 형식으로 치러지고 있다. 부녀자들은 각자가 준비해 온 밥과 떡, 과일과 술, 생선을 제단에 바친 후, 심방의 본풀이에 따라 절을 올리고, 가족의 신년운수(점)를 본다. 운수가 나쁘면 별도의 제일을 받아 액막이를 해야 한다. 마을 당신들의 이름과 역할을 보면 〈표 11〉과 같다.

---

74) 마을에 따라서는 집을 지어 제단을 만들기도 한다. 이를 당집 형태라 하고, 나무 아래에 마련한 당은 신목(神木)형이라고 분류한다(문무병 1993, 하순애 2003).

〈표 11〉 좌정한 신들의 직능

당명(堂名)	좌정한 신(神)*	제일(祭日)**	직능	제의 형태
㉠ 큰당 (本鄕堂)	큰도안전큰도부인(女神) : 강남천자국 3자매의 차녀	新過歲祭 (1.13~14) 마불림제 (7.13~14) 新万穀大祭 (9.13~14)	마을평안 호적관장	앉은제
㉡ 노모릿당 (일뤳당)	강남천자국의 용녀부인(女神) [근친상간을 범하여 내륙에서 쫓 겨나 해안에 좌정한 여신]	매월 7일 17일 27일	출산 육아 치병	앉은제
㉢ 성세깃당 (요드렛당)	동해용왕 말쟀아들(男神), 또는 [미움을 받아 바다로 버려진 뜨 님애기(女神)]	1월 18일 7월 18일 9월 18일	사업번창 해상안전	앉은제
㉣ 궤내깃당	소천국과 백주또 부부의 말쟀아 들(男神) [내륙신의 7남]	선사 유적 가구별 택일	번성 집안평안	앉은제
*** ㉤서문 하르방당	미륵보살, 개하르방, 개할망 [윤씨 집안의 신]	개별적 택일	기자 (祈子)	비념

* [　] 안의 내용은 김O보 심방의 인터뷰 자료.
** 날짜는 모두 음력이다.
*** ㉤은 윤씨 성을 가진 어부가 바다에서 낚시로 건져 올린 미륵(바윗돌)을 모신 곳이고,
　　윤씨 집안에서 모시는 가신(家神)이지만 아들을 낳으려는 여성들이 몰래 다닌다.

　　각 당들마다에는 신이 마을에 "좌정"하게 된 내력을 담은 본풀이
가 여무의 구송을 통해 전해지고 있는데 그 본풀이는 하나의 신화
로서 여러 연구자들의 주목을 받아 왔다. 이글에서는 기존 연구 자
료들(현용준 1980; 제주대학교 국어교육과 1989; 진성기 1991; 문무병 1993;
정루시아 1999; 강소전 2005)과 연구자가 인터뷰한 자료[75]를 토대로

마을에 좌정한 당신들을 간단히 소개하도록 하겠다.

① 큰당(본향당) - 강남천제국(江南天子國)의 3자매가 제주도에 들어와 각각 하나의 마을에 좌정하였는데, 둘째가 김녕리에 좌정하였다. 마을의 두 김씨(광산, 경주) 집안과 황씨 집안이 큰 배를 운영하였는데 제주에서 청진항을 왕래하다가 풍랑을 만나게 되자 당을 설립하게 되었다(제주대학교국어교육과 1989:311)고 한다. 한편 이 당의 신은 내륙의 송당리에 가서 "갈라 온" 신이다. 그리고 마을 안의 궤내깃당 신을 수양아들로 삼았다고 한다(김O보심방의 설명). 이 여신은 마을의 호적을 담당한다고 보며, 마을의 중심적인 당으로서 "본향당(本鄕堂)"이라고도 부른다.

② 궤내깃당 - 내륙의 당신인 아버지 소천국과 어머니 백주또 사이에서 태어난 아들로 부모로부터 버림을 받아 바다로 버려졌다. 요왕황제국의 막내딸(셋째)과 연을 맺어 살다가 식성이 너무 좋아 다시 요왕국에서 나와 강남천자국으로 건너가 난리를 평정한 후 고향 제주도로 돌아온 신이다. 마을사람들이 못 알아봄에 풍흉조화를 부려 돼지 한 마리를 공양(供養) 받는 신으로 좌정하게 되었다("돗제"). 큰당 여신의 수양아들이기도 하다. 각 집마다 3내지 5년을 주기로 이 신에게 돼지 한 마리를 바치며 그래야 집안이 잘된다고 여긴다.

---

75) 마을당의 제의를 올리는 김O보 심방(남), 서O실 심방(여) 인터뷰 내용을 토대로 하였다. 김O보 심방은 각 당의 신들에 대하여 물었을 때, 그는 신들의 좌정내력을 신의 생애사처럼 구술하며 하나의 인격체로 형상화하였다. 2006년 본향당과 2007년 자택에서 2차례 인터뷰 하였다. 그의 부모도 심방이었으며, 33세에 첫 신내림을 받아 굿판에서 춤을 춘 것이 제주시 인근의 한 잠수굿에서였다. 그의 장모로부터 동김녕리 잠수굿을 물려 받아서 해오다 지금은 마을안의 일부 당제를 맡고 있다.

③ 노모릿당 – 기존의 연구에서 이 당신은 강남천자국의 용녀부
인이라고 언급하며 마을의 김○보 심방은 근친상간을 범하여 내륙
에서 쫓겨난 여신이라고 설명하였다. 15세 미만의 어린 아이들의
치병을 관장한다. 의료기술의 발달, 출산율의 저하로 점차 쇠퇴하
고 있는 당이다. 김○보 심방의 설명에 따르면, 이 당신의 좌정내력
은 궤내깃당신의 아버지(소천국)의 작은 부인과 유사한 모티브를
가지고 있는데 유사한 사회관계가 신화적 상상 속에 반영된 것으
로 보인다.

④ 성세깃당 – 기존 연구들에서는 이 당의 신을 동해요왕의 막
내아들("말잿아들")이라 하여 남신(男神)으로 보고하고 있으나 김○
보 심방은 미움을 받아 바다로 버려진 "따님애기"라 하여 여신(女
神)임을 주장하였다. 이 당은 마을주민들이 거주하면서 생긴 당이
라고 여기지지만 마을의 한 원로(김여문 옹)는 자신의 증조부가 이
당의 설립자였다고 한다. 증조부는 만호(萬戶)벼슬을 가지고 있었
으며 평양을 오가는 미역상선을 운영했었다. 이 당에 가는 단골들
은 안전한 어로와 사업 번창을 기원하기 위해 다닌다. 주요 단골
씨족은 임씨, 조씨, 한씨이다.

마을 당신들은 각기 다른 직능(역할)을 행하며 그로써 마을부녀
자들의 음식 공양을 받는다. 주목할 만한 것은 마을의 본향을 맡는
당신과 더불어 주요 당신들이 여신이며, 직간접적으로 바다를 매개
하고 있는 해신(海神)적 성격을 띠고 있다(정루시아 1999:34). 그리고
신화 속에서 당신들은 서로 분리된 개별적 존재들이 아니라 친족관
계를 형성하고 있다. 신들은 마을사람들의 음식공양을 받고 각각의
직능을 행하는 상호교환 관계 속에서 "좌정"하고 있음을 보여준다.

〈그림 3〉 마을의 의례 장소

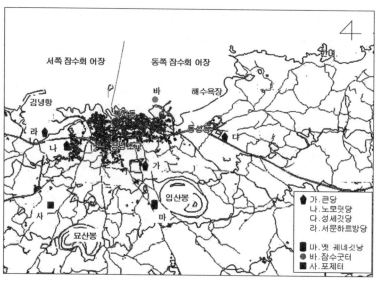

* 국토지리정보원(www.ngi.go.kr)에서 제공하는 지형도에 연구자가 재작성.

2) 신화로 본 신들의 사회관계

마을당신이 마을주민과 관계를 형성하게 되는 것은 마을에 좌정하면서이다. 당신은 혈연적 범위를 뛰어 넘어 마을에 "좌정(坐定)"한 신으로서 지연성(地緣性)에 의한 조상신의 성격을 가지고 있다. 좌정과정에는 주민들에 의해 '받아들임'의 과정이 언제나 등장하며 −대개 신력(神力)을 보여주는 것으로서−주민들의 "정성"을 받고 대신에 마을의 평안과 부, 출생과 호적을 살펴주는 상호 교환관계를 바탕으로 하고 있다. 즉 음식공양과 보살핌이라는 물질적ㆍ추상적 가치의 교환을 암시하고 있다. 이러한 섬김과 보살핌의 호혜적 관계를 형성하는 것은 그들이 '한 마을에 거주한다'는 데에서 출발하고 있다.

〈그림 4〉는 신화의 내용을 토대로 신들의 관계를 나타낸 것으로 출계(descent)와 혼인의 관계로 이루어짐을 알 수 있다. 출계는 육상과 바다라는 각각의 영역을 넘지 않으며 반면 두 영역을 넘나드는 것은 혼인을 통해서이다. 둘째, 내륙의 신들은 바다를 매개로 마을에 좌정한다(큰당, 궤내깃당, 성세깃당). 셋째, 바다 속의 여신이 잠수들의 조상으로서 설정되는 것인데 이는 생업을 토대로 한 신화적 사고를 보여준다. 이와 같이, 바다에서 육상으로의 이동에는 혼인과 이주의 개념으로, 육상에서 바다로의 이동에는 출계와 생업의 개념을 이용하여 관계를 구조화 시키고 있음을 볼 수 있다.

〈그림 4〉 신들의 관계와 잠수

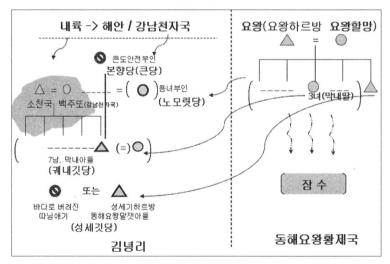

2. 터신을 모시는 의례

1) 종류

산신(山神, 산)과 요왕신(龍王神, 바다), 조왕신(竈王神, 부엌), 선왕
신(船王神, 배)을 모시는 종교적 의식은 당신과 달리 특정의 제터가
마련되어 있지 않다.[76] 대신 신의 존재가 공간을 통해 드러나는 점
이 당신과 다르다. 현재 터신을 모시는 의례 가운데 가장 포괄적이
며 널리 행해지고 있는 것은 조왕제이다. 조왕제는 공간직으로 산
과 바다를 아우를 뿐만 아니라(조왕제a), 집안에서 행하는 의례(조왕
제b~조왕상d)이기도 하며, 부엌에서 올리는 제(조왕제c), 매일 아침
저녁으로 부엌에 마련된 "조왕상"에 정화수를 올리고 불을 밝히는
의례(조왕제d)를 의미하는 등 중층적으로 구성되어 있다.

뱃고사는 연 2회의 명절 전날 배 안에서 선주와 선원들이 치르
는 개별적 의례로 남성 선주의 주관하에 이뤄지고, 선왕신에게 해
상안전과 어로의 풍요를 기원한다.[77] 뱃고사에서는 돼지고기를 금
기하지 않았지만,[78] 이외의 제의에서는 모두 금기하였다. 여성가
구주가 단독, 혹은 심방과 함께 지내는 가내의례인 조왕제에 관하
여 살펴보도록 하겠다(잠수굿에 관해서는 제5장에서 후술).

---

76) 선왕신(船王神)은 집처럼 배라는 공간에 존재하는 신이라는 의미에서 터신으
    로 분류하였다.
77) 제의 마지막엔 선주가 올렸던 제물들을 조금씩 그릇에 담아 배 둘레를 돌아가며
    바다에 던진다. 제차가 간단하여 약 7~8분이면 끝나서 모두가 둘러앉아 음식을
    나눠 먹는다.
78) 과거에 멸치잡이가 성행했을 때 〈그물고사〉(海神祭)가 있었으며, 이때는 돼지
    고기를 금하였다고 한다(제주대학교 국어교육과 1989:332).

〈표 12〉 터신 의례

제의				신명	의례형태	제일	장소	목적
조왕제 a	산신제			산신	여성가주주 단독	가구별 택일	내륙의 밭, 덤불 숲	목축번성, 가내평안
	조왕제 b	조왕제 c		조왕 할망	심방, 여성가구주	〃	집	가내평안
				조왕 할망	〃	〃	부엌	가내평안 재앙방지
			조왕상 d	조왕 할망	여성가구주 단독	매일	부엌	가내평안
	요왕제			요왕 할망	여성가구주 단독	〃	바닷가	어로번성 해상안전
잠수굿*				요왕 할망	심방, 어촌계 의잠수회	음력 3월8일	바닷가 (굿집)	종합적
뱃고사				선왕 하르방	선주, 선원 가족	명절 전날	바닷가 (船內)	어로번성 해상안전

* 잠수굿은 잠수회의 집단의례로서 개별적 의례와 대비되며, '굿집'이란 의례의 편의를 위해 지어진 집을 말한다.

2) 조왕제의 성격

조왕제는 산신제로 시작하지만 이것은 "산신에 가야 하는 집"에 만 해당할 경우이다. 김영자 씨(57세)는 과거에 목축을 했던 집안에 시집을 와서 "산신에 가야한다"고 하였다. 한밤에 그녀의 남편이 그녀를 산신제 지낼 곳까지 바래다 주었으나 의례에는 참여하지 않았다. 의례를 거행할 작은 제단을 마련하고 제물을 준비하며 의식을 행하는 것 등 모든 것을 여성가구주가 혼자서 진행하였다. 한라산을 향해 검은 돌담을 두른 제의 공간은 겨우 두어 명 정도가 들어갈 수 있는 아담한 '제터'였다. 이곳은 조왕제를 지낼 때에만 이용되며, 다른 여성가구주들도 함께 이용한다. 조왕제가 진행되는 순서를 생태학적 공간에 대입해 보면 〈그림 5〉와 같이 나타난다.

어두운 밤 한라산을 향해 돌제단 위에 촛불을 밝히고 제물을 올린 후 여성은 절을 올린다. 잠시 비념을 한 후, 음식을 조금씩 덜어 돌담 밖으로 놓는다. 잡신을 위한 음식공양의 의미가 있는 것이라 생각된다.

산신제를 마치고 집으로 돌아온 후 "이 밤과 저 밤사이에" 심방이 방문하여 조왕제b가 시작된다. 집안의 현관문(문전신), 안방("할망상", 삼신할망), 부엌(조왕신, 〈사진 2〉), 마루의 한쪽("안에", 칠성신) 구석 등 곳곳에 제물을 진설하고 이 순서에 따라 각각 제를 지냈다. 문전신 앞에는 가장 많은 음식을 올리고, 부엌에는 화덕(가스레인지)과 그 아래에 상을 차리며 밥 한 통에다 밥주걱을 꽂아 놓았다. '안에' 모셔진 신은 "안칠성"으로 재물을 가져다주는 부신(富神)으로 알려지고 있다.[79] 집안에서 하는 조왕제b가 끝나면 심방은 돌아가고,[80] 여성가구주는 제물을 모아 바닷가로 향했다. 제물을 바다에 던지고 절을 올린 후 돌아오는 것으로 조왕제a가 끝이 났다.

---

79) '안에'라는 것은 "고팡"(곡간)을 말하며, 제주도 민가에서 안방보다 뒤쪽, 즉 안에 위치하는 한 것에서 유래된 명칭으로 보인다. 칠성신에 관해서는 『제주도 조상신본풀이연구』(김헌선·현용준·강정식 2006)를 참조하였다.
80) 서오실 심방은 한집의 조왕제b를 마치자 바로 전화를 걸어 다음 약속한 집으로 향했다. 연중 이즈음이 가장 바쁜 시기이다.

〈그림 5〉 조왕제의 체계

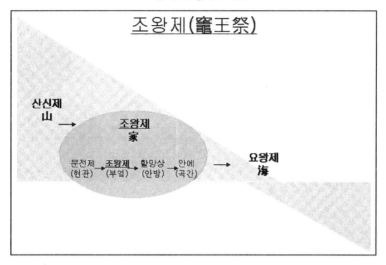

여성가구주의 조왕제는 산과 바다, 집안 등 여러 신들에게 '정성을 드리는 것'으로서 가족의 평안과 부, 무사안녕을 기원하는 것을 알 수 있다. 이처럼 산과 바다, 집 등의 터신에게 정성을 바치는 것은 그들이 살아가고 있는 생활공간에 의미를 부여하고, 신격화함을 말하고 있다. 조왕제의 중층적 구성은 생업과 생활공간의 총체적 성격을 보여주며, 이때의 산과 집, 바다는 인간이 살아가는 터의 상징이라고 해석할 수 있다.

한편, 산과 집, 바다를 아우르는 의례가 '조왕'이라는 범주 안에서 이루어지고 있다는 점을 주목할 필요가 있다. 우선, 조왕은 불의 상징성을 통해 잠수들의 "불턱"과 깊은 연관성이 있음을 유추해 볼 수 있다. 불턱이란 잠수들이 바닷가에 돌담을 쌓아 바람을 막고 한가운데에 불을 지펴 언 몸을 녹이던 휴식처로 지금의 '해녀탈의장'

〈사진 2〉 조왕제를 올리는 심방과 잠수(2006.2.13., 01:07)

과 같은 기능을 했던 곳이다. 여러 연구자들은 잠수들의 공동체문
화를 이 불턱에서 찾고 있기도 하다(김영돈 1993:152; 한림화·김수남
1987:39~51; 좌혜경·고창훈·권상철·김동윤 외 2006:38~39). 또한 불
턱이란 가구(家口)의 의미로도 사용된다. 제주도 가족이 취사, 곧
불을 다루는 단위로 세대가 분리되는 특징을 생각해보면(최재석
1984[1979]; 김혜숙 1999), 불을 중심으로 모인 사람들의 집합, 그 공
간을 의미한다고 하겠다. 그런 점에서 조왕이 불을 다루는 공간이
자 어머니(여성가구주)를 의미하므로(현용준 2005:133), 조왕제란 여
성을 중심으로 한 생활공간 및 생계의 중요성을 상징하는 의례라고
하겠다.

제4장 _ 해안마을의 공동어로

10월의 첫 소라잡이 : 대조문

수중의 나잠어로

1. 연안바다의 시공간적 지식

　김녕리의 해안 길이는 약 7㎞이고 굴곡은 조금 심한 편이다. 조간대 바로 위까지 집들이 들어서 있어 밀물 때가 되면 바닷물은 집의 바로 앞까지 밀려든다. 달의 변화에 맞춰 일어나는 바닷물의 수위를 이용해 잠수들은 "물에(바다에) 든다." 물질은 법적으로 마을어장에서의 '입어(入漁)' 행위를 말한다. 한 달에 두 번 낮 동안 수위가 낮아지는 때를 택해 물질을 하는데, 〈표 13〉은 김녕리 사람들의 물때표이다. 이에 준해 마을 어부와 잠수, 그리고 마을 주민들도 바다의 주기적 변화를 예측한다. 물질은 한 달에 8일씩 2번에 나누어 모두 16일 작업을 한다. 바람이 세거나 파도가 높은 날에는 물질을 하지 못함으로 연간 법적으로 작업이 가능한 8개월 중 평균 90일 미만의 나잠어로가 행해지고 있다. 잠수들은 TV 일기예보를 보고 파도가 3m 이상일 때는 물질을 하지 못한다고 판단하지만, 그래도 풍향과 파도의 일렁거림을 보고 난 후에야 작업의 가능성을 결정하였다. 이 때 "몇 물인지"를 생각하여 조류의 세기가 얼마나 빠를 지, 얼마 동안 작업이 가능할 지 바다 속의 시야가 어떨지를 종합적으로 고려한다.

〈표 13〉 바다의 물때

음력	물때	작업	음력	물때	작업	음력	물때	작업	음력	물때	작업
1	여덟물	–	9	흔물	4일	17	아홉물	–	25	두물	13일
2	아홉물	–	10	두물	5일	18	열물	–	26	서물	14일
3	열물	–	11	서물	6일	19	열한물	–	27	너물	15일
4	열한물	–	12	너물	7일	20	열두물	–	28	다섯물	16일
5	열두물	–	13	나섯물	8일	21	막물	9일	29	여섯물	–
6	막물	1일	14	여섯물	–	22	아끈죄기	10일	30	일곱물	–
7	아끈죄기	2일	15	일곱물	–	23	한죄기	11일			
8	한죄기	3일	16	여덟물	–	24	흔물	12일			

　　물질을 하지 못하게 된 날에는 어떤 일을 하는 것이 합리적일지를 판단하여 하루의 일과와 노동의 강도를 조절해 갔다. 상군잠수 금희(49세)는 한동안 멈췄던 물질을 시작하게 되는 전날에는 집안일을 하는 소일거리로 자신의 몸의 힘을 소진시키지 않는다. 이렇게 몸의 힘을 조절하는 것은 10월 대조문을 앞둔 잠수들에게서도 마찬가지이다. 어로와 농사를 병행하고 있는 잠수마을에서 물때는 어로활동만이 아니라 그 밖의 농사일과 일상적 일들의 시기, 노동 분업, 노동력의 동원방법 등에도 영향을 주고 있다. 따라서 넓게 본다면 해안마을사람들에게 물때는 한 가구만이 아니라 마을 전체의 노동 패턴에 영향을 미치는 요소라 할 수 있다.

　　입어하는 매 작업 때마다 어촌계장과 간사가 작업장으로 나와서

〈사진 3〉 물질가기 전의 회합 : 어촌계장과 잠수들(2005.9.30.)

작업 구역을 잠수들과 의논하여 결정하고 공지하였다. 공지가 끝
나면 먼 바다로 나가는 잠수들("상군", "중군")은 배를 타고, 해안 가
까이에서 물질하는 잠수들("하군")은 트럭을 이용해서 이동하였다.
"관리선"의 운영경비(선장과 선원 1인의 인건비, 기름값, 수리비 등)와 트
럭 운영경비(운전자의 인건비, 기름값)는 모두 잠수회원들이 지불한
다. 배를 타고 나간 잠수들은 자신이 입수할 지점을 개별적으로 판
단하여 뛰어 들지만 혼자만 떨어져 물질하지는 않는다. 입수할 때
잠수들은 자신이 하루 동안 어느 지점에서 어떻게 조류를 따라 작
업할 것인지를 예상하고 또한 잡을 해산물의 서식생태에 대한 자
신의 경험적 지식에 따라 바다로 뛰어든다. 만약 그녀의 판단이 오
류였다면 그녀는 내내 힘들게 물질을 해야 하거나 잡은 양이 적을

수밖에 없다. 젊은 중군 잠수 연미(48세)도 이런 판단 오류로 힘들게 물질하다가 평소보다 일찍 일을 그만두고 집으로 돌아와버린 적이 있다. 하루를 허탕 친 그녀는 내내 속상해 하며 투덜대더니 뒷날 작업장에서도 내내 그 이야기를 하였다. 평소보다 많이 잡지 못한 "빈 망사리가 부끄러워' 일찍 집으로 돌아가버렸다고 하면서 그녀는 모두에게 들리도록 이야기하였다. 개별적 어로행위를 공개적으로 잠수들 사이에서 노출시키는 그녀의 담화는 물질이 개별적 노동이지만 다른 잠수들과의 사이에서 상호 의식되는 노동임을 보여주는 것이다.

바다로 뛰어드는 잠수들에게는 바다의 지형에 대한 인지적 지도(cognitive map)가 있다. 이 지도는 오랜 경험에 의해 형성된 것으로 물질 경력이 오래된 잠수일수록 이 지도는 세밀해진다고 하겠다. 흔히 잠수들의 마을어장에는 이러한 세밀한 해저의 지형이 존재하고 있는 것을 알 수 있는데(이기욱 1992:2003; 고광민 1996; 제주도 1996; 김영돈 1999), 학자들은 이를 '바다밭'에 다름 아니라 보고 있다. 여러 이름들 속에 "OO밧(밭)"이라고 불리는 특성을 감안한 것이다. 아래의 〈그림 6〉은 동쪽 잠수들의 바다밭을 중군, 상군 잠수들의 이야기를 기반으로 연구자가 작성한 것이다.

〈그림 6〉 동쪽 잠수들의 바다밭

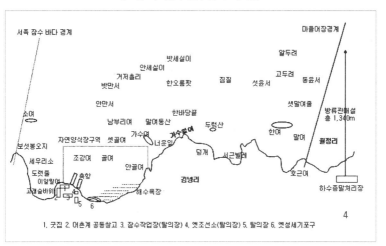

1. 굿집 2. 어촌계 공동창고 3. 잠수작업장(탈의장) 4. 옛조선소(탈의장) 5. 탈의장 6. 옛성세기포구

그림 속의 바다밭은 잠수의 생애주기(life-cycle)와도 연관성을 가진다. 어린 잠수(이를 흔히 애기줌수/애기줌녀라고 부른다)가 꾸준히 물질을 하여 점차 먼 바다로 나가는 중군, 상군 잠수가 되어 최고의 기량을 발휘하다가도 나이가 들어 쇠약해지면 점차 해안가에서 머물게되는 하군 잠수가 되는 것이다. 물질기량에 따라 바다 속의 작업 공간도 확장되었다가 다시 축소되지만, 이미 형성된 해저의 인지적 지도는 축소되거나 사라지지 않는다. 줄기차게 다녔던 바다 속의 암초와 바위, 모래사장 그리고 계절과 날씨에 따라 변화하는 바다 속의 광경, 거기에다 자신의 몸으로 감지하였던 바닷물의 온도와 세기 등은 몸에 각인된 바다밭의 기억과 같다. 바다 속 바위의 생김새, 서식하는 생물, 바위의 높낮이와 그것의 안과 밖을 가리키는 해저의 공감각적 명칭들은 물질하는 잠수들에게만 남아

있는 바다세계의 이름들이다.

실질적으로 잠수들에게 바다 속, "물 아래"의 세계는 육상과 이어져 있는 생활공간이다. 이들은 육상의 변화에 따라 물 아래의 상황을 유기적 관계에서 파악하고 있는 것을 볼 수 있다. 2005년 우뭇가사리를 채취하던 6월 한낮, 작업을 준비하던 희진(50세)은 비가 오지 않는 것을 걱정하며 "바당 ᄀ뭄이 그냥 ᄀ뭄 보단 더 하다(바다 가뭄이 [땅 위의] 가뭄보다 더 심하다)." 희진은 바다에도 가뭄이 있다고 말하고 있었다. 밭에서 수확한 마늘은 가뭄이 들어 햇볕에 잘 말릴 수 있어 좋을 것이시만 그녀가 걱정하고 있는 것은 비가 내려야 우뭇가사리는 더 클 것이기 때문이었다.[81] 2005년 봄, 잠수들의 자연 양식장에 전복 종패(잠수들은 "전복씨"라고 불렀다)를 뿌리던 상군잠수 지순(57세)은 "송화가루 때문에 물 아래가 뿌옇다"라며 어두운 바다 속을 묘사하였다. 잠수굿에서 씨를 잘 뿌리던 고령의 중군잠수 춘자도 이렇게 말한 적이 있다.[82]

> "밭의 농사광 바다의 것광 어간져(비슷해). 음력 6월에서 7~8월이 되면 알 싸고(낳고) 9월부터 알(이) 들어갈 거, 음력 2월부터 4월까지. 보리가 노릿노릿해가민 성게도 요마(보리가 익어가면 성게도 알이 차)."

이 말을 보면, 바다는 육상과 상호 유기적으로 파악되는 하나의

---

81) 우뭇가사리가 서식하는 지대는 조간대로부터 수심 5~6m로 담수 영향을 받는 지대이다.
82) 2005년 11월 24일, 작업장에서.

생활공간이다. 현대의 수렵채집사회를 연구하였던 잉골드(Ingold 2000)의 주장에 빗대어 보자면, 비록 해저세계가 육상에서 보이지 않는다 하더라도 잠수들의 사고와 생활 속의 분리된 세계가 아니다. 달리 표현하면 해저세계는 '경험을 통해 상상되는 생활세계로서의 환경'임을 인정해야 할 것이다. 바다 속에서 일하는 잠수들의 수중 어로는 인간 그 자신이 지구 '환경의 밖이 아니라 그 안에서 거주'하고 있음을 생생히 느끼게 해준다.[83]

2. 수중어로의 기술

1) 어로 도구

잠수들이 사용하는 도구는 지극히 단순한 것들이지만 꽤 여러 가지를 준비해야만 하며, 어느 것 하나라도 없을 때에는 물질할 수 없다. 지극히 단순한 도구들을 하나의 세트로 조합하여 바다 속으로 들어가기 때문이다. 〈표 14〉는 2005년 김녕리 잠수들이 물질에 사용하는 도구들을 제시한 것이다.

---

[83] Ingold의 도표 3-2 〈Western anthropological and hunter-gatherer economies of knowledge〉를 참조하였다(2000:46).

〈표 14〉 물질 도구의 종류

구분	명칭	용도	구입방법	보관 장소
채취도구	테왁	부표(浮標)	직접 제작	공동창고
	조락	작은 조개용 그물자루	직접 제작	
	망사리	해산물을 담는 그물자루	직접 제작	
	비창	전복 채취 도구	철물점 (오일장)	
	깔꾸리	각종 채취 도구	〃	
착용도구	작업복	고무옷(상하의, 모자), 고무손장갑(겨울)	주문 제작	개별소지
		속옷, 스타킹, 나일론셔츠, 양말, 팔띠(팔소매), 면장갑(2~3개), 덧수건(겨울)	직접 제작, 가게 이용	
	물안경	수중 안경	철물점 (오일장)	
	오리발	입수(入水)와 이동	〃	
	연철	납덩이(몸무게의 1/10 착용)	〃	
	슬리퍼	작업 전후 이동시 사용	가게 이용	
상비물	쑥	물안경의 서리 방지	개별 준비	
	약	두통, 멀미 방지	마을 약국	

위 표에서 알 수 있듯이, 어로도구들은 잠수가 직접 만들어 사용하는 것이 많다. "연철"이라 부르는 것은 납덩어리로 잠수의 몸이 쉽게 바다 속으로 내려갈 수 있도록 허리에 매다는 것이고 물 속에서 소라나 전복이 빨리 눈에 띄도록 안경을 쓰며, 그 안경에 서리가 끼지 않도록 항상 쑥으로 문지른다. 오리발을 신음으로써 잠수들은 쉽게 몸을 이동시킬 수 있다. 장비들 가운데 가장 고가의 것

은 고무잠수복으로 한 벌에 약 25만원 안팎이었다. "테왁"은 바다에 그물 자루를 띄워주는 동시에 잠수에게는 숨을 고르고 잠깐의 휴식을 제공하는 유일한 도구이다. 그 모양과 색깔은 잠수의 이름표와 같은 역할을 한다. 먼 바다로 나가거나 어획할 물량이 많을 때에는 보다 큰 테왁을 사용한다. 테왁에 달려있는 그물자루를 "망사리"라 부르는데, 시장에서 구한 그물을 바느질을 하듯이 자루로 만들어 낸 것이다.

물질하기에 앞서 꼼꼼히 도구들을 챙기는 것도 중요하지만 무엇보다도 잠수 자신이 갖가지 상황에 대응할 수 있는 그녀의 노련한 몸이 가장 중요하다. 그리고 잠수들은 수중에 자신의 몸을 적응시키는 노하우와 해저의 지형, 조류와 풍향의 방향과 세기 등을 아우르는 지식이 중요하다. 이외에도 채취에 대한 의지와 경쟁이 잠수들에게 있다. 이 모두를 아우르는 지식과 노하우는 경험을 통해 얻게되는 기술이다(고광민 1996:71; 플래스 1997:501~502; 유철인 1998:114).

도구들이 단순한 만큼 잠수 자신의 인지적 판단력이 물질의 중요한 부분을 차지하며 상대적으로 그 의존도가 스쿠버다이버들에 비해 높다. 반면 스쿠버다이버는 근대적 장비를 갖추고 이를 조작할 수 있는 지식이 필수적이다. 물질은 인간의 몸에 대한 의존도가 높다는 측면에서 전근대적이라 볼 수 있겠으나, 역으로 이점은 고도의 감각적 기술을 요구하는 어로활동이라 할 수 있다.

2) 물질 배우기

현재 제주도내 대다수 고령의 잠수들이 물질을 습득한 과정은 어릴 적부터 물놀이하며 '자연스럽게' 익힌 것이었다. 그러나 지금은 농어촌 인구의 감소와 마을 안에 어린 아이들이 적을 뿐만 아니라 물질하려는 사람도 없기 때문에 물질의 전수과정은 단절되었다고 하겠다. 물질은 오래된 경험에 의해서 이루어진다고 하지만, 배우는 과정이 구체적으로 어떻게 되는 것인지에 대한 내용은 남아 있지 않다. 이미 '자연스런' 물질 교육이 상실되어 버린 사회적 조건에서 잠수들은 어떻게 물질을 가르치는지를 알아보는 것도 잠수들의 물질을 이해하는 데 도움이 되리라 본다.

　연구자에게 물질을 가르쳐준 사람은 혜란(49세)이었다. 물질을 배우겠다고 했을 때 다른 잠수들이 그녀를 연구자의 물질 "선생"으로 지목했었다. 혜란은 세 단계의 형식을 취하였다. 물가에 앉아 여러 잠수들이 하는 것을 따라 연구자는 고무모자를 물에 적셔 쓰고, 오리발을 신었으며, 쑥으로 수경을 닦아서 꼈다. 그러자 그녀는 이렇게 지시하였다. "헤엄쳐 보라." 조금 '개헤엄'을 쳐 보이자 그 다음에는 "물 아래 가서 아무거나 가져와 봐!"라고 하였다. 바닷물 속으로 고개를 숙여 잡은 것이 고작 초록색 파래였다. 그녀에게 한 움큼 내보이자, 여러 잠수들이 함께 웃었다. 그리고선 바로 "가자!"고 하였다.[84] 입수할 때는 호흡을 어떻게 해야 하는지, 몸이 물아래로 내려가도록 하기 위해서는 어떻게 해야 하는지, 또한 물 위로 솟구칠 때는 언제쯤이 적당한 것인지 등 자세한 기법을 설명

---

84) 연구자가 헤엄치고 잠수(潛水)해보였던 곳은 허리정도의 깊이에 아주 얕은 바다였다. 솔직히 곧바로 바다로 가자하였을 때 연구자는 당황스러웠다. 아직도 더 많은 '잠수법'을 배워야 하는 것이 아닌가라는 생각에.

하지도 않았으며 함께 있던 동료들이 이를 가르쳐야 한다고 지적
하지도 않았다. 이 세 가지 테스트는 헤엄치기-입수하기-채취하
기로 이어지며 물질의 가장 기본적인 동작을 확인해 본 것이라 하
겠다. 이후 여러 차례에 걸쳐 물질을 갈 때마다 그녀는 이런저런
이야기를 해줬다. 파도가 거셀 때는 "관세음보살"을 세 번 마음 속
으로 말하면 파도가 잔잔해진다거나 파도가 칠 때에는 오히려 바
위에서 떨어지라고 하였고, 해삼을 잘 잡기 위해서는 암초바위와
모래가 만나는 곳을 잘 뒤져보라는 등등. 그녀 외에도 바다에서는
여러 물질 선생들이 있었다. 테왁을 잡고 이곳저곳을 돌아다니고
있노라면 허리를 눌러 깊이 입수해 보라고 하거나 암초 위에 소라
를 놓고는 가져와 보라고 하는 등의 가까이 있던 잠수들이 모두
연구자에게 물질을 가르쳤다.

　자연적으로 숨을 참을 수 있는 한계는 사람마다 다르지만, 보통
잠수들의 입수 시간은 1분 내외였다.[85] 이 시간 동안 수면 아래로
내려가서 소라나 문어, 해삼 등을 잡고 다시 수면 위로 솟구치기를
반복하는데, 이것을 "숨비다" 혹은 "조물다"라고 하였다. 숨비다는
것은 물아래에서 참았던 호흡을 내뱉는 동작(숨빔)을, 조물다는 것
은 채취 행위(조믊)를 일컫는 말이다. 숨을 비우는 소리(숨비소리)에
는 여러 가지 상황을 암축하며 가까이에 있는 동료에게는 자신의
위치를 알리는 신호 역할도 한다. "호~이!"라고 깊고 맑은 소리가

85) 숨의 길이는 폐활량에 따라 다르나, 점차 그 길이가 짧아지고 있는 것 같다.
　　잠수들이 약 2분간 잠수하였다고 하지만(제주도 1996), 현지조사지인 마을의
　　최고 상군도 1분 내외로 물질을 하고 있다. 이는 점차 "물 아래에서 잡을 것이
　　없어"지고 있는 사정에 따른 변화라고 생각한다.

나올 때에는 방금한 물질이 만족스럽거나 적어도 헛되지 않았음을, "애~애!"라고 할 때에는 잡은 것을 놓치거나 아무것도 잡지 못한 채 반복적으로 물질하는 그녀의 실망스런 심경을 담겨 있다. 숨비소리를 낸다는 것은 벅찬 숨을 고르는 테크닉과 같아서 고운 숨비소리는 그 자체로 오랜 물질 경력을 말해주는 것이기도 하다. 초보자에게는 물 위로 솟구치자마자 거친 숨이 몰아치기 때문에 숨을 비우는 것조차도 힘들기 때문이다. 하지만 잠수들이 말하길 점차 "제 숨이 나와 간다"라고 하는 것을 보면, 몸이 점차 바다에 적응해 가면서 물질 기량도 나아지게 됨임을 알 수 있다.

3) 물질을 잘하기 위해서는

① 욕심이 있어야 한다

연구자가 잠수들에게 물질을 배우겠다고 하였을 때, 한 잠수의 첫 마디는 "욕심이시민 해진다"라고 말하였다. 잠수들이 궁금해 할 때마다 '물질을 배우러 왔다'라고 말하고 배우려는 목적이 학위논문 때문임을 함께 밝혀야만 하였다.[86] 이 때 잠수들은 "제주도 사람이난(사람이니깐) 배워놓으면 좋다.", "배우려고 하면 배워진다." 라는 긍정적인 반응과 반면, "힘든 것을 뭐 하러 배우느냐?", "못한다."라는 부정적인 반응도 있었다. 이러한 반응들 속에서는 어떤 사람이 물질을 배울 수 있는가에 대한 암시가 담겨 있다. 제주도 사람, 욕심 있는 사람, 배우려는 의지를 가진 사람처럼 물질의 자

---

86) 물질의 목적이 학위논문에 있음을 강조한 것은 연구자의 물질이 비경제적 행위임을 강조하기 위해서였다.

격요건은 법적 자격인 것이기보다 출신지역과 의지를 언급하고 있
다. 상군잠수 지순은 젊은 잠수 혜란을 연구자의 '물질선생'으로
지목했었는데 이유는 그녀가 물질에 "욕심이 없기" 때문이었다. 그
럼에도 그녀는 특별히 자신이 해삼을 잘 잡는 잠수라고 하였고 그
노하우를 연구자에게 말해 줬었다. 어려서부터 하기 싫은 물질이
었고 혼인 후 고향에 정착하면서 물질하기 시작했으나 그녀의 주
요 가계소득원은 양파 농사에 있었다. 물질 후 그녀는 언제나 양파
밭을 돌아보았고 가족들과 함께 밭일을 했다. 물질보다 양파농사
에 더욱 욕심을 가지고 있는 잠수인 것이다.

물질을 배우기 시작하자 잠수들은 연구자가 무엇을 잡았는지,
얼마나 깊이 들어갔는지를 자주 물었고, 그럴 때마다 '너는 욕심이
있으니까 할 수 있다'라고 말하였다. 연구자가 생각할 때, 잠수들
의 욕심이란 가능한 많이 잡으려는 것이라 생각하고, '물건(팔 수
있는 해산물)'을 잡지 못하는 연구자가 어떻게 물질을 잘 하겠는가라
고 반문하였다. 그들의 말은, "네가 물질을 하겠다고 욕심을 부리
는 것을 보니 논문을 쓰겠다."라는 것이었다. 물질을 함에 있어 "욕
심이 있어야 (일)한다"라는 말은 단지 많이 잡으려는 욕망만이 아니
라 생활을 이끌어가는 '어떠한 일에 대한 열망, 의지'를 함축한 것
으로 삶에 대한 그들의 의지와 태도를 일컫는 것이라 여겨진다.

② 살려고 하면 된다

물질은 몸의 위치를 거꾸로 만들어 바닥에 발이 닿지 않는 것에
서부터 공포감을 몰고 왔다. 물 위로 솟구치다 테왁에 머리를 받치

거나 물숨을 먹기도 자주 하여 연구자는 어떻게 하면 물 속에서 잘 솟구칠 수 있는지를 물었다. "살젠 허민 되어(살려고 하면 돼)!" 살려고 하면 된다니, 이것은 곧 목숨을 내걸고 해야 한다는 것을 연상케 한다. 혹은 생계를 위해서 어쩔 수 없이 하게 된다는 의미로도 해석된다. 그러나 물질가는 그들의 모습을 보면 목숨을 건 어쩔 수 없는 노동이라는 묘사는 의문스러운 것이었다. 물때에 맞춰 고무옷을 담은 큰 가방을 어깨에 하나씩 메고서는 지나는 골목마다 동료들을 부르며 물질가자고 재촉하고, 곧잘 집안으로 들어가서는 수다를 떨다 작업장으로 향하곤 하였다. 물질 그 자체는 생명의 위험으로부터 자유로울 수 없으나 또한 그러한 위험이 그들을 언제나 긴장시키고 공포감에 젖어 있게 만들지는 않는다. 작업장까지 걸어가는 길에서 끼리끼리 만나 바람은 어느 방향으로 부는지, 파도가 센지 아닌지, 바다가 뒤집어져서 물 아래가 어둡겠다느니, 어제 누가 무엇을 잡았다느니, 어느 지경에서 물질하는 것을 봤다느니, 물에 갔다 오면 뭘 해야겠다느니 등등. 잠수들의 관심은 오늘 하루 어느 바다에서 무엇을 얼마나 잡을 것인가 혹은 무슨 일을 할 것인가에 늘 관심을 두었다. 이러한 이야기들이 적어도 죽음의 그림자를 몰아내기 위한 역설적 태도가 아니라면 잠수들의 일상에서 물질은 생활을 설계해가는 일부분인 것이다. 여러 시인이나 문학작품 그리고 대중매체를 통해 '목숨을 건 노동', '불쌍한 사람들의 노동'으로 물질의 이미지가 재생산되고 있는 것은 실제 잠수들의 어려운 생활사를 조명하는 데에도 부정적일 뿐만 아니라 이러한 보편적 담론의 이면에 가려진 잠수들의 역동적 생활세계를 가려버리고 이들을 단편적 이미지로만 바라보게 할 뿐이다. 어쩌면 숨을 참아야 하는 물질의 도드라진 특성을 이들의 사회적 특성으로 바로 치환시켜버리는 오류가 아닌가 한다.

살려고 하면 할 수 있다는 말의 의미는 물질에 대한 요령·방법·일에 대한 태도 등을 함축하고 있으며, 또한 몸의 순리를 따르라는 말이라고도 본다. 언제 물위로 솟구쳐야 할지 그 순간을 그녀 자신의 몸이 말해주기 때문이다.

③ 잡아 오려고 하면 된다

한 번은 중군 잠수 진해가 여름에 다친 왼쪽 다리의 깁스를 10월 대조문을 앞두고 일찍 풀어버렸다. 아직 채 낫기도 전이지만 몇 달 동안 금채하였던 마을어장에서 소라를 잡을 수 있는 기회를 그냥 바라보고만 있을 수는 없었기 때문이었다. 결국 바다 멀리 나가지 못하였으나 가까운 바다에서 물질하여 소라를 잡았다. 왜 아픈 몸임에도 불구하고 물질을 하려는 것일까? 그녀는 밭일은 안 갈까 몰라도 물(바다)에는 가야 한다고 했다. 보편적으로 잠수들에게는 밭일보다 물질에 대한 열망이 더 크고, 병원 신세를 지고 있지 않는 이상 아프다고 물질을 빠지는 잠수들도 없다. 오히려 물질을 위해 몸이 아프지 않도록 노력한다.

이처럼 물질을 빠지지 않으려는 열망은 어떻게 해석할 수 있을까? 그들의 표현대로라면 "테왁을 공장(벽걸이)에 걸어 두지 못하는" 것은 단지 경제적 논리만으로 설명되지 않는다. 만약 그렇다면, 보다 다른 안정적인 일을 찾을 것이다. 이를 짐멜의 가치의 문제로 접근해보고자 한다. 어떠한 가치가 발생하는 것은 "대상이 주체로부터 분리될 때", "주체에 대립적인 것으로 나타날 때" 발생하며, 가치를 소비하는 것은 자신의 욕망을 관철시키고 만족시켜 결국 대상과 분리된 상황을 극복하여 대립하던 상황을 종식시키는 것을 말한다(짐멜 1983:85). 잠수가 소라를 잡으려는 욕망은 대상에 투여한 자신의 가치를 소비하려는 것이며, 그것은 소유하였을 때 해소된다. 소라를 잡기 위해 반복적으로 자맥질하는 것은 주체와 대상의 대립을 소멸시켜 자신의 욕망을 만족시켜가는 행위이라 할 것이다. 잠수가 물질을 하지 않고서야 소라나 선복과 분리된 거리를 소멸시킬 수 없고, 두 사이의 거리가 항시적인 만큼 그녀의 욕망도 항시적이고 물질을 가지 못하면 안달 나는 것이다. 그런데 잠수들은 그들이 바라던 가치를 소비하는 그 순간 또 다른 대상에 대해 자신의 열망을 투사시키는 것을 볼 수 있다. 예를 들어, 잠수들에게 전복은 값비싸고 희귀한 해산물이며 이를 잡기 위해 더 깊은 곳으로 가야만 한다. 전복을 발견하였을 때 잠수는 마음속으로 "요왕할마님 고맙습니다"라고 말한다고 한다. 짐멜의 주장대로 그녀가 바위에서 전복을 떼어내는 순간은 자신이 가졌던 욕망과 마주하여 가치를 소비하게 된 그 순간이다. 실제로 전복을 잡을 수 있었던 것은 그녀 자신의 노동으로 얻은 결과이자만, 전복을 잡은 순간 바다여신에게 고마움을 전하는 것은 가치의 소비가 일회적이지 않고 자신의 노동에 대한 보상도 연속적으로 이어지기를 바라는 기대가 있기 때문이라 생각된다. 또한 그러한 고마움이란 애초에 전복은 바다여신의 것으로 이를 그녀가 가져간다는 논리 위에서 나오는

〈사진 4〉작살을 들고 이동하는 잠수(2005.4.30.)

것이다. 잠수들이 매 시기마다 첫 물질 날에 바다로 "요왕지"[87])를 던지며 기도하는 것도 그녀의 안전한 어로만이 아니라, 그녀가 잡아 온 것을 신에게 보상하는 의미가 있으며, 또 다시 마주하게 될 전복에 대한 기대와 열망이 담겨진 행위이다. '잡으려고 하면 된다'는 말에는 소유에 대한 열망, 분리된 대상과 주체의 거리를 소멸시키는 행위, 곧 잠수가 물질하여 소라를 찾아가야 하는 필연성을 암시한다. 잠수의 물질이 힘들다고 하면서도 지속적인 까닭은 '물 아래'에 있는 해산물에 대한 열망, 얼마가 되어 돌아올지 모를 소득에 대한 기대감 등이 그녀의 물질을 재촉하고 있는 것이다.

---

87) 한지에 10원짜리 동전과 한줌의 쌀, 혹은 쌀밥을 넣어 하얀 실로 묶은 것.

3. 욕심과 명심의 기제

1) 동료 : 경쟁자와 공존

잠수들은 욕심을 부려 물질을 하지만 여기에는 명심(銘心)이라는 말이 함께 한다. 많이 잡기위해 더욱 깊은 곳, 더 새로운 곳을 찾아 위험을 자초하거나 동료들과의 채취 경쟁에서 과욕을 부르지 않도록 경계시키는 말이기도 하다. 즉 바다에서 '명심'하라는 것'은 물리적 위험뿐만 아니라 동료들과의 관세에서도 위험을 초래할 수 있는 여러 욕심들을 명심하라는 의미가 있다.

한 번은 연구자가 하군들과 함께 물질하다가 보다 먼 곳에서 일하는 중군 잠수들을 보기 위해 암초를 지나가고 있었을 때, 주변에서 일 하던 숙희(49세)가 다른 방향으로 우회하여 가도록 말하였다. 꽤 먼 길을 우회하려면 힘과 시간이 소모되어 연구자는 직선 방향으로 테왁을 짚고 헤엄쳐 갔다. 조금 후 이를 본 숙희가 큰 소리로 부르더니 되돌아오도록 하였다. 마침 헤엄쳐가기가 힘에 부치던 차에 연구자는 숙희의 말대로 되돌아와버렸다. 작업을 끝내고 작업장으로 돌아와 있던 연구자에게 숙희는 보자마자 화를 내며 욕을 해댔다. 자신의 말을 무시하고 다른 길을 갔다며 작업장 안이 울리도록, 즉 모두가 들을 수 있게 욕을 하였다. 옆에 있었던 창호 할머니(82세)는 묵묵히 듣고만 있었다. 그녀가 화를 낸 것은 연구자가 위험을 자초하고 있었기 때문이었다. 하군들 무리에서 물질하던 연구자는 한 "멤버"(member)로 그들에게 인지되고 있었으며, 센 조류에 떠밀려 갈지도 모른 채 이동하던 것을 숙희가 제지시킨 것

이었다. 만약 위험한 상황이 벌어졌다면 그것은 주변의 멤버들에
게도 영향을 미치게 되는 것이었다. 숙희는 서로 무리를 지어 이동
하는 멤버들이 각자 물질을 하면서도 서로의 위험에 대해 상호 보
호막이 되어 주고 있다는 것을 가르쳐주었다. 그리고 실컷 욕한 다
음 반찬거리 하라며 그녀가 잡은 고기 한 마리를 던져줬다.

"벗이 없으면 물질도 못 한다"고 하는 잠수들의 말은 동료가 단
지 채취 경쟁자만이 아니라 위험을 함께 대비하는 존재임을 뜻하
고 있다. 비슷한 구역에서 일하는 동료들끼리 보다 많이 잡으려는
욕심이 있지만 바다에서 상호 의존관계에 있다는 것은 서로 사이
에 명심도 있다는 것을 말한다. 이러한 욕심과 명심은 개인적 차원
을 넘어서 잠수회에서 상호 공평함을 체제화하는 기제(機制)로 작
동하고 있기도 하다. 대조문이 있던 날 2005년 10월 10일, 90여명
의 잠수들이 1명의 잠수를 기다렸던 한 사례를 소개하도록 하겠다.
이날은 4개월 동안 물질을 금지하였던 어장에서 첫 물질이 있었던
날이다. 마치 출발선에 대기한 달리기 선수들처럼 만반의 준비를
끝낸 잠수들이 막 물질하러 가려고 자리에서 일어섰을 때, 누군가
가 중군 잠수 선영(70세, 난희의 친정어머니)이 오지 않았다고 외쳤
다. 배를 타러 가려던 잠수들이 작업장 앞 공터에 되돌아와 앉아
왜 선영이 오지 않았는지를 궁금해 하였다. 때때로 물에 드는 시간
에 늦게 도착하는 잠수가 한 명씩 있곤 하였으나 아직 오지 않은
잠수를 기다린 것은 오직 이날 단 하루뿐이었다. 중군잠수 선영은
딸 난희(48세, 하군잠수)보다도 더 멀리 나가서 소라를 잡아 오는 잠
수였기에 대조문에 그녀가 물에 들지 않는다는 것은 있을 수 없는

일이었다. 더욱이 모든 잠수들이 기대하던 대조문에다 첫날은 '자연양식장'에서 물질을 하므로 더 많은 물건을 잡을 수 있는 날이었다. 밭일 다니던 늙은 잠수들도 이날만큼은 모두 테왁을 들고 물에 드는 날이었다. 딸 난희가 선영을 데리고 와서야 모두들 바다로 향했다.

이 일은 잠수들이 욕심을 부려 많은 물건을 잡으려 함에도 그들 사이에는 상호 공평함이 전제되어 있다는 것을 보여준다. 마을어장이 모두의 공유지이며 그곳의 자원에 대한 권리가 모두에게 있고, 때문에 가장 많은 물선을 잡을 수 있는 대조문이자 첫 어로일을 모두가 같이 시작해야 하는 이유가 있는 것이다. 또 한편으로는 동료의 불참은 확률적으로 자신이 더 많이 잡을 수 있는 기회가 생긴다고 볼 수 있으나, 반면 물질하며 생길 수 있는 위험에 도움을 기대할 수도 없게 된다. 따라서 동료의 불참을 방관하는 것은 장기적으로 보아 물질의 위험성이 가중되는 요소이다. 개별적으로 동료와의 이해관계가 있음에도 집단의 규칙을 위반하지 않는 것은 동료의 존재가 없이는 그녀 자신의 이익도 한계상황에 직면하기 때문이다.

2) 벌칙과 돈의 운(運)

욕심과 명심은 개인에게서 뿐만 아니라 잠수회원들 사이에서도 존재한다. 개별적으로는 앞서 언급한 바대로 여러 위험과 상호 공존의 필요성에 의해 설명된다. 잠수회원들 사이에서는 "궐"이라 부르는 벌칙이 욕심을 제지하는 기능을 하며 이외에 부(富)에 대한 그들의 사고가 성원들 사이의 각종 분배규칙에 영향을 미치고 있다. 궐은 전체 성원이 공동으로 해야만 하는 일들을 방기하는 자에게 벌금을 부과하는 것이다. 전체 작업 시간에 늦는다거나 불참하는 경우 분배에서 차등을 두거나 제외시킨다. 또 잠수들 사이의 평판은 벌금이라는 경제적 손실 이외에 더 큰 제재기능을 하는 것으로 보인다. 궐은 성원들이 가지고 있는 공동권리와 공동노동의 의무를 달성하는 수단이다.

개인이 다른 성원들과 달리 개별적 이득을 누리려는 것에 대한 제재가 궐로 나타나고 있다면, "머정"이라는 말에는 개인에게 어떤 이익이나 부(富)가 돌아가는 가는 것을 타당하게 여기는 사고가 반영되어 있다. 머정이란 개인에 따라 있을 수도 없을 수도 있는 재수 혹은 운(運) 같은 것이다.[88] 같은 장소에서 물질을 하더라도 해산물을 더 많이 잡는 잠수는 머정이 좋다고 한다. 그러나 이것은 있다가도 없을 수 있고, 없다가도 있을 수 있다. 많이 잡는 것을 그녀의 능력 보다 머정이라는 운에 있다고 보는 것은 어쩌면 늘 똑 같지 잡을 수 없는 어로 특성을 표현하고 있는 것이 아닌가 생각된다. 그리고 많이 잡고 못 잡는 잠수들의 경제적 소득 차이에 따른 위화감을 상쇄시켜준다. 오히려 많이 잡은 잠수는 자신의 머정 좋음이 비운을 초래하지 않을까 우려하기도 하였다. 희진은 소라를 잘 잡는 중군 잠수인데 어느 날은 전복을 많이 잡았다. 주변에 있던 잠수들이 그녀의 머정 좋음을 부러워 할 때, 그녀는 오히려 "나 죽젠햄신가(내가 죽으려고 하는 건가)?"라고 혼잣말을 하였다. 많이 잡아왔음에도 이를 기뻐하기보다 –적어도 다른 잠수들 앞에

---

88) 예기치 못한 재수를 일컫는 말이다(제주도 1996:319).

서는— 앞일을 걱정하는 희진의 모습을 보면 바다의 것을 많이 잡
아온 자신에게 앞으로 어떠한 일이 빚어질지도 모른다는 것을 명
심하고 있었다.

이처럼 머정이 욕심을 명심으로 치환시킬 수 있는 것은 잠수들
의 바다에 대한 신앙과 연결이 되어 있기 때문이라고 생각된다. 잠
수들은 그들이 채취하는 소라, 전복, 해삼 같은 해양 자원을 모두
"요왕에서 준 것"이라고 생각한다. 2005년 11월 작업 후에 오고간
이야기들을 연구자의 필드노트에서 인용하여 보았다.

> 2005년 11월 25일(한물).
> "가수또"(해안가 지명)에서 물에 듦. 저울을 보기 위해서 첫 배로
> 나왔다. 오늘은 9시 30분에 들어서 오후 한 시에 나왔다. (중간 생
> 략) 탈의장에서 마침 연구자와 함께 물질을 마치고 나온 잠수 몇
> 사람들과 함께 샤워를 하고 있었다. 그중 박영자(67세)삼춘이 10kg
> 이 조금 안 되는 소라 양 때문에 조금만 더 물에 있었더라면 10kg
> 을 채웠을 것이라며 아쉬워하였다. 맞은편에서 듣고 있던 장여월
> (69세)삼춘[89]이 "더 물에 있어보아도 나을 것이 없다."라며 요왕할
> 망을 거론하였다.

> 장여월 : 요왕할망이 골라매기느녜. 다 욕심이라!
> 박영자 : 예, 기우다.
> 연구자 : 요왕할망이 골라매겨마씸?
> 장여월 : 요왕할망이 줄만이 주주. 저번 조금에 잘 허민 이번
> 　　　　조금에 흐쏠못허곡 다 정허매, 봐봐![90]

---

89) "삼춘"이란 제주도에서 남녀를 불문하고 가까운 어른에게 사용하는 호칭이다.

그러면서 장여월삼춘이 내가 어느 정도 물질이 늘었는지 궁금해 했다. 나는 조금씩 깊은 곳에 들어갔었다고 하자 그녀는 "숙달"이 되어야 하는 거라고 하였다. 저울을 보기 위해 작업장으로 왔다. 잠수들은 자신이 잡은 것을 하루 일당에 비교하곤 하였다. 소라 10kg를 해야 약 4만원 벌이가 되었다.

(저울에 소라 바구니를 올려놓고서는)

김여순 : 일당 벌어져샤(일당 벌었을까)?

연구자 : 9키로 4백마씸(9.4kg).

김여순 : 아이고 일당 못 벌었져!

(이계배삼춘이 저울에 올려놓음)

연구자 : 10키로 6백마씸(10.6kg).

이계배 : 아이고~ 아이고!

(김영자삼춘이 저울에 올려놓음)

연구자 : 10키로(10kg)!

김영자 : 고맙다!

나는 왜 나에게 고맙다고 하는 지 알 수 없었다. 그건 내게 고마운 것이 아니라 요왕할망에게 전하는 고마움인지 모른다. 나는 요왕할망이 준 것을 계량한 것에 불과하니라.

2005년 11월 28일, 너물, 상군바당.
10시 30분경 이미 옛 조선소가 있는 공터엔 고무옷으로 갈아입

---

90) 장여월 : 요왕할머니가 골고루 나눠주는 거네. 다 욕심이라!
   박영자 : 예, 그래요.
   연구자 : 요왕할머니가 골고루 나눠준다니요?
   장여월 : 요왕할머니가 줄만큼 주지. 저번 조금에 잘 하면 이번 조금에 좀
        못하고 다 그래, 봐봐!

은 잠수들이 왔다갔다하고 있었다. 나를 보자 잠수회장님이 어제부터 성게 1키로를 부탁하였는데 오늘 그것을 다시 상기시켰다. 대성식당 아저씨도 해삼과 성게 등을 부탁하였다. 저울을 본다는 것은 물건을 챙겼다가 이를 분배시키는 역할까지 하는 것이다. (중간 생략) 11시경 잠수들이 출발하였다. 나는 배에서 물에 드는 것을 하고 싶다고 하여 금옥언니와 함께 남게 되었고 그녀는 상군이라 두 번째 출발하는 배를 타게 되었다. 모두 상군들만 남았다. 강윤자, 강순녀, 문금옥, 김영자, 김복자, 한영주, 김옥희. 영자삼춘은 자신이 요즘 잡은 양이 떨어져 상군이 아님에도 상군들과 함께 남게 된다며 웃었다. 바다로 가기 전 잠수들은 화장실을 들른다. 작은 일은 모를까 큰일을 참는 건 괴로운 일이다. 우리를 태우러 배가 축항으로 들어오자 모두 출발하였다. 이미 많은 잠수들의 테왁이 바다에 둥둥 떠 있었다. 상군들은 더 바깥쪽에서 물에 들었다. 나도 테왁을 던져놓고 오리발을 신은 채 한손은 연철을 잡고 한손은 수경을 잡은 채 풍덩! 배에서 뛰어 내렸다. (중간 생략)

상군늘은 여라고 생각한 지경에서 큰 원을 둥그렇게 그려가며 작업을 하다가 몇 번씩 숨비고는 소라가 없어서 이동하기 시작하였다. 나는 영주언니 테왁과 윤자언니의 테왁에 나의 것을 묶으며 함께 다녔다. 조류에 밀려 밖으로(동쪽) 흘러버릴 수 있기 때문이었다. 조류에 밀리면 우도까지도 떠내려간다고 하였다. 상군들은 내 숨의 보통 두 배 이상이었다. 윤자언니의 테왁에 내 테왁을 묶었을 때 그녀는 내게 같이 물아래로 내려가 보겠냐고 하였다. 나는 흔쾌히 그 제안에 따라 그녀의 머리가 물 아래를 향하자 따라서 내려갔다. 그녀가 이미 그녀 키만큼 앞서 내려가고 뒤따라가는 나를 보고 있었다. 그러나 마음속으로 하나, 둘, 셋, 넷, 다섯을 세었을 때 나는 양쪽 귀에 전해지는 압력을 느끼고 숨이 벅차 몸을 위로 돌렸다. 바닥에 닿지도 못했고 감태가 아른거리는 모습을 보았을 뿐이다. 상군바당(상군들이 다니는 바다)이 "창 터진 바당(밑창 뚫린 바다)"
이라는 말을 실감케 하였다. (중간 생략)

닻줄을 내린 여에서 상군들은 제각기 물질하기 시작하였다. 물
위로 올라오는 상군들의 두 손에는 소라가 쥐어 있을 때도 있었지
만 빈손으로 올라오기도 하였다. 이렇게 깊은 곳에서조차 소라를
잡기 어렵다면 한 망사리를 채우기 위해 앞으로 얼마나 많이 숨비
어야 하는가를 가늠하게 하였다. 소라가 하나둘씩 그녀들의 망사
리에 들어가면서 사람들은 나의 망사리에도 소라를 집어넣었다.
나는 그것을 받기가 미안하여 사양하였으나 주는 상군들은 응당해
야 하는 것처럼 내 손을 뿌리쳤다. 김옥희, 한영주, 강윤자, 이숙
자, 김창선, 안정숙 등 나의 가까이에 있었던 상군들은 모두 나의
테왁까지 와서는 소라를 넣어주었다. 그들이 내 망사리에 소라를
넣어 준 것은 내가 특별한 연구자여서도 아니고 그들이 저울을 보
는 나에게 아부하려고 해서도 아니며, 다른 상군들을 서로 의식해
서 하는 의도적 행위도 아니다. 빈 망사리에 소라를 넣어준 일은
내가 처음 물에 들었을 때도 인근의 한 잠수가 소라를 넣어 준 적
이 있었다. 그것은 잘 하는 사람이 못하는 사람에게 베푸는 인정이
며 이러한 베풂은 물에 다니는 이들 사이에 관습화되어 있는 것 같
았다. 물에 든 바에야 어떻게 빈 망사리로 나가느냐는.

목욕을 하고 나서 저울을 볼 때였다. 김연자 삼춘이 자신이 잡은
소라에서 1kg를 떼어 놓고는 무게를 달았다. 이윽고 이봉순 삼춘이
와서는 작은 바구니를 저울에 올려놓더니 나더러 전표(해산물 계량
표) 이름을 내 이름으로 하라고 하였다. 나는 예? 무슨 뜻인지 몰라
서 어리둥절하였다. 일단 적으라고 하는 것이다. 나는 영문도 모른
채 내 이름을 기입하였다. "4키로 2백(4.2kg)." 봉순삼춘은 나더러
이 소라는 김연자, 한정임, 박영열 삼춘이 함께 주는 소라이니 나
중에 다른 삼춘들에게도 고맙다는 말을 하라고 일러주었다. 한사

람이 자신의 소라에서 1kg씩을 떼어 나의 소라바구니를 만들어 준 것이다. 나는 이날 바다에서 얻은 소라까지 합하여 5kg의 전표를 나에게 발행하였다. (내가 이일을 저녁에 만난 장영자 삼춘에게 말하였을 때 그녀는 받기는 받되 사양을 하면서 마지못해 받아야 하고 "고맙습니다"하며 받으라는 조언을 하였다.) 상군바당에 함께 갔었던 영주언니 (53세)가 아주 큰 소라를 팔이 들어갈 정도의 바위틈에서 꺼내려다 결국 못하고 말았다는 이야기를 하였다. 듣고 있던 박영자 삼춘이 "아이고 큰일 날 뻔 허였져. 요왕할망이 안주젠허는 건디 내불라게 (아이고 큰일 날 뻔 했네. 요왕할머니가 안 주려고 하는 건네 놔둬라~)!"

  잠수들은 소라를 많이 잡아서 많은 돈을 벌려고 애쓰지만 또한 많이 빌수도 있고 못 벌수도 있는 깃을 요왕할망이 알아시 골고루 나눠주는 것이라고 생각하였다. 그리고 실제 물질하면서는 애써 잡은 것을 자신보다 못하는 약자에게 베풂으로써 호혜적 관계를 형성하고 있었다. 자신들이 다니는 바다 속의 바다밭을 여신의 세계로서 인격화하고 많이 잡고 못 잡음이 신이 "알아서" 관장하는 것이라고 보고, 그들 사이의 나눔을 보편적 규범으로 생각하고 있다. 이들은 자신들의 해양 어로가 신의 세계에서 벌어지는 행위로 생각하며 이를 문화적 규범으로 만들어가며 살아가고 있다.

  아마도 바다를 "요왕할망"의 세계로 바라보는 세계관은 그들이 모두 같이 이용함에도 '공유지의 비극'이 초래되지 않는 하나의 이유인지도 모른다. 혹은 어장이 황폐화되는 비극적 상황을 조금이라도 더디게 하는 그들의 '문화적 논리'가 반영되어 있는 것인지도 모른다(Guillet 1990:384).

제2절

해양자원의 사회적 특성

1. 자원의 생태와 노동 형태

잠수들에게 "바다의 것은 공것"이라는 말이 있다. 공것이란 '공짜'라는 뜻과 함께 '주인이 없다'라는 의미를 담고 있다. 생태학적으로는 어로는 작물을 기르거나 재배하는 농사와 달리 인간이 자원에 대해 기생적 관계에 있으며 그런 의미에서 '약탈적'이라고 할 수 있다. 또 모두의 소유인 것은 누구의 소유도 아니므로 먼저 가지는 자가 주인이 된다는 의미에서도 "공것"이 되기도 한다. 엄밀히 말하자면, 공것인 것은 '움직이는 수중생물'에만 해당한다. 이것들은 모두 물질을 해야만 잡을 수 있는 것이고, 먼저 발견한 사람이 소유권을 가진다. 움직이는 것과 달리, '뿌리가 박힌' 해초들은 어촌계원 모두가 권리를 가지고 있다. 해양생물의 이동적·정착적 특성이 자원의 사회적 권리와 연관되어 있음을 볼 수 있다. 마을어장에서 채취되는 것은 크게 패류와 해초류로 분류할 수 있는데 대개 수중에서 물질을 통해 획득되는 것들이 주를 이루고, 두 가지 해초(톳과 우뭇가사리)는 어촌계에 소속된 모든 계원들(잠수를 포함)이 공동으로 채취하고 있다. 〈그림 7〉은 마을의 해양자원의 서식지를 도표화한 것이다.

〈그림 7〉 패류와 해초의 서식지 분포

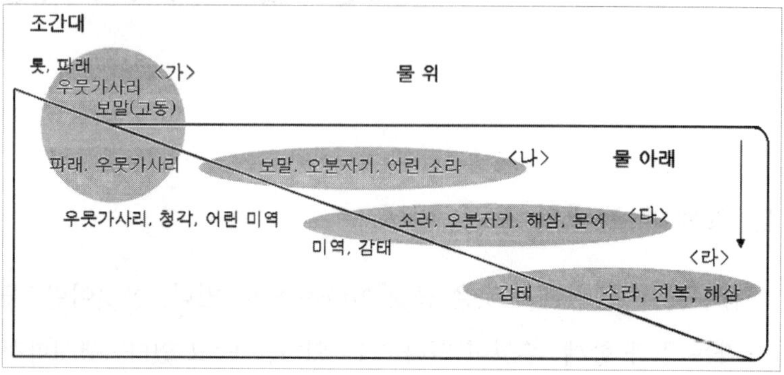

```
조간대
톳, 파래                 〈가〉              물 위
    우뭇가사리
        보말(고동)

    파래, 우뭇가사리        보말, 오분자기, 어린 소라    〈나〉      물 아래

    우뭇가사리, 청각, 어린 미역      소라, 오분자기, 해삼, 문어  〈다〉
              미역, 감태
                                        〈라〉
                        감태        소라, 전복, 해삼
```

　현재 시장에서 거래되는 해산물(이른바 "물건") 가운데 해조류로
서는 톳과 우뭇가사리, 조개류는 소라, 전복, 오분자기(떡조개), 그
외 해삼, 문어 등 일부 연체류가 있다. 조간대에서 채취되는 것은
주로 해초인데, 톳과 우뭇가사리가 있고 깊은 곳에 자라는 감태가
폭풍에 의해 갯가로 밀려온다. 우뭇가사리는 물 속에서 채취되는
것이 더 품질이 좋다. 마을어장에서 채취된 해산물들마다 작업·
출하·분배방식이 다른데 이를 보면 〈표 15〉와 같다.
　마을어장의 해산물들은 이동하는 것인가 정착된 것인가의 생태
적 특성에 따라 채취방법이 달라지며, 어장을 이용하는 방법과 출
하, 분배에 이르기까지 그 연관성이 있음을 알 수 있다. 먼저, 해초
는 모든 어촌계원들이, 패류와 그 외의 것은 잠수들만이 채취하며,
두 경우 모두 어장을 순환적으로 이용한다는 공통점이 있다. 둘째,
출하는 모두 지구별로 조직된 수협을 거치지만, 해초는 시장가를
고려한 다른 방식을 구사하기도 한다. 해초는 가구별로 공동분배

되고, 패류와 그 외의 것은 개인별로 정산된다. 셋째, 대개의 해산물은 마을과 지역에서 일부 소비되는 것을 제외하면 전량 일본시장을 향하고 있다.

〈표 15〉 어획물의 채취와 분배

자원구분	어획물	채취방법	어장 이용	출하	분배	주요시장
해초	톳	어촌계원 (조간대)	동네별 순환	공동 건조, 공동 판매	가구별 공동분배	일본
	우뭇가사리	어촌계원 (조간대와 물속)	〃	〃	노동의 양과 질, 가구별 공동분배	일본
패류와 그 외	소 라	잠수(潛水)	어장 구역 순회	수협	개별어획량 정산	일본
	전 복	〃	〃	수협 상인	〃	국내
	오분자기	〃	〃	〃	〃	국내
	문어/해삼	〃	〃	〃	〃	국내

이와 같이, 어촌계원의 자원권리는 해양자원의 생태적 서식특성을 반영하고 있으며, 채취 작업에 참여하는 것을 전제로 하여 노동의 질에 따라 분배가 달라진다. 분배에 영향을 미치는 노동의 형태를 세 가지로 분류해 본 것이 〈표 16〉이다.

표에서 〈㉮개별〉은 잠수들의 물질이 대표적인 예인데, 비계통 출하가 없고 마을어장에서 가장 길게 이어지는 작업형태이다. 〈㉯ 조합공동〉은 해초 채취에서 볼 수 있는 노동형태로 동네별 "조합" 들이 작업과 출하에 이르기까지 자율적으로 운영한다. 〈㉰공동팀〉

이란 몇몇 개인이 모여 팀을 구성하여 함께 일하는 협력체를 가리키는데, 우뭇가사리 채취작업에서 볼 수 있다.

〈표 16〉 연안바다의 어로 형태

구분	㉮ 개별(패류)	㉯ 조합공동(해초)	㉰ 공동팀
채취자	잠수	동네 어촌계원	동네 잠수들
분배	개별분배	가구별 분배	참여자 공동분배
종류	패류와 ㄱ 외	해초	우뭇가사리(감태, 風草*)
방식	연중 8개월간	한시적, 각 동별 자율	한시적, 팀의 자율
시기	여름 외 연중	봄, 늦봄 2기	늦봄과 여름
판매	계통출하	비계통·계통출하	비계통·계통출하
성별분업	여성	혼합	여성 중심

* 풍초란 거센 바람과 파도에 뿌리가 뽑혀 갯바위로 올라온 우뭇가사리를 말한다. 품질은 그다지 좋지 않지만 한꺼번에 쉽게 많은 우뭇가사리를 얻는 이점이 있다.

2. 소라의 출하 과정

해양 생물이 시장의 '상품'으로 전환되는 곳이 잠수들의 작업장이다. 각자 잡아 온 해산물을 선별한 후 바구니에 담아 저울에 올려 놓고 그 무게를 기록한 종이(전표)를 잠수와 어촌계가 한 장씩 보관한다. 해산물들은 시간이 지날수록 무게가 감소하는 "물엣 것"의 특성 때문에 잠수들 서로가 빨리 계량하려는 다툼이 곧잘 벌어졌다.[91] 하군에서 상군까지 모든 잠수들의 계량이 끝나면 소라는 트럭에 실어 위판장으로 가고, 문어나 해삼, 성게 등은 수협에서 입찰을 거친 상인에게 인도되는데 일부 제사나 잔치가 있는 마을 사람들이 구매할 수 있으나 외부인(관광객 등)에게는 판매되지 않는다. 마을 동쪽 잠수회의 해산물 채취와 선별, 출하과정을 도표화 해보았다.

소라는 7cm 이상의 것만이 시장으로 나갈 수 있고 작은 것은 바다로 되돌려 보내진다. 때문에 이를 골라내는 선별과정은 언제나 소란스럽다.[92] 작업을 마친 첫 잠수가 나온 후 소라 트럭이 위판장을 향하기 까지 걸린 시간은 약 3시간이었다.

〈그림 8〉 소라의 유통 과정

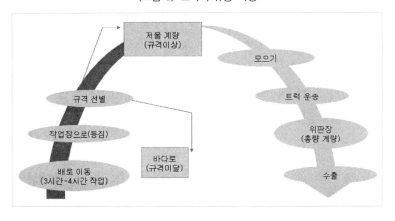

---

91) 평균 감량비율은 약 1.4%이다.

92) 전복은 10cm, 오분자기 3.5cm 이상이 출하 할 수 있는 규격이다. 출하하는 소라 의 크기는 점차 커지고 있는데, 시장의 수요가 줄어들고 있는 데에 따른 것이다. 2007년 소라는 다시 8cm이상의 것을 채취해야 하였다.

3. 자연양식장의 운영

잠수회에서는 마을어장 내의 일정 구역을 설정하여 연중 몇 차례만 이 구역에서 물질하며, 전복의 작은 종패를 이곳에 뿌리는 등 자원 재생을 목적으로 하여 "자연양식장"을 운영하고 있다. 잠수회에서는 누구나 보이는 곳에 양식장을 설치하여, 항상 감시원을 두어 지키고 있으며, 양식장에 몰래 입어하는 것을 강하게 금하고, 물질 중 조류에 따라 양식장으로 들어가서 잡아 오는 것에 대해서도 벌금을 물렸다. 이와 같은 자연양식장은 그들에게 공동재산의 의미가 있다. 20여 년 전 마을어장의 자연양식장이 조성된 이야기를 김창호할머니는 이렇게 이야기하였다.[93]

> ―창호할머니 : (이웃마을 잠수들과 어장 경계 때문에 폭행이 일어났던 이야기를 하면서) 그 불볕더위에, 6월에 막 왈랑왈랑 더운 때라. (감옥에) 들어갈 걸 안 들어간 (제주) 시에서 밤을 지내고 왔지, 남의 집의 옥상에 가서 살면서. 우리가 다섯 사람 들어가게 되어서, 그 사람들이 다 우리 밭에 농사한 밭에 가서 김 매어주고 해줬어. 관련되지 안하고 들어가지 않은 사람들이. 관련된 우린 싸우러 가버리니깐. 시권이 모친이랑 다 영창 갔던 사람들이지, 다 잡아갔지!
>
> ―연구자 : 다섯 사람이 간 거예요?
>
> ―창호할머니 : 간사했던 어른은 여기 ○○부친 △△이라고 하는 어른이라. 그 어른 돌아가셨지. 간사는 그 어른이 간사할 때고, 계장은 한○○이 계장할 때라. 그 어른들

---

93) 2006년 2월 14일, 최고령 잠수 김창호 할머니와의 인터뷰, 자택에서.

다 돌아가셨네. 그래서 막 법으로 소송이 되어서 마을이 전체 운동했었어. 마을사람들이 매일 회의를 하고 무엇을 하고 하면서 막, 뭣처럼 노력해서 양식장을 해 놓은 거지. 그래서 돈이 없으니까 박OO이 시어머니네 김OO이었어. 그 사람이 같이 우리 노력해서 해 놓고 물질하면서 이제 쇠땡이 각시도 안 했던 거. OO네도 노력 안 했던 거였어. 그래서 우리 돈은 없으니까 바다에 투자하려고 하니까 돈이 없어. 이젠 자기 이름에 재산 있는 사람이 없어서, 없으니까 부만이 모친이 "내 이름에 밭이 있어. 내 밭을 담보시키라." 거기 부만이 모친이 재산 담보시켜서 돈 마련해서 투자하여 양식장을 만들었었어. 그래가지고 시순이네 물질을 안 할 때니까 그 애가 이젠 물질을 하게 되니까 돈 안 내 놓으면 물질 못하게 됐었지. 시집을 오나 무엇을 해도 양식장 노력 안 하고 돈 안 내놓으면 물질 못하게 했었지. 그러니깐 시순이 모친이 "누가 재산이 있어서 담보 잡히겠다고 하여 돈 내 놓은 사람이 있었느냐?"고, 안 그랬던 것이니, "물질 시키라!" 우리가 딱! 우리 말이 떨어지니까 시순이 그냥 물질시킨 거야, 돈 안 내놓고. 어머니 재산 담보시켜서 돈 끌어다가 저 양식장에 만들어 놓은 것이니깐. 돈 주면서 소라 사면서 들여 놓아 이제 양식장을 만든 것이 아니냐. 그런 후에 양식장(에서) 돈 많이 벌어 가니깐, 물질 안 하던 사람들이 물질 다 덤벼들어서 이렇게 잠수가 많은 거야. 안 그랬으면 이제 이렇게 많지 않지. 그래서 저 양식장 설립해놓고 양식장에 몰래가서 해 가면 우리가 복통이 나서 죽어

> 지지. 우리가 얼마나 힘들게 해놓은 양식장인 줄
> 알아. 이제 우린 늙어서 못하게 되어버렸지만은.
> −연구자 : 그럼 담보 빚은?
> −창호할머니 : 우리가 벌면서 물었지. 미역 채취해서 바쳐서. 그
> 미역 팔아서 이젠 거기에 갚고. 그렇게 만들었는데
> 양식장(만드는 데 힘) 안 쓴 사람들이 양식장에서 몰
> 래 해가면 화가 안 나겠어?

이 이야기는 마을의 잠수들이 어떻게 양식장을 조성하였으며, 새 잠수회원에게 가입비를 징수하는 의미와 회원 증원에 미친 영향 등을 알려주고 있다. 또한 왜 잠수들이 자연양식장에 대한 금채규율을 엄격히 하며 이를 중히 여기는지를 이해할 수 있다. 양식장은 흔히 육상에 조성된 어류 양식장이 1990년대 후반부터 급격히 증가하여 연안 어촌에서 중요한 산업으로 대두되었으나(옥영수 2004:8), 잠수들의 '자연양식장'은 천해에 가꿔진다는 점에서 크게 다르다. "자연양식장"이란 말도 자연(natural)과 양식(cultivate)이라는 상호 모순된 개념의 조합이라고 할 수도 있다. 그러나 잠수들은 육상의 수조관에서 키워지는 인공성에 반해 그들의 '바다에서' 키운다는, 곧 자연생태계 속에서 키운다는 것을 보다 더 강조하고 있음을 알 수 있다. 잠수회의 자연양식장 운영은 그들이 키워서 잡는다는 면에서 어로자원에 대한 어민들의 일방적 '기생적 관계(한상복 1976:88)'를 탈피하고 있음을 보여준다. 그리고 양식장에 대한 각종 재제와 규율은 자원 고갈을 방지하여 그들의 어로가 지속될 수 있도록 하는 하나의 전략이라고 할 수 있겠다.

해초의 공동 채취

1. 우뭇가사리 채집: "우미바당"

우뭇가사리를 채취하는 연안바다를 마을사람들은 "우미바당"이라고 부른다. 어촌계원들은 8개의 동네별로 연안을 8개로 구획하여 각각 하나씩 배당된 구역에서 우뭇가사리를 채취하였다(〈그림 12〉). 동네별로 정해진 우미바당은 한 해 씩 차례로 순환되고,[94] 각각의 8개 동을 "조합"이라 불렀다.[95] 어장을 연차적으로 순환하여 어장의 질적 차이를 없앰으로써 각 동의 형평성을 고려할 수 있었다. 어촌계원들의 관심은 톳 보다 시장가격이 높아진 우뭇가사리에 있었다. 2005년 마을어촌계는 다른 마을의 잠수들이 김녕리 마을어장의 채취작업에 동원되는 것을 엄금하고 "바당을 사고파는" 것도 강력히 규제하여 어촌계원이 "공동"으로 우뭇가사리를 채취하도록 하였다.

---

[94] 1년 동안(매년 7월부터 익년 6월까지) 동쪽에서 서쪽으로 순환하고 있다.

[95] 각 동 단위를 조합이라 부르는 것은 옛날부터 부르는 "관행"이라고 한다(어촌계장, 2005년 8월 15일 인터뷰 내용).

〈그림 9〉 2005년 동네별 해초 채취 구역

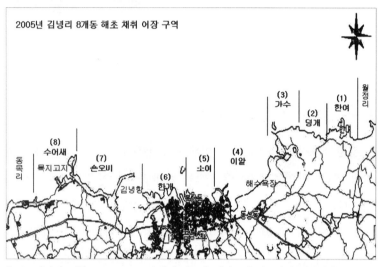

* 국토지리정보원(www.ngi.go.kr)에서 제공한 지형도에 연구자가 재작성함.

해초 채취에 앞서 각 동(조합)들은 회의를 열어 어떻게 작업하고 분배할 것인지를 의논하였다. 이 때 가장 쟁점이 되는 사항은 한 조합 내의 잠수와 비잠수인 사람들이 어떤 식으로 함께 작업을 할 것인가에 관한 것이다. 우뭇가사리는 수중과 조간대에서 동시에 채취가 가능하므로 물질을 하는 잠수와 갯바위 앉아서 채취하는 사람들 사이의 노동강도가 달라진다. 따라서 조합원들은 노동강도에 따른 형평성을 고려하여 해초의 작업일수와 건조작업의 참여 범위를 조정하고, 혹은 잠수들에게 일당을 보다 많이 지급하는 방식을 고려하기도 하였다. 〈표 17〉은 2005년 우뭇가사리 채취에서 전개된 각 동(조합)의 채취와 분배방식을 나타낸 것이다.

〈표 17〉 2005년 우뭇가사리 채취와 분배방식

어장이름	동·서쪽-이름	채취방식	분배방식(조합:잠수)
(1)한여	동-S조합	잠수팀	3.5:6.5
(2)덩개	서-Y조합	계원 4인, Y동 잠수 4인, B동 잠수 18명	? (비공개)
(3)가수	서-Dc조합	잠수팀	3.5 : 6.5
(4)이알	서-H조합	잠수팀	〃
(5)소여	서-N조합	잠수팀	〃
(6)한개	동-Ds조합	잠수팀	〃
(7)손오비	동-C조합	공동	공동분배
(8)수어새	동-B조합	공동	공동분배

8개 동 가운데 5개 동이 자기 조합 내 잠수들에게 해초작업을 위임하였다. 잠수팀은 전체 생산량에서 일정비율만큼 조합에 내고 그 나머지를 그들이 나눠가졌다. 비잠수인 조합원들에게 이 방식은 일일이 번거로운 작업에 참여하지 않아도 되는 이점이 있는 대신, 잠수들에게 더 많은 이익이 돌아갈 수도 있다는 것을 감안해야만 하는 것이다.

이제 저자는 S동의 "한여바당"을 사례로 하여 공유자원에 대한 주민들의 공동권리가 어떻게 실현되는 것인지, 그리고 다양한 이해관계는 어떻게 조정되는지를 기술하도록 하겠다. 한여바당은 마을의 동쪽 가장자리에 있으며, 품질이 가장 좋은 우뭇가사리가 채취되는 어장이었다.

1) 작업 첫날 : 바다의 경계

2005년 5월 19일, 두 조합이 우뭇가사리 채취를 시작하였다. 마을어장의 가장 동쪽과 서쪽에서 작업이 이루어졌으나 이들은 모두 동쪽 잠수회의 잠수들이었다. 동쪽은 "한여바당"이라 부르는 S조합이, 서쪽은 "수어새"라 부르는 B조합의 잠수들이었다. S조합은 〈잠수팀〉이 맡아서 채취의 전 과정을 운영하였으며, B조합도 같은 방식이었다. (그러나 첫날 작업이 끝난 후 B조합이 작업방식은 "공동으로" 해야 한다는 잠수들의 주장으로 바뀌었다.)

한낮 뜨거운 햇살 아래에서 해안도로를 따라 동쪽으로 가니, 도로에 1톤 트럭이 세워져 있고, 검은 용암 바위들 이곳저곳에서 잠수들이 일을 하고 있었다. 얕은 웅덩이에 앉아 우뭇가사리를 건져 올리고 있는 7명의 잠수와 바위 위에서 풍초를 줍고 있는 2명의 나이든 잠수 외에도 한 무리의 잠수들이 곧 물에 들어가려고 준비 중이었다. 남자인부가 있었으나 이들은 해초 운반만을 거들뿐 채취 작업에는 끼지 않았다. 이날 작업에 참여한 인원은 S조합의 잠수 18명과 C조합 잠수 11명으로 잠수가 29명, 남자인부 4명, 총 33명이었다. C조합의 잠수들은 아직 작업이 시작되지 않았기 때문에 S조합의 작업에 참여하여 일당을 벌 수 있었다.

12시쯤 한 여자가 잠수들이 일하고 있는 바닷가로 내려가더니 잠수들에게 고래고래 욕을 하였다. 잠수들은 그 여자를 "꽃새"라고 불렀다. [96] 그녀는 어촌계원으로 S조합원이었으나 물질을 하지 않

으므로 잠수팀에 참여하지 못하고 있었으며, 대신 이웃 Y조합의
채취권을 얻었다. 때문에 그녀는 "바당을 산 것"이 아닌가 하고 마
을사람들로부터 의혹을 받고 있었다. 잠시 후 또 다른 Y조합의 여
자가 합세하여 일하는 잠수들을 향해 욕을 하였다. 두 여자는 S조
합의 잠수들이 자신들의 어장으로 넘어 왔다고 주장하며 잠수들을
내몰고 있는 것이었다. 그러나 두 사람은 바위 위에서 악다구니를
할 수 밖에 물 속에서 작업하는 잠수들을 어찌할 수 없었다. 잠수
들은 어장 경계를 넘지 않았다고 하나 어느 쪽 주장이 타당한지는
분간할 수가 없었다. 바위 위에 박은 작은 시멘트 돌 하나가 경계
표시이지만 아무런 도움이 되지 않았다. 저마다의 시선에 따라 바
다의 경계선은 달라져버리기 때문이다.

하루 일당을 번 C조합의 잠수들은 귀가하였으나 S조합의 잠수
팀은 모두 남아 젖은 해초를 너른 공터(해수욕장 주차장)에다 널었
다. 잠수 외에 운반은 4명의 남성이 맡아서 하였다. 그중 2명은 잠
수팀에 임시 고용된 마을의 젊은 남성들이었다. 두 명은 S조합 잠
수들의 남편이었다.

바닷물에 젖은 해초를 널면서 줄곧 잠수들의 화제는 낮에·벌어
졌던 꽃새의 악다구니와 경계 문제에 관한 것이었다. 그런데 을생
(S조합, 63세)은 "세경(世耕)[97] 땅도 좁음이 탈시!"라며, 먼저 차지한
자가 주인이지 바다의 경계를 주장하는 것이 무의미함을 꼬집었

---

96) 그녀를 마을 안에서는 모두 별명으로 부르고 있었는데, 이 글에서는 가명으로
표시하였다.
97) 『제주어사전』에서 세경은 "농업을 관장하는 신, 세경 넓은드르라 함은 사방으
로 탁 트인 펑퍼짐한 들판"으로 정의하고 있다(제주도 1995:313~314).

다. 젖은 해초를 널면서 연구자는 낮의 두 여성이 다시 찾아와 이 해초에 대해 문제 삼지 않을까 내심 걱정했으나 아무도 그런 우려를 하지 않았다. 또 그런 일이 벌어지지도 않았다. 첫날 작업으로 S조합의 잠수팀은 너른 주차장 공터 세 곳에다 우뭇가사리를 널었다. 내일 날씨가 어떨지 한 잠수가 휴대전화로 전화(131)를 해본 후 맑다고 하자 뒷날 모일 약속시간을 정하고 모두 집으로 돌아갔다. 오전 11시에 시작된 일이 오후 4시가 되어 끝났다. 밤 8시, 연구자는 S조합과 같이 첫 채취작업을 하였던 B조합 회의가 열린다고 하여 잠수 미진(49세)의 집으로 갔다.

2) B조합의 회의 : 공동 방식

회의에 참석한 사람들은 남자조합원 서너 명을 제외하고 모두 여성들이었다. 현관 앞에는 검은 비닐 봉지 안에 두어 가닥 해초가 마치 마루로 들어오는 모든 이들에게 오늘 하루 작업의 상황을 암시나 하듯이 놓여 져 있었다. 이 회의는 작업을 해 본 잠수들이 긴급히 소집한 것으로, 그 까닭은 그들의 예상보다 우뭇가사리가 너무 없다는 것 때문이었다. 조합장(남성)이 회의를 시작하자 한 잠수가 작업 상황을 설명하였고, 듣고 있던 조합원들은 잠수팀에 위임하기로 하였던 채취방법을 모두가 참여하는 "공동으로" 하기로 재조정하였다. 조합회의는 금방 끝났고 다른 조합원들은 귀가하였으나 잠수들은 쉽게 자리를 뜨지 않았다. 몇몇은 남아 이제 "공동으로" 채취함에 따라 자신들의 여유 노동력을 어떻게 활용할지를 고민하였다. 공동으로 하게 되면 잠수들은 오로지 채취만 하면 되고 채취할 양도 적으니 작업 일수도 줄어들 것이기 때문이다.

　이야기 하는 도중 꽃새가 찾아왔다. 그녀는 거의 달려들 기세로 마루로 올라오더니 앉아있던 잠수들에게 자기네 어장에서 일할 잠수가 없는데도(Y조합에는 잠수가 4명뿐이었다), 다른 조합의 잠수들이 일해주려고 하지 않는다고 원망하였다. 잠수 일순(63세, 지순의 언니)은 그녀를 진정시키며 "네가 바다를 산 것이 아니냐? 그래서 C조합 잠수들도 안 가는 것이고, 만약 B조합 잠수들이 도와주게 되도 그것도 우스운 일이 아니겠느냐"고 하였다. 꽃새는 공동 채취로 바뀐 B조합의 잠수들의 노동력이 끌어들이려고 여러 가지 제안을 하였다. 제안한 분배방식은 몇 명의 잠수는 채취권을 가진 자와 함께 "갈라먹기"로 하고 나머지 대다수 잠수들은 일당 고용의 형태로 하겠다는 것이었다. 일순은 B조합의 잠수들은 모두 함께 행동할 것임을 강조하며 그들 사이의 차별적 분배방식을 거부하였다. 그럼에도 그녀는 잠수가 없는 Y조합의 채취를 도와야 한다고 하며, 그렇게 하는 것이 "다른 마을 사람들로부터 해녀가 욕먹지 않는 것"이라고 말하였다. B조합 잠수들은 그녀의 의견대로 "잠수가 없는 조합에 일을 해줘야 한다."고 의견을 모았다. 노동력이 없는 꽃새와 노동력은 있으나 자원이 없는 B조합의 잠수들은 상호 이해관계를 충족시켜주며 Y조합 어장에서 함께 일하게 되었다. 꽃새는 자원을 잃어버리지 않게 되었고 잠수들은 자신의 여유 노동력을 상실하지 않게 되었다.

3) 두 어장에서 네 조합 잠수들

5월 20일, 해수욕장 주차장에 널린 우뭇가사리들을 담다가 S조합 잠수들이 모두 한여바당으로 모였다. 해변가에 간이 막사를 짓고 그 안에서 잠수들이 먹을 음식을 만들었다. 된장국과 양파장아찌, 김치에 밥을 먹고 잠수들이 옷을 갈아입기 시작하였다. 탈의장 없이도 큰 갯바위가 있어 가리개 역할을 해주었다. 11시가 되자 C조합의 잠수들이 왔고, 그 중에는 지순(B조합 일순의 동생)도 있었다. 지순은 마늘밭에 농약을 치고서 처음으로 한여바당에 온 터였다. 자신이 속한 C조합의 공동 채취는 아직 시작되지 않아서 S조합으로 올 수 있었던 것이다. 해초를 채취해 주고 받을 그녀의 일당은 4만원이다. S조합 잠수들이 C조합 잠수들을 반가이 맞으며 식사를 제공하였다.

이날 두 개 조합의 어장에서는 4개 조합의 잠수들이 물질하는 현상이 일어났다. 전날 어장 경계 다툼이 있었던 S조합에는 C조합 잠수들이, Y조합에는 B조합 잠수들이 작업에 참여한 것이다. 4개의 조합가운데 Y조합의 4명 잠수를 제외하고는 모두 동쪽 잠수들이었다. 해초 작업과정에서 동쪽 잠수회원들을 각기 서로 다른 조합의 성원으로서 다른 분배 조건에 있었다.

작업에 참여한 잠수들은 우선적으로 두 개의 어장경계에서 경쟁적으로 채취를 하였다. 이를 지켜보던 꽃새의 악다구니가 또 이어졌다. 일하던 잠수들끼리도 신경전이 벌어졌다. 자기 어장이 아닌 C조합의 잠수들은 경계와 멀리 떨어진 곳에서 작업을 하였다. 그러나 S조합의 잠수들끼리는 서로 (경계)싸움에 가담하지 않겠다면 차라리 "밥이나 하라"는 말로 은근히 압력을 주었다. 이 말은 효과가 있었다. 경계지역으로 간 S조합 잠수들은 Y조합 어장에 참여한 B조합 잠수들과 길게 경계선을 형성한 채 채취 다툼을 벌였다. 이들은 서로 물 아래에서는 부지런히 우뭇가사리를 채취하면서도 물위로 얼굴을 내민 때에만 큰 소리를 몇 번씩 지르고는 이내 물속으로 들어가버렸다. 서로 경계를 넘었다느니 안 넘었다느니 하는 공방이 이어질 뿐, 테왁을 바다 위에 둥둥 띄운 채 이 소란스러운 말싸움을 벌이는 것은 상대방을 제압하여 자기 영역으로 진입하지 못하도록 기세를 보이고 물 아래에서는 더 많은 해초를 가져가려는 전략이었다.

헐렁한 그물 자루에 우뭇가사리를 꽉꽉 눌러 채우면 붉은 호리병 모양으로 바뀌는데, 이런 모양을 만들려면 대략 백여 차례도 넘게 "숨비어야"만 만들어질 것이다. 잠수 한명이 채취한 젖은 우뭇가사리의 한 자루는 물 위에서 남자 4명이 들어야 하였다. 이런 자루를 20여 개씩 한 트럭에 실어 옮겨 건조하는 것이다. S조합의 우뭇가사리는 풍년이었다. 잘 말린 우뭇가사리를 60kg씩 가마니에 담아 두고 -이를 "1층"이라 한다- 열 가마니면 약 2백 만 원이 넘었다.

만약, S조합 잠수들이 제사나 밭일을 이유로 작업에 불참하게 되면 조합의 잠수팀에게 "궐비"(벌금)를 내야했다. 이는 실제 벌금을 지출하기보다 마지막 결산에서 불참한 날 만큼을 지분에서 제외하는 방식으로 이루어졌다. 불참하였을 때 궐비는 하루 6만원이었다. 때문에 잠수들은 불참을 꺼릴 수밖에 없고, 대신 남편이나 다른

가족의 도움이 필요하였다. 그럼에도 제사가 있는 날에 잠수는 제
사 음식을 준비해야만 하기에 불참할 수 밖에 없었다. 제사 음식의
준비는 다른 여타의 일과 달리 단지 노동력으로만 해결되지 않는
그녀의 도덕적 의무가 뒤따르는 노동이기 때문이라 생각된다.

4) 공동으로 한다는 것

2005년 5월 22일(일곱물), 밤사이 비가 내려 오전에는 땅이 젖어
서 쌓아 두었던 우뭇가사리들을 한낮이 돼서야 다시 건조시킬 수
있었다. 이 날 마을의 모든 소합이 우뭇가사리를 채취하였다. 다른
조합의 어장에서 물질했던 C조합과 B조합의 잠수들도 모두 각자
의 어장으로 돌아가 작업을 하였다. 작업에 앞서 해안가에 모인 C
조합의 사람들 사이에서도 공동 채취에 대해 의견이 분분하였다.
잠수에 비하여 "앉은 조합원"이 많아 잠수들로서는 "공동으로"하는
것이 손해라고 생각하였고 앉은 조합원들은 잠수의 물질이 없이는
해초 채취를 할 수 없었다. 조합장은 잠수들의 하루 작업에서 다른
조합원 보다 1만원을 더 나눠주겠다고 제안하였으나 잠수들은 그
것을 더 받느니 차라리 안 받고 "공동 채취했다는 말을 듣는 게 낫
다"라고 거절하였다. 논쟁 끝에 잠수들은 3일 동안만 채취를 하고
이후의 나르기, 건조하기, 담기 등의 제반 일들은 나머지 앉은 조
합원들이 하기로 정해졌다. 이로써 잠수들은 나머지 시간을 다른
조합의 채취 작업에 참여할 수 있는 시간을 벌었다.

공동 채취하기로 결정이 바뀐 B조합의 어장은 마을 가장 서쪽에
있고, 육상에는 수출활어축양장과 육상양어장 시설들이 늘어서 있

는 지역이었다. 간조에 드러난 너른 조간대에서 많은 여성조합원
들이 일을 하고 있고, 또 물 속에서는 잠수들이 일을 하고 있지만,
남성조합원의 역할은 단지 자루를 나르는 운반 역할만을 하였다.
그러나 해초 물량이 적어 이들은 그저 모여서 이야기를 하는 것으
로 시간을 보냈다. B동의 조합원 수는 76명이며 그중 작업에 참석
한 사람은 60명이었다. 물질한 잠수가 18명이고 나머지 앉은 조합
원이 42명, 그 가운데 약 20여 명이 남성이었다.

공동으로 하는 작업과 잠수팀으로 하는 것은 서로 다른 양상을
볼 수 있었다. 잠수팀(S조합)의 잠수들은 동료들과 가능한 많이 채
취하려는 열성이 있었지만 B·C조합의 사람들의 작업은 그렇지 않
다. 후자의 경우 한 어장에서 일한 사람의 수가 더 많다는 점 외에
도, 양자 사이의 차이는 노동력의 질에 대한 분배를 어떻게 결정해
야 하는가에 대해 서로 다른 방식을 구가하고 있다. 전자는 모두가
물질하는 사람들로 구성되어 동일한 노동력을 가지고 있다는 전제
하에서 공동분배를 하는 것이지만, 후자는 서로 다른 노동력의 질
적 차이를 분배에서 차등을 두므로 채취의 열성이 나타나지 않는
것이다. 다시 말해, 작업에 참여한 사람들의 노동력을 동질적으로
보는가 아닌가에 따른 차이가 작업과정의 양상을 다르게 만들고
있는 것이다. 동일한 분배를 받기로 된 전자의 경우에도 그들 사이
의 노동력의 차이를 없애는 노력이 작업과정에서 내내 나타났다.

5) 음식의 증여와 노동의 분업

잠수들은 채취기간 중 공동 작업시간을 피해 자신의 마늘밭에

다녔다. 조만간 마늘을 수확할 시기가 다가오기 때문이다. 이 무렵이 일년 중 가장 바쁜 때였다. 마을 안에서 인력을 구하지 못하면 제주시내의 인력회사를 통해 구하기도 하였다. 잠수들은 밤낮으로 눈코 뜰 새 없이 바빴고 체력을 보강하기 위해 보약을 먹거나 마을 안 병의원에서 포도당 주사를 맞으러 다녔다.

5월 24일(아홉물), 마른 우뭇가사리를 뒤집고 또 가마니에 담고, 그래도 물에 들 시간이 아직 남아 S조합의 잠수들은 끼리끼리 모여 앉아서 이야기를 하였다. 이 때 희진(B조합)의 남편 K씨가 보리빵을 가지고 왔다. 보리빵을 먹으며 K씨는 B조합의 소식을 전했다. 그 내용은 그동안 B조합 어장에서 없다고 하던 우뭇가사리가 많이 채취되었다는 것이며, 이 때문에 B조합의 앉은 조합원들은 자기 조합의 잠수들을 믿을 수 없다고 하며 다음해(2006년)에는 절대 잠수들에게 어장을 맡기지 않겠다는 여론이 생겼다는 것이다. (이 말대로 이듬해 B조합에서는 공동으로 작업하였고, 그 어장은 S조합이 하였던 바로 "한여" 어장이었다.) 그런데 K씨의 부인 희진은 본래 B조합에 속해 있었고 그럼에도 줄곧 S조합의 어장에서 일했다. 다른 B조합의 잠수들이 Y조합의 어장에서 일할 때에도 그녀는 혼자 S조합의 잠수들과 같이 일을 하였다. 몇 년 전 희진의 남편은 어촌계장으로 근무했었고 그 때 벌어졌던 "양어장사건"으로 남편이 탄핵될 위기에서 놓여 있었으나 S조합의 잠수들이 이를 반대했었다(제6장에서 후술).

S조합의 잠수팀에는 희진 외에도 C조합에 속하는 혜자(상군잠수, 51세)도 함께 일하고 있었다. 그녀는 S동에 사는 시어머니를 대신

하여 참여하였다. 또한 은퇴한 잠수들로부터 한창 기량을 발휘하는 잠수들까지 이렇게 다수로 구성된 S조합의 어장에는 같은 몫의 분배를 전제로 참여한 잠수들이 함께 일하였고 그들 사이에는 기량의 차이가 있다. 기량과 자격의 차이를 만회하려는 노력은 자신에게 적합한 역할을 먼저 찾아서 행하거나 음식을 가져오는 것으로 나타났다. 나이 든 잠수들은 다른 젊은 잠수들에 앞서 다음 일들을 챙겨가며 자신의 노동시간을 늘려갔고, 곧잘 반찬을 가져 오곤 하였다. 밥에 넣을 좁쌀, 방어 두 마리, 김치, 쑥, 네슬레 커피, 양파 장아찌, 광어 등등. 약 35인의 20여일 동안 하루 2끼의 식사에 들어간 음식들 가운데 돼지 한 마리와 쌀, 양념을 제외한 그 외의 부식들은 모두 증여받은 음식들이었다. 기부가 들어온 여러 음식으로 매일 두 끼씩 먹어도 음식비용을 줄일 수 있었다. 희진의 남편뿐만 아니라 고령의 잠수 남편은 언제나 잠수팀의 작업에 간접적으로 참여하며 일을 거들어 주었다.

6) 잠수의 자격

2005년 5월 25일(열물). 검은 갯바위와 하얀 모래사장이 푸른 바닷물에 어우러진 화창한 날이었다. 전날 널어 둔 우뭇가사리를 뒤집고 한여바당의 막사로 가서 밥을 하는데, 관리선장이 물회를 가져왔고, 한 식당의 여주인 보영(36세, 우도 출신)이 냉커피를 가지고 왔다. 보영은 잠수 숙희와 "언니 동생하는" 친한 사이였다. 보영은 되는대로 장비를 갖추더니 보말이라도 잡겠다며 한여바당으로 들어갔다. 그녀는 이미 딸기 주스와 커피 등을 몇 차례 S조합 잠수들에게 제공하였고 잠수들은 늘 고마워하였다. 숙희는 그녀의 음식 제공이 '부담스러워' 제지하였으나 그녀는 오늘 또 가져 온 것이었다. 그럴 때마다 숙희는 군수(굴맹이)를 대신 주었다. 보영은 단지 물안경, 머리두건, 오리발만 신은 채 바다로 뛰어 들더니 능숙한 솜씨로 우뭇가사리를 채취하였다. 그녀는 얼른 두 자루나 하고선 일찍 집으로 돌아갔다. (나는 온종일 해서야 겨우 두 자루를 했다.) 그녀는 어릴 적 고향 우도에서 친정어머니와 함께 우뭇가사리를 채취했었다고 하였다. 고등학교 때까지도 물질을 가끔씩 했었지만 경기도 출신의 남자와 결혼을 한 후 오늘이 처음 해본 물질이었다. 그렇게 물질을 잘 하는데 −또 그녀는 하고 싶어 했다−, 어촌계에 가입하면 안 되느냐고 물었더니, "자기는 집도 없고, 외방사람(외지인)은 안 끼워 준다."며 가능성이 없다고 하였다. 그녀의 물질모습을 인근에서 지켜 보았던 잠수들은 모두 그녀의 물질 솜씨를 칭찬하였다. 채취 작업을 마치고 모두가 막사 앞에서 식사하는 동안 보영이 다시 와서 잠수들과 함께 밥을 먹었다. 그러나 그녀가 오늘 물질했던 일은 아무도 화제로 삼지 않았다. 이것은 분명 연구자가 처음 물질을 했을 때와는 다른 상황임을 암시하였다. 그들은 "새 줌수"가 얼마나 잡았는지 늘 관심을 보였었기 때문이다. 보영이 이날 물질을 하였던 것은 단지 "다이어트를 위한 운동"으로만 언급될 뿐, 이 젊은 잠수에게 어느 누구도 물질을 해보라는 권유를 하지도 않았고 그녀의 물질 자체를 공론화하지도 않았다.

저녁 9시 지방 TV 뉴스에서는 구좌읍 하도리(김녕리의 인근 마을)의 해안 조간대가 온통 파래로 뒤덮여 고압세척기로 씻어내고 있다는 보도가 나왔다. 그 마을의 우뭇가사리는 우도(牛島)에 이어 두 번째로 좋기로 유명했으나 올해는 예년의 50% 정도밖에 나지 않는다고 하였다. 이유는 해수온도의 상승 때문이라고 하였다.

7) 여성의 노동 연대와 편성

2005년 5월 26일, S조합의 채취작업에 참여하는 남녀의 수는 항상 여성 17~18명과 남성 4~5명이었다. 남성에게 의존하는 일은 힘이 세야만 하는 것에 한정되고 있었다. 이것은 "공동으로" 하는 경우에도 크게 다르지 않았다. 60kg의 마른 우뭇가사리 한 자루를 담기 위해서는 두 명이 자루 속으로 들어가 차곡차곡 밟고 3명이 자루를 잡고 2명이 우뭇가사리를 가져와서 넣는다. 밟는 것은 몹시 다리가 아픈 일이었다. 게다가 몸을 구부리게 되므로 머리가 어지러웠다. 연구자는 왜 이렇게 많은 일을 여자들만 하는지 함께 일하던 잠수들에게 물었다.

> "미안하지-, 모든 사람이 다 남자가 있는 게 아니잖아. 혼자 몸(과부)인 사람도 있지-. 남자가 이신(있는) 집에서 남자가 왕 거들어 주기도 허지-. [그러나] 남자가 오면 어신 집 사람 보기도 미안하고, 남자 어신 집에선 올 사람이 어시난(없으니까) 미안도 허고게(하고)."

희진은 잠수들의 일에서 잠수 남편의 노동 개입은 그 부인과 다른 여성들에게 "미안"한 일이라고 한다. 도움을 줄 수 있는 남편이 있는 여성과 그렇지 못하는 여성 사이에서 발생할 감정적 괴리를 차단하는 방법은 남성의 참여를 배제/축소하고 여성 중심으로 노동을 편성하는 것이다.[98] 남편이 있는 여성의 입장에서는 남편이 없는 여성에게 남편의 부재(不在)를 상기시키지 않으며, 남편이 없는 여성의 입장에서는 다른 여성만큼 일을 할 수 없는 자신의 처지를 상기하지 않아도 된다. 사람들은 노동의 효과를 증대하기 위해 다른 여성의 남편을 동원하여 노동량을 증가시키는 방법보다는 참여하는 자의 감성적 조건을 고려하고 있는 것이다. 이는 참여한 여성들의 균등한 노동의 조건을 구축하는 것이자 그들 사이의 도덕적 연대를 의미한다. 마을의 주 작물인 마늘 농사에서 마을여성들은 소그룹을 만들어 서로 돌아가며 밭일을 서로 해주거나, 외부 인력을 고용하는 두 가지 방식을 취하고 있었다. 여러 남편들이 자기 부인의 일에 적극적으로 개입하지 않는 것은 그들이 방만하거나 게으르기 때문만은 아니다. '다수의 여성, 소수의 남성으로 편재된 노동방식'은 제주도 인구의 성비 불균형, 경제적 비용의 최소화를 위해 대다수 인력인 여성 위주의 노동방식으로 고정화 되어 온 것이며,[99] 여기에 참여한 여성들 사이의 감성적 균형성이 작용하고 있다. 따라서 여성 위주의 노동은 상호 이질적인 노동조건을 자신들의 노동강화로 극복하려는 속에 나타나는 현상이기도 하다. 노동의 효율성만이 아니라 노동조건의 감성적 균형성도 중요한 노동의 조건임을 시사하고 있다.

---

98) 동쪽 잠수회의 100명의 잠수들 가운데 상시적으로 물질을 하는 약 70여 명의 잠수들 가운데 31명이 남편이 없다.

99) 이정주의 논문에서는 4·3사건 이후 농촌 마을에서 남녀 노동력의 교환 가치가 성비의 불균형에 의하여 생기고 있음을 보여주고 있다.

〈사진 5〉 공동으로 해초를 건조하는 잠수들(2005.5.20.)

5월 31일, S조합의 잠수들은 모두 건조해 놓은 우뭇가사리가 도둑맞지 않도록 밤새 지켰다. 이를 "우미도방"이라 하였다. 이튿날은 수협에서 마을 전체의 우뭇가사리를 수매하는 "공판"이 있었기 때문이다. 우미도방을 위해 모인 저녁, 잠수들은 해수욕장 주차장에서는 돼지 한 마리의 마지막 남은 고기를 구워먹었다. 그리고는 밤새 도둑을 지키며 두 곳에 쌓아 둔 우뭇가사리 더미 속에서 잠을 잤다. S조합이 채취한 우뭇가사리 채취는 5월 19일부터 6월 말까지 총 21일 동안 채취한 것이었다. 작업은 3번의 물때 주기에 맞춰 반복되었으며, 첫 번째를 "일반초", 두 번째를 "이반초", 세 번째를 "삼반초"라고 불렀다. 갈수록 양은 줄어들지만, 작업시간은 하루

평균 10시간에서 12시간 동안 이루어졌다. S조합의 잠수들은 2반 초까지 채취한 우미의 생산액 중 35%를 자기 조합에 지불하였고, 조합은 전체 조합원 72명에게 그 금액을 분배하였다. 35%의 금액은 2,360만원이었다.[100] 따라서 전체 생산액은 약 6천 7백여 만원에 이르는 것으로 추산할 수 있다. 그리고 전체의 65% 가운데 잠수팀에서 일당 지급(C조합의 잠수과 남자인부), 식비와 기타 잡비 등을 지출을 하고, 그 외 나머지를 채취에 참여한 잠수팀원들이 나눠가지게 된다. 이외에도 마지막 "3반초"로 채취된 우뭇가사리는 조합과 관계없이 채취에 참여하였던 잠수팀의 몫이었다. 공판을 통해 얻은 수익은 이와 같이 분배가 되었다. 채취에서 공판까지 S조합의 잠수들의 노동은 작은 노동 공동체와 다름없었다.

2. 노동의 협력과 분업

잠수들은 우뭇가사리 채취 작업이 끝나면 곧장 밭으로 달려가곤 하였다. S조합의 잠수팀은 날씨와 물때를 고려하여 한 날을 정해 작업을 멈추고 모두가 마늘수확을 할 수 있도록 하였다. 잠수들이 어떻게 어로와 농사일을 병행할 수 있는 지 노동의 협력과 분업 양상을 살펴보도록 하겠다.

1) 남편과 친정어머니

5월 29일, 공판을 위해 건조장에서 오전 10시부터 마른 우뭇가

---

100) S조합의 조합장 윤덕인 씨, 2006년 1월 26일, 작업장에서.

사리를 자루에 담기 시작하였다. 지나가던 한 마을사람이 희진에게 그녀의 보리밭에 보리가 익었더라고 전해주었다. 그 사람은 옆밭의 주인이었다. 보리를 수확하려면 베고, 말리고, 담는 일이 죽이어져야 했다. 그사이 비라도 오게 된다면, 보리 말리기는 더욱 힘들어질 것이다. 희진은 우뭇가사리 작업에 빠질 수도 없을 뿐더러 보리를 수확하는 일을 미룰 수 없게 되었다. 그녀는 남편에게 휴대전화로 연락을 하였고 1시간도 채 안되어 남편은 타작 기계를 빌려서 보리밭으로 갔다. 3시간 후 그녀의 남편은 자신의 트럭에다 보리가마니를 싣고는 해수욕장 주차장(건조장)으로 보리를 널리고 왔다. 우뭇가사리를 담는 일이 거의 마무리 될 때였다. 담는 일이 끝나자 잠수들은 제각기 마늘밭으로 흩어졌고 또 몇몇은 희진이의 보리 널기를 도와주었다. 날씨도 좋아 하루만이면 보리도 모두 마를 것이다. 삽시간에 그녀는 보리 수확을 끝마친 셈이었다.

남편이 있다는 것은 단지 한 사람의 노동이 추가되었다는 것 이상을 의미하였다. 희진의 경우처럼 작업의 속도뿐만 아니라 적절한 때에 수확함으로써 농사의 성패까지 좌우되는 것이다. 꼭 남편이 아니라 하더라도 이러한 도움을 줄 수 있는 사람이 있었다. 도시로 나가 살거나 직장 다니는 자식들에게 의존할 수 없었던 일순과 지순 자매는 항상 친정어머니의 도움을 받을 수 있었다. 그럼에도 희진보다 남편이 없는 일순과 지순이 항상 더 바빴다. 희진은 남편의 트럭을 타거나 걸어서 밭을 다녔고 일순과 지순은 항상 오토바이를 타고 다녔다. 무엇보다도 친정어머니가 남편을 대신할 수 없는 부분은 그녀를 대신하여 남편은 각종 의례에 참여할 수 있다는 점이다. 한 가구의 대표자로서 마을의 이웃주민과 친척 집의 경조사 등 "돌아볼 일"에 참여해야 하는 것은 빼놓을 수 없는 도덕적 의무였다. 이렇게 '돌아보는 일'을 남편이 함으로써 부인은 상대적으로 자신의 노동 스케줄을 여유 있게 진행시켜 갈 수 있는 것이다.

남편의 의례참여와 부인의 노동과 같은 역할 분업은 모녀간에는 성립되지 않는다. 남편의 직업과 관계없이 가부장제 사회에서 남편의 존재는 친정어머니와 시어머니가 할 수 없는, 혹은 직장 다니는 아들과 딸들이 할 수 없는 일을 대신 해주었다. 경제적으로 남편의 부재는 비용의 손실이 생길 가능성이 많다. 농사와 어로를 병행하므로 수확기에 잠수는 하루 이틀정도 공동어로에 불참할 수밖에 없으며 이는 궐비가 되어 분배 몫이 작아지기 때문이다. 지순은 채취기간 동안, 집안의 혼례식에 참여하기 위해 서울을 다녀왔고, 아들과 함께 마늘밭에 농약을 쳐야 했다. 때문에 그녀는 공동어로에서 궐비가 많은 S조합보다 궐비가 적었던 Y조합의 어장에 참여하였다.

2) 집안일은 공동일

난희(48세)는 잠수들 중에서도 사촌 연미(48세)와 함께 가장 어린 잠수였다. 그녀는 작업장에서 커피를 타거나 싱크대를 정리하는 등 누군가가 해야 하지만 의무가 없는 일들을 언제나 도맡아서 하였다. 그녀는 하군 잠수이지만 오분자기와 성게만큼은 제일 잘 하는 "오분작 상군" 잠수다. 연구자가 잠수들이 잡아 온 '물건'들을 저울로 재고 있을 때 특별히 그녀가 잡은 오분자기나 성게만을 골라서 팔아달라는 사람들도 있었다. 그녀의 남편은 제주시내에 있는 회사에 다녀 농사를 거들 수 없었고 두 아들은 군인과 학생이었다. 그녀의 일을 거들어 준 사람은 시어머니였으나 최근에 돌아가셨기 때문에 온전히 그녀 혼자서 밭일을 떠맡고 있었다. 마늘밭 1400평과 양파밭 900평을 경작하였다.[101] 그녀는 밭에 갈 때나 바다에 갈 때, 그리고 다른 집에 놀러갈 때도 언제나 분홍색 자전거를 타고 다녔다. 바쁜 그녀에게 어떻게 이 많은 일을 해내느냐고 물었다. 그녀는 생글거리며 "집안일은 공동일"이라고 가족들에게 주장한다고 하였다. 남편과 아들들에게 집 밖에서는 각자가 자기 일을 하지만 집안에서는 서로가 함께 해야 하는 공동일이 있다는 것이다. 밭일과 물질은 그녀의 바깥일이며 가사노동은 가족들 모두가 '공동으로 해야 한다'는 논리였다. (나는 실제로 가사분담이 공동으로 이루어지고 있는지는 모른다. 하지만 안채와 바깥채 두 집의 살림살이는 언제나 잘 정돈되어 있었다.) 2006년 마늘 수확기에 밭에서 만난 그녀는 날이 어스름해질 때까지 자신의 마늘밭에서 분주히 일하고 있었다. 밭 가까이에는 그녀의 친정어머니(중군잠수 선영)가 또한 마늘을 수확하면서 그녀의 일을 거들어 주었다.

3) 딸들의 밭일

한 마을 안에 살고 있는 딸들과 물질을 함께하면서 농사도 보살

---

101) 2006년에는 밭을 회전하여 900평 밭에 마늘을, 1400평 밭에 양파를 경작하였다. 지세(地勢)를 고려한 방식이다.

피는 친정어머니들이 있다. 중군잠수 선영과 창호할머니가 대표적인 예이다. 중군잠수 선영은 함께 사는 아들의 밭일을 거들면서 혼인 한 딸 난희의 밭일을 거들었다. 그동안 난희의 밭일은 시어머니가 도왔었다. 창호할머니는 고령이지만 큰 딸, 작은 딸과 함께 물질하며 두 딸의 마늘과 양파밭에서 번갈아 가며 일을 거들었다. 자신이 물질을 하지 못하는 날에는 딸들의 밭을 돌아보고 작물의 상황을 전달해 주고 언제쯤 무엇을 해야 할 지를 조언을 하였다.

이처럼 마을 안에서 친정어머니가 딸들의 밭일을 거드는 것은 흔히 볼 수 있는 일들이다. 그리고 밭일은 거들면서도 딸들간의 형평성을 고려하고 있었다. 세 딸과 가까운 곳에 살고 있던 기연할머니는 큰 아들 내외와 함께 살면서 농번기에는 딸들의 밭일을 도왔다. 기연할머니는 무명옷에서 고무잠수복으로 작업복이 바뀌던 때에 물질을 그만 둔 잠수였었다. 그녀는 큰딸의 밭일을 시작으로 막내딸까지 골고루 돌아가며 일을 해주어야 한다고 하였다. 자신이 하던 다른 마을의 밭일 다니기도 딸들의 추수가 끝날 때까지는 하지 않았다. 게다가 창호할머니와 기연할머니는 바람에 떠 밀려온 풍초를 주우러 다니는 일에도 열성이었다.

밭일을 거드는 것은 단지 노동력을 제공하는 것만이 아니라 일에 대한 노하우를 제공하는 것까지 의미하였다. 기연할머니는 여러 밭일에 대한 경험이 풍부하여 딸들이 겨울철 당근 밭일을 가게 되었을 때 여기에 필요한 신발과 장갑 등 추위를 이길 수 있는 복장만이 아니라, 어떻게 당근을 파야 하는 지에 대한 일의 정확성과 속도 등을 딸들에게 알려주었다. 나이든 친정어머니와 한 마을에 같이 산다는 것은 잠수들에게 큰 도움인 것이 분명하다. 딸들의 친정어머니들은 동시에 자신이 시어머니의 위치에 있으므로 아들의 밭일(곧 며느리의 일)을 함께 거든다. 자신의 일 외에도 자식들의 밭일과 시시때때로 부수입을 올릴 수 있는 풍초 줍기까지 고령의 여성 노동은 다양한 형태로 전개되고 있다. 그들의 노동 협력과 더불어 잠수들의 어로와 농사를 병행하는 생활은 형성되고 있는 것이다.

제4절

해양자원의 보호와 독점

1. 소라잡이

현재 제주도의 잠수들이 가장 많이 채취하는 해산물은 소라이다. 자원 고갈을 방지할 목적으로 1991년 10월부터 시행된 TAC (Total Allowable Catch)제도에 의해 관리되고 있는 우리나라 첫 해산물이다(장대수 2002:1). 여름에 산란을 하므로 매년 7월부터 9월까지 금채기로 정해 왔으나 최근 지구온난화로 인한 해수온도의 상승으로 2007년부터는 금채기가 한 달 앞당겨졌다. 이미 김녕리 잠수회에서는 자체적으로 6월부터 금채기를 두고 있었는데 이때가 연중 가장 바쁜 때여서이다.

〈사진 6〉 10월의 첫 소라잡이 : 대조문(2005.10.10.)

　　소라잡이를 잠수들은 "헛물질"이라고 불렀다. 이 말에는 소라의
상품가치가 바뀌어왔던 역사를 반영하고 있다. 1970년대 이전 시
장의 주요 상품은 미역과 전복이었고 소라는 단지 자급적 해산물
에 불과하였으므로 소라잡이는 '시장성이 없는' 헛된 일이었다. 그
러나 최근 몇 년간 김녕리 잠수들이 잡은 해산물의 생산량과 생산
금액에서 소라가 차지하는 비율은 단연 압도적이었다.

〈표 18〉 마을어촌계의 해산물 어획량과 생산금액

(단위:t/천원)

구　분		소라	전복	오분자기	해삼	문어	성게	톳	우뭇가사리	합계*
2000	물량	134,281	30	95	1,613	2,592	–	16,083	59,000	213,694
	금액	731,902	2,840	3,275	15,418	10,107	–	44,183	166,877	974,602
2001	물량	123,812	22	1,176	1,459	1,871	37	21,510	116,750	266,637
	금액	645,912	2,172	43,873	13,863	6,467	1,145	71,536	256,213	1,041,181
2002	물량	108,184	9	878	1,028	975	13	24,840	24,750	160,677
	금액	568,034	972	35,388	11,344	4,510	521	98,780	69,742	789,291
2003	물량	127,462	8	889	1,007	1,323	–	17,140	54,150	201,979
	금액	617,466	882	34,725	10,077	6,615	–	63,432	156,981	890,178
2004	물량	82,232	8	883	446	1,073	314	15,643	50,300	150,899
	금액	480,013	831	28,992	6,216	5,759	12,105	53,046	181,545	768,507
2005	물량	75,052	10.20	385.25	445.05	678.9	159.3	27,201	72,990	176,922
	금액	330,191	1,238	12,921	7,027	3,394	5,718	73,449	283,322	717,260
2006	물량	78,522	12.55	88.30	299.35	823.30	254.6	7,841	52,710	140,551.1
	금액	321,940	1,315	2,817	3,592	4,132	9,387	20,383	406,284	769,850

* 감태와 갈래곰보 등의 채취는 통계에서 제외하였다. 2005년, 2007년 제주시수협 제공 자료에서
　재작성(금액에서 천 원 단위 이하는 절사함).

 마을 어촌계에서 소라는 물량과 금액 면에서 가장 우위를 점하고 있는 해산물이다. 그 다음으로 우뭇가사리와 톳이 차지하고 있으며, 오분자기, 해삼, 문어, 전복, 성게 순으로 높은 생산고를 나타내고 있다. 소라의 생산금액은 줄곧 1위를 차지하였으나, 2006년 처음으로 우뭇가사리의 생산금액이 높았다. 소라의 어획량과 생산금액이 점차 감소추세에 있음에도 소라는 잠수들의 주요한 소득이 되고 있다. 경제적 소득 면에서 물질을 하는 김녕리 잠수 160명 가운데 상시 어로자 110명가량을 대상으로 연평균 어로소득을 추산해 볼 수 있다. 2005년 기준 평균 3백 30여 만 원 가량으로 여기에 해초채취를 통한 소득은 제외되어 있다. 따라서 조합원(640명)으로 분배받는 평균 약 60만 원의 해초 소득을 감안할 때, 잠수가구의 연 평균 소득은 400만 원 가량이 된다(비상시자 제외). 그러나 이 금액은 평균소득이며, 중·상군이면서 해초채취를 잠수들이 맡아서 운영한 경우라면 그녀의 가계 소득은 더더욱 높아지게 된다.[102] 이 소득은 앞서 본 마늘과 양파 소득에 비교하면 잠수 1인의 어로소득은 농사로 얻는 순소득의 2배를 상회할 것으로 추산된다(제3장 〈표 6〉 농가소득액 비교). 생산액이 비교적 높았던 2001년의 경우 잠수들이 물질로 번 소득은 약 650만 원이며, 해초는 약 50만 원으로 평균 약 700만 원가량을 잠수가구의 소득으로 환산할 수 있다.

 시장가격의 안정을 유지할 수 있는 생산지의 노력은 소라의 출

---

102) 이 소득은 묻는 것은 매우 조심스러운 일이며, 다른 조합 사람들 사이에서는 비밀로 하였다. 이듬해 조합내 해초 입찰과정에 영향을 미치기 때문이다.

하크기를 조절하는 데에서 시작된다. 규격 이하의 어린 소라의 유통을 규제하는 것은 소라의 성장, 산란을 도모할 뿐만 아니라 소라의 물량을 조절하는 간접 기능을 한다. 산란이 가능한 소라들은 일본으로 수출되어 그곳에서 재차 산란을 함으로써 일본 내 소라의 양을 증가시키고, 결국 제주 소라의 수요를 감소시켜 시장가격의 하락을 초래하였다.[103] 따라서 소라를 선별하는 것은 장기적으로 잠수들의 채취작업과 시장가격의 안정성에 긍정적 영향을 주는 것이다. 하지만 하루 일당벌이를 하느냐 마느냐, 언제 물질을 그만 둘지도 모를 고령의 잠수들에게 시장경제의 논리는 쉽게 납득되지 않는다. 어촌계장은 일본시장의 종속성을 탈피하기 위하여 국내 시장을 개척하기 위해 소라젓을 담아 판매하려고 시도하였었다. 현재 소라는 제주도를 찾아 온 관광객들이 현지에서 맛볼 수 있는 해산물의 일종이며 국내 시장에서는 시판되지 않고 있기 때문이다.

2. 잠수회의 어장 감시

해초채취가 끝나고 소라 금채기가 시작된 여름 내내 잠수회원들은 마을어장의 소라를 보호하는 조직적 감시활동을 벌였다. "바다 지키기"와 "소라 옮기기"는 잠수회의 "공동일"로 모든 잠수들이 참여해야 하는 일이었다.

---

103) 2005년 8월 15일, 어촌계장의 인터뷰 내용, 바다 지키기 하던 날 덩개에서.

1) 바다 지키기

잠수들이 여름철 밭농사(콩, 조, 녹두, 참깨 등)에 전념하는 동안 소라들은 검은 현무암의 숭숭 뚫린 갯가의 바위틈, 구멍들 틈 속에서 산란한다. 간조 때가 되면 물이 빠진 바위 구멍들마다 가득히 자리 잡은 작은 소라들을 볼 수 있다. 마을 안에 있는 해수욕장은 7월 말에 개장하여 한 달 동안 해수욕객들로 붐볐다. 이 기간에 맞춰 잠수들은 밭일을 하면서도 매번 물때마다 조를 편성하여 "바당(바다를) 지키러" 다녔다. 간조 때에 맞춰 한 조에 15명씩으로 편성된 잠수들이 서너 명씩 짝을 지어 해안가에 천막을 치고서는 만조가 되는 어스름까지 '바다를 지켰다.'

7월 31일(서물), 당번 조 잠수들이 오전 11시 잠수탈의장 앞에 모였다. 각 조는 같은 동네 사람들로 구성되며 각기 친한 사람들끼리 그룹을 지어 해안 이곳저곳으로 흩어졌다. 바다가 내려다 보이는 비교적 높은 곳에 깔개를 깔고 차광막을 쳤다. 진해, 숙희, 희진이 자리 잡은 곳은 "너운잎" 동산 위였다. 너운잎의 왼쪽은 해수욕장이고 앞쪽은 잠수회의 '자연양식장' 구역이다. 각자 가지고 온 제사떡과 커피를 마시고 이야기를 하면서도 줄곧 눈은 바다를 살폈다. 일요일이라 해수욕장은 피서객들로 붐볐고 바나나 요트를 타는 사람들의 모습도 보였다.(이 요트의 운영은 마을 청년회에서 여름 동안 하는 수익사업이었다.) 우리 일행 앞쪽 갯바위에서는 낚시와 작살을 들고 스노클링 하는 두 명의 남자가 있었다. 바다를 지키러 온 것은 마치 야유회를 온 것처럼 한가롭고 낮잠을 즐길 수도 있었다.

누워 있던 숙희가 심심해하던 차에 낚시꾼이 얼마나 잡았는지 보고 오겠다며 갯바위로 내려갔다. 그녀는 낚시꾼이 고기를 잡았다면 '(자연)양식장 고기'이니 보자고 하는 것이 나무랄 일도 아니고 말이 잘 되면 회라도 얻어먹지 않겠느냐며 농담반 기대반 섞인 말을 하면서. 바위로 내려간 숙희는 두어마디 인사를 하더니 뭘 잡았느냐며 바다 속에 잠긴 고기그물자루를 올렸다. 그 다음 순간, 숙희는 언성을 높여 두 남자에게 욕을 해댔다. 두 남자의 자루안에는 소라가 있었던 것이다. 그녀의 큰 목소리에 주변에 있던 모든 사람들이 놀랐고, 두 남자는 미안하다는 말을 하면서 얼른 자리를 피해 버렸다. 그들이 잡았던 소라는 바다로 돌아갔다. 숙희와 희진은 소라를 잡아서는 안 된다는 것을 잘 알면서도 버젓이 자신(잠수)들이 보는 앞에서 잡았다는 것을 몹시 분개해했다.

점심 때가 되어 진해가 집에서 불화로를 가지고 와 닭갈비와 전갱이("각제기")를 구워 먹었다. 숙희와 희진의 남편도 함께 하였고 어촌계장, 어장 감시원, 그리고 친한 친구들(난희와 연미)도 차광막으로 놀러와 함께 식사하였다. 바다를 지키는 당번은 세 사람이었지만 차광막 그늘 아래에는 모두 10명(연구자를 제외한)의 손님들이 있었다. 커피까지 마신 후 일부 사람들은 돌아갔으나 어촌계장은 남아서 함께 바다를 지키고 있었다. 그 사이 바다에선 다시 스노클링 하는 사람들이 갯바위 근처에서 이리 저리 헤엄치며 다녔다. 조금 더 멀리 나간 곳에는 보일 듯 말 듯 한 수중 암초에서 흰 셔츠를 입은 한 남자가 계속 무언가를 하고 있었다. 우리 일행은 그 남자의 자세를 보고 자맥질하고 있음을 알았다. 우리는 모두 그가 소라

를 잡고 있다고 생각하며 그의 작업이 끝나기를 기다렸다. 그 사람
은 반드시 물가로 나올 것이고 그때 그가 잡은 것을 확인하면 될
것이었다. 그 남자는 꽤나 오랫동안 암초 주변에 머물다가 해수욕
장으로 나가기 시작했다. 곧이어 해수욕객들 사이에 섞여버려 우
리의 눈은 그를 놓치지 않으려고 해수욕객들의 모습을 재빠르게
훑어가고 있었다. 흰 옷의 그 남자는 검은 옷을 입은 또 다른 남자
에게 검은 비닐봉지를 건네더니 두 사람은 서로 다른 방향으로 걸
어갔다. 이 때 아무 말 없이 진해가 자리에서 일어나더니 곧장 해
수욕장으로 달려갔다. 진해는 흰 옷을 입은 남자가 아니라 검은 옷
을 입는 남자를 향해 가고 있었다. 이어 숙회가 그녀 뒤를 따라 갔
다. 이윽고 어촌계장이 자리에서 일어선 것은 흰 셔츠를 입은 남자
가 진해에게 달려들 기세를 하며 욕을 할 때였다. 검은 옷의 남자
는 잡았던 봉지를 바닷물 속에 놓아버리고는 물놀이 하는 사람들
틈으로 사라져버렸다. 지켜보던 희진은 황급해진 마음에 해수욕장
을 걸어가고 있던 진해와 숙희에게 외쳤다. "휘엉 가라! 휘엉 가
라!(헤엄쳐서 가! 헤엄쳐서 가!)"[104] 먼저 간 진해가 바닷물 속에 버려
진 비닐봉지를 찾아내어 그것을 들고서 우리를 향해 걸어오는데
흰옷의 남자와 실랑이가 벌어졌다. 진해의 손에는 소라 몇 개가 쥐
어져 있었다. 뒤 따라갔던 어촌계장은 진해와 숙희에게 무슨 말인
가를 하였다. 그리고서 세 사람은 차광막으로 되돌아 와 하는 말
이, 흰옷을 입는 남자가 '(김녕)마을사람'이라는 것이었다. 진해는
모르는 남자였으나 숙희에게는 남편의 동창이었고 희진에게는 "한

---

104) 헤엄쳐 가라! 헤엄쳐 가라!

씨 성을 가진" 친척이자 남편의 동창이었다. 그 남자는 마을출신이나 제주시에 살고 있었으며 자식들과 함께 피서를 온 것이었다. 진해는 그 남자의 거친 태도에 대해 몹시 분개해 하였다. 그녀는 만약 그가 사과했더라면 "애들이랑 놀러 왔으니 큰 것은 가져가고 작은 것은 당신대로 바다에 가서 놔두라고 할 작정"이었다. 그러나 막무가내로 욕부터 했기 때문에 그녀는 화가 더 났다고 하였다. 숙희는 나(연구자)를 보며, "미정아! 언니가 여기 살주만은 나 얼굴 하나가 대한민국 땅덩어리 보다는 넓은 거여!"라며, 그 남자가 하필이면 남편의 동창생일게 뭐냐고 하였다. 그녀는 이 불미스럽고 난처한 상황을 반전시키고자 하였지만 모두의 흥분은 쉽게 가라앉지 않았다.

그러던 차, 그 흰옷의 남자가 차광막으로 찾아왔다. 희진이 그를 쳐다보지도 못한 채 먼저, "아이고 아주방! 경허민 어떵헙니까? 그거 무시것과!"[105]라며 자신의 난감한 처지를 전했다. 연신 미안하다고 하면서도 그 남자는 자신의 행동을 변명하려고 하였고 그러면 그럴수록 오히려 자신이 이미 작정하고 소라를 잡으려고 했다는 결론이 되어버려 듣고 있는 사람이 무안할 지경이었다. 그는 자신이 어릴 적 다녔던 바다 속 지경을 잘 알았기 때문에 가족들과 함께 해수욕을 하기 위해 일부러 김녕해수욕장으로 왔다고 하였다. 그 남자가 머물던 암초는 어릴 적부터 익히 알던 곳이었었다. 뒤따라 그의 부인이 와서 다시 사정을 하였다. 얼굴에 선블럭 크림을 잔뜩 바르고 머리에는 선글라스를 얹은 채 남편의 잘못을 타박

---

105) 아이고 아주버니! 그러면 어떡해요? 그게 뭐예요!

하면서도 연신 웃는 얼굴로 농을 섞어 가며 용서를 구했다. 그녀의 말은 '아이들과 서귀포 바다로 가려고 하였으나 남편이 "자기 바당(바다)"에 가자고 하여 김녕으로 오게 되었다'고 설명하였다. 일이 이만큼 진행되는 동안 우리 일행은 15kg 한 상자의 고구마 줄기를 다 벗겼다.

　해가 기울어 바다 지키는 일을 접으면서 숙희가 또 다시 농담을 했다. "건수 올려서 (잠수)회장이라도 해 보려고 했는데!" 다른 잠수들이 "회장 못해서 안됐다!"며 아쉬운 말들을 하자, 어촌계장은 "두 번 다 놓쳐 강등되지 않은 게 다행"이라고 농담을 되받았다. 그 말에 비로소 모두가 웃었다. 돌아오는 길에 우리 일행은 해수욕장에서 바나나 보트를 탔다. 보트에 타기 전 바다에 빠지면 어떨지 호들갑을 떨었는데 막상 온종일 지켜보던 너운잎 바다를 몇 번씩이나 빙빙 돌 땐 탄성이 나왔다. 선착장으로 들어올 즈음엔 누군가 "바당으로 뛰어 불게!"하더니[106] 다들 첨벙첨벙 바다 속으로 뛰어들었다. 줄을 서고 기다리던 피서객들이 의아한 표정으로 우리를 쳐다봤다. 온종일 바라만 보던 바닷물에 몸을 담그고서야 바다를 지키는 일이 끝이 났다.

2) 지키는 것

　소라는 마을어업에 의해 채취될 수 있는 해산물로 이를 다른 누군가가 잡아가는 것은 수산업법상 불법이지만, 이를 단속할 권한

---

106) 바다로 뛰어버리자!

이 잠수들에게 법적으로 부여되어 있는 것은 아니다. 그렇지만 잠수들은 자율적으로 소라를 지키고 있으며, 잡아가는 불법 포획자들과 실랑이가 생기고 있는 것이다. 바다를 지킨다는 것은 '소라를' 지킨다는 것이었다. 그러나 지키는 것은 비단 소라만이 아니라 이 마을에서 살아가기 위한 사회적 관계를 지키고 있는 것이라고 말할 수 있다. 앞의 경우처럼 소라를 잡아가려던 사람들은 잠수들과 다양한 관계로 엮여 있는 사람들이었다. 만약, 남편의 동창, 친척인 사람 등을 불법 포획자로 신고하였다면 잠수들은 어떠했을까? 마을에서 산다는 것은 동네, 친척, 친구, 동창생 등 다양하게 엮인 관계 속에 있음을 의미하였다. 희진과 숙희가 난감해 하였던 까닭도 법의 위반과 마을안의 사회적 관계를 고려해야 하는 모순적 상황에 직면한 때문이다. 그들이 지키고 있는 것은 소라이나 소라 때문에 사회적 관계를 해치지는 않았다.(그리고 아무도 소라를 가져가지도 못하였다.)

바다를 지키는 일은 잠수들이 소라에 대한 권리를 사회적으로 명확히 할 뿐만 아니라 그들 스스로에게 채취권리를 부여하는 일이었다. 진해는 연구자에게 "오늘 하루 바다를 지켰으니 소라를 잡아도 된다"고 하였다. 바다를 지키는 의무를 수행함으로써 소라를 채취할 수 있는 권리를 얻은 것으로 보았다. 소라를 잡을 권리는 소라를 지키는 의무에서 시작된다.

3) 소라 옮기기

2005년 8월 20일, 잠수회는 갯가에 있는 소라들을 바다 깊은 곳에 옮겨 놓는 "공동일"을 하였다. 더위가 한풀 꺾여 과수원엔 농약을 치고 밭에는 여름 농사로 깨, 조를 수확하는 시기였다. 조금 더 있으면 벌초 할 때(음력 8월 1일)가 다가온다. 오후 3시에 탈의장으로 갔더니 패랭이를 쓴 채 여러 잠수들이 작업장 그늘 아래 모여 앉아 있었다. 작업은 해안가를 세 구역으로 나눠 조별로 작업을 하게 되었다. 오랜만에 다함께 잠수들이 모인 자리여서 어촌계장은 그간 있었던 공지사항들을 언급하고 의견을 수렴하였다. 어촌계에서 임대한 건물의 지붕개량 문제와 이웃마을에 있는 하수종말처리장의 하수관정 설치에 따른 공식적 대응에 관한 문제였다. 이 공사는 이내 잠수회의 이슈로 부상하였다. 지순이 이 공사의 내용에 대해 물었다. 어촌계장은 공사 설계도면을 보니 하수관의 끝이 김녕리 마을어장과의 거리가 불과 150m 밖에 되지 않아 어장의 피해가 우려되어 행정기관청에 공문을 보냈다고 하였다. 그리고 향후 보상과 합의과정을 지켜보자고 하였다. 이에 지순은 10월에 물질하면 피해가 예상되는데 생계문제가 달려 있는 이 문제를 계장이 잘 지켜보아야 강조하였다.

오후 3시 30분경, 소라를 옮기는 작업이 시작되었다. 간조로 바닷물이 빠진 갯바위의 틈과 구멍들마다 어린 소라와 고동들이 빼곡하게 박혀 있었다. 작은 소라들은 허리 뒤에 매단 "찰리"에다 담아 물가 가까이에 가서 최대한 멀리 던졌다. 바다 속으로 물질해야만 잡을 수 있도록. 조간대 위를 걸어가며 희진은 여러 개의 오분자기를 발견하였다. 그녀는 바위 모양을 보고 오분자기가 살만 한 곳을 판단하였다. 주변에 있던 잠수들이 그녀를 향해 "머정도 좋아,

〈사진 7〉 소라를 바다로 던지는 잠수(2005.8.20.)

머정도 좋아, 아이고 머정도!" 그녀를 부러워하는 말이 오가는데
그녀는 잡은 오분자기를 마침 옆에 있던 나이든 잠수에게 드렸다.

여름 갯바위 구멍마다는 어린 성게들까지 빼곡히 자리 잡고 있
었다. "이 성게씨 보라야(이 성게씨앗 좀 봐)!" 잠수들은 아직 덜 자란
어린 성게를 '씨앗'이라 표현하였다.

동쪽 어장 끝 갯바위인 "소여"지경에 이르렀을 때, 먼저 도착한
잠수들과 낚시꾼들이 소란스러웠다. 만조가 되어 소여는 하나의
섬이 되어 있었다. 어촌계장과 해양경찰 2명이 '00해병전우회'라
는 붉은 글씨가 새겨진 보트를 타고 소여로 가고 있었다. 무슨 일
이 났는지 궁금해 하는 잠수들 몇 명은 아예 헤엄을 쳐서 소여에

갔다. 이 소란의 이유는 누군가 소라를 잡아 검은 비닐 봉지에 담고서는 이를 바위 틈에 숨겨 놓았던 것이다. 그러나 이 비닐봉지의 주인은 나타나지 않았다. 근처에 있던 낚시꾼들이 모두 발뺌을 한 것이다. 주인을 밝히지 못하였기 때문에 처벌이 있을 수 없었다. 돌아오는 길에 희진은 또 오분자기를 발견하였다. 소라를 옮기는 일이 끝난 오후 5시 45분 경, 모두 다시 작업장 근처의 공터로 돌아왔다. 잠수회장이 노트를 꺼내어 출석한 사람들의 명단을 기록하였다.

3. 공생과 독점

바다를 지키는 것과 소라 옮기는 두 가지 일은 어촌계원 중에서도 잠수회원들만의 자발적인 "공동일"이었다. 그리고 생태계의 변화에 의한 폐사나 고갈을 방지하는 일이 아니라 낚시꾼과 해수욕객들처럼 자원권리가 없는 사람들로부터 어린 소라를 지키는 일이었다. 소라를 바다 멀리 던져 물질해야만 잡을 수 있도록 하는 것은 소라를 잡아가는 사람들을 감시하는 것보다 더욱 적극적인 소라 보호 방법이다. 이는 마치 사냥감을 잡으려는 사냥꾼이 자신의 사냥감을 다른 사냥꾼의 먹이가 되지 않도록 자신만이 아는 곳 – 혹은 다닐 수 있는– 곳으로 옮겨버리는 전략과 같다. 포획자인 사냥꾼이 먹이의 산란을 돕는 것은 그들이 상호 공생관계에 있음으로 보여준다. 약탈자이자 동시에 보호자이기도 한 이율배반적인 이중성을 형성시키는 것은 잠수들의 경우, 소라의 상품시장이 있

기 때문이다. 만약 소라가 자가 소비용에 지나지 않는 해산물이라
면 그것의 보호나 남획도 경계되는 일은 아닐 것이기 때문이다. 소
라를 잡아가지 못하도록 하는 것은 잠수 그들 사이의 소라 경쟁이
가열되지 않도록 하는 사냥꾼들의 합심전략이라 할 만하다.

또한, 바다 지키기와 소라를 옮기는 것은 잠수회의 소라에 대한
자원권리를 유지·강화시키는 측면이 있다. 이는 마을어장에 대한
잠수들의 배타적 자원권리를 펼치는 것이라 할 수 있다. 잠수들이
개별적으로는 경쟁적인 소라 채취를 벌이고 있음에도 어장이 황폐
화되는 비극적 상황에 직면하지 않는 데에는 자원에 대한 배타적
권리를 행함으로써 무제한적인 자원접근에 의한 자원고갈의 가능
성을 차단하는 부분이 있다. 한 마을의 잠수란 마을어장에서 해산
물을 채취할 수 있는 배타적 어획권을 가지고 있다는 것을 동시에
의미한다. 하지만 아무리 잠수라 하더라도 그녀가 개별적으로 채
취 행위를 할 수는 없다. 잠수들의 물질이 집단성을 가지고 있는
것은 물때라는 자연적 요인과 마을어장은 마을주민들이 함께 이용
해야 하는 공유자원이기 때문이다.

4. 저울 앞에서의 전략

잠수들은 물질로 잡은 소라와 각종 해산물을 그들의 공동 작업
장 안에서 계량한다. 해산물의 무게가 감량되지 않도록 조금이라
도 일찍 계량하려는 잠수들의 부산스러움과 소라의 선별과정에서
오가는 작은 실랑이들로 작업장 안은 언제나 시끌벅적하다. 그런

가운데 마을사람들이 가끔씩 해산물을 구하기 위해 작업장을 찾아
왔다. 제사와 명절 그리고 잔치 등에 쓰기 위해서이다. 이렇게 찾
아오는 마을사람들 앞에서 잠수들은 훌륭한 중개자 역할을 하였
다. 자신이 아는 마을 사람이 −동네, 친척, 친구 등− 작업장에 나
타나면 잠수는 그에게 "무사 와수과(무슨 일로 오셨어요)?" 라고 묻고
는, 만약 문어를 사고자 온 것이라 하면 그녀는 "몇 키로나 마씸(몇
키로그람이나요)?"하며 묻고는, 저울 보는 사람에게 와서는 직접 검
은 비닐봉지에 물건들을 담아가며 무게를 달아 달라고 한다. 게다
가 자신이 그날 고기를 잡았기나 미역을 했다면 그것들을 또 다시
검은 비닐봉지에 담아주며 그녀의 후함을 보여준다. 저울 앞에서
그녀는 지인(知人)을 대신하여 해산물 거래를 도와주고 배웅인사를

〈사진 8〉 해산물을 계량하는 작업장 안의 풍경(2005.4.29.)

하였다. 수협을 통해 이 마을의 해산물 거래를 입찰 받은 상인이라 할지라도 마을사람들과 잠수들 사이의 관계에 개입하지 않는다. 시장을 통한 해산물 거래(저울로 재어 판매한 문어)와 시장을 통하지 않은 거래(잠수가 준 고기나 미역)는 그들 사이에 현금이 개입되지 않은 또 하나의 '생산적' 관계를 만들어가고 있다고 할 수 있다. 마을 사람이 받은 한 잠수의 도움과 후함은 그들의 일상적 사회관계의 연속선상에 있기 때문이다.

작업장에서 볼 수 있었던 또 다른 모습은 소라의 계량법에 관한 것이다. 소라 선별과정을 거쳐 규격 이하의 작은 소라는 마을어장 으로 되돌아간다. 잡아온 작은 소라가 많을수록 잡아 온 잠수에게 는 손해이다. 때문에 선별과정의 실랑이는 소라 규격을 바라보는 너그러움과 엄격함 사이에서 생기는 것이었다. 잠수는 규격 이하 의 것이라도 무게를 추가하고 싶은 욕심을 부리지만 선별하는 계 장과 간사는 작은 소라가 결국에는 잠수들의 손해로 되돌아오므로 마냥 너그럽게 볼 수만은 없었다. 어떻든 내가 애써 잡은 소라가 바다로 되돌아가야 할 것이라면 어떻게 할까? 간사의 선별을 기다 리던 문주는 미리 자신이 잡은 소라 중에서 작은 소라(A)를 골라내 어 저울로 재고는 자신이 사가는 것(A')이라고 하였다. 그리고 간 사의 선별을 거친 소라(B)를 다시 저울로 재었다. 그녀 이름의 전 표에는 소라 (A)와 (B)의 총합이 기록 될 수 있었다.

이 방법은 채집자가 무효화될 자기의 생산물을 어떻게 시장경제 체제를 이용하여 노동 가치의 상실을 방지하고 생산물의 가치를 극대화시키는가를 보여주는 전략이다. 그녀는 작은 소라 (A)를 '자

신이 구매'하는 방법으로 그것을 상품화시켰다(A'). (A)와 (A')는
동일한 것이지만 질(質)적으로는 전혀 다른 것으로 바뀌었다. 저울
에 오르기 전의 (A)는 비상품이지만 (A')는 상품이다(결국 그녀가 사
가는 것이기는 해도). 시장을 경유한 대가로 수수료(13%)가 발생하는
손실이 있었지만 오히려 무용해질 (A)를 상품화하여 87%의 이익
을 낼 수 있었다.[107] 게다가 그녀는 자신이 잡은 소라를 가족들에
게 줄 수 있었다.

이와 같은 방법은 유통될 수 없는 작은 소라를 자신이 소비함으
로써 시장유통을 방지하는 한편, 중요한 것은 자신의 하루 노동 가
치를 무효화시키지 않았다는 것이다. 그녀는 단지, 저울에 올려놓
았다가 다시 가져갔을 뿐이지만 이 과정은 자급자족적인 생계경제
와 시장경제가 맞물려 있는 복합적 시스템 속에서 구가된 전략을
보여주고 있는 것이다. 이러한 자급성과 시장성을 조응시킬 수 있
는 잠수들의 전략은 근본적으로 생산자의 노동으로 생산물(상품)의
양과 질을 제어할 수 있기 때문에 가능한 것이라 생각된다. 시장
체제를 무시하지 않으면서도 '가볍게(살짝)' 시장을 경유해버림으
로써 버려지는 노동을 재 환수시키는 개별적 전략들이 만들어지고
있는 것이다.

---

107) 소라 1kg당 4,100원의 시장가격에서 10kg을 구매한 것이라면, 그녀의 소득은
    41,000원에서 수수료 13%를 뺀 35,600원이다. 그러나 구매한 비용은 41,000
    원이므로, 5,400원을 손해 보았다. 하지만 바다로 갈 소라였으므로 오히려
    그녀는 35,600원을 더 번 것이다. 물론 그것을 그녀가 되사가는 것이지만.

제5장 _ 잠수굿의 의례과정

앞서 기술한 잠수회의 연안자원 보호활동은 법률적 규정에 따른 것이 아니라 자발적인 활동
이었다. 이 장에서는 잠수회가 공동으로 행하는 또 하나의 활동으로서 그들의 연례적 의례인
"잠수굿"을 살펴보려고 한다. 줌녀굿 혹은 해신제(海神祭)라고 부르는 이 의례는 매년마다
바다의 신을 향해 제를 올리는 것이다. 의례에 참여하는 내방객들은 잠수들만이 아니라 마을
내외의 여러 기관장이나 정치인 등 남성들이다. 연안 어로자들인 잠수들의 생업 현장에서
펼쳐지는 집단의례라는 점에서 연구자는 이 의례를 사회관계를 형성해가는 상징적 정치
공간으로서 접근해보고자 한다.

조상을 기쁘게 하는 잠수들의 춤

의례의 사회문화적 지형

1. 전날 밤의 동숙(同宿)

2006년 4월 3일, 굿에 쓰일 제물을 구하기 위하여 모든 잠수들이 "공동물질"을 하였다. 이튿날엔 아침부터 작업장에 모여 음식을 만들었다. 소라와 문어, 오분자기는 신에게 바칠 제물이기도 하지만 방문객들을 대접하기 위한 중요한 반찬거리이다. 특별히 4명의 나이 든 잠수들이 둥근 쌀떡("돌래떡")과 하얀 시루떡을 만드는데, 다른 음식들과 달리 이 떡은 굿집에서 만들었다. 굿집은 작업장 맞은편에 있는데 긴 제단이 있고 잠수굿을 위해서 1년에 단 한 번 개방되었다. 굿집 밖에는 새끼줄을 치고 떡을 만드는 동안 일반인들의 잦은 출입을 삼가 시킨다. 떡을 만드는 4명의 잠수들은 모두 마을 출신이며, 잠수회를 이끌어 왔던 주요 인물들이고, 공교롭게도 모두 한씨(韓氏) 성을 가진 "한집의 딸"들이었다.[108]

작업장 한쪽 방에서는 어촌계장, 간사, 잠수회장이 함께 제단 위에 걸릴 "예명"을 작성하기 시작하였다. 하얀 한지에다 제주시수

---

[108] 한씨 집안의 딸. 한중선 씨는 오래전부터 이 일에 참여하였던 중심적 인물이며, 한순일 씨는 2006년 이 일에 처음 참여하였고 그들 중 막내 역할을 담당하였다. 앞으로 이 일은 그녀를 통해 계속 이어져 갈 것이다. 4사람은 모두 전직 잠수회장을 역임했었다. 불문율처럼 작용하는 자격요건이 암묵적으로 존재한다는 것을 보여주고 있다.

협, 어촌계장 이하 직원 이름, 관리선장과 배이름, 어부회에 속한
배이름(선명), 모든 잠수들의 이름을 동별 단위로 적는 것이다. 부
조금("부지")을 낸 사람들도 이름과 나이 등을 이 한지에다 적어 제
단 위에 걸어 놓으며, 받은 부조금은 잠수회장이 장부에다 일일이
금액과 함께 이름을 기록하였다. 한 잠수가 분가한 아들이나 미혼
의 자식들에 대한 축원을 올리고 싶다면 부조금을 내고 가족 모두
의 이름과 나이를 적어 올릴 수 있다. 가족 수와 부조금액의 관계
는 무관하다. 부조금은 "정성을 보이는" 것으로 할 수 있는 만큼만
하여도 무방한 것이다. 흥미로운 점은 예명에 적는("올리는") 가족
은 가장 혹은 세대주로 대표되는 것이 아니라 가족 구성원 모두의
이름을 적는다는 것이다. 예를 들어, 누구의 가족, 어느 동네, 어
느 어촌계로 지칭되는 것이 아니라 이들을 구성하는 개인들을 모
두 빠뜨리지 않고 신에게 고한다는 점이다.

저녁 6시가 지나자 모두가 집으로 돌아갔지만 열대여섯 명의 잠
수들은 작업장에 딸린 한 방에서 잠을 잤다. 그들은 모두 잠수회
안에서도 "대파"라 불리는 그룹의 사람들이었다. 방 한쪽에는 "씨
드림"을 할 좁쌀도 준비해 놓았다. 잠수들이 한 방에서 동숙(同宿)
하는 것은 굿을 하기 전 정해진 절차였다. 그들은 "제물을 지키기
위해", "조상이 오는 날"이므로 그곳에서 잠을 잔다고 하였다. 이
밤과 저 밤사이, 썰물이 밀물로 바뀌는 새벽, 신이 이 세계로 오는
그 순간을 자손들이 마중하는 의미로 이 동숙(同宿)은 '조상의 한
자손'이라는 것을 관행화한 것이 아닐까 여겨진다. 이 날 동숙하였
던 잠수들은 모녀, 자매, 친구의 관계로 이뤄지고 있었다.

밤새 비바람 소리에 창문이 덜컹 거리는 작업장의 방안에서 화투를 치거나 이야기를 하다가 밤 2시가 돼서야 모두 잠이 들었다. 밤늦도록 나눈 이야기는 우뭇가사리에 관한 것이었다. 그 가운데에는 단짝친구 영순과 지순도 함께 있었다. 두 사람의 관계는 2005년 우뭇가사리 채취과정에서 소원해져버렸었다. 지순은 처음 영순이 있는 S조합의 어장에 참여했었지만 이후 꽃새가 맡은 Y조합의 어장으로 가버렸었기 때문이다. 다른 잠수들은 지순이 이권(利權) 때문에 간 것이라 보았고, 그녀의 선택이 정당하지 못하다고 생각하였다. 지순은 Y조합의 어장에 언니인 일순도 함께 참여하였고, 무엇보다 쿼비가 쌌기 때문에 참여했다고 하였다. 그녀는 집안의 모든 대소사를 혼자 처리해야 했으므로 작업 불참에 따른 벌금을 지불하는 것이 부담이 되었던 것이다. 그럼에도 두 자매가 꽃새가 "샀다고" 여겨지는 Y조합의 어장에 참여한 것은 정당하지 못하다고 여겨졌기 때문에 이 일로 말미암아 잠수들 사이에서 입지가 크게 축소되었다. 해가 바뀌어 잠수들은 밤바람에 풍초가 연안으로 밀려올지, 올 해에는 어떻게 채취방식이 결정될 지 등 서로 누워서 주고받기 식의 대화를 이어가고 갔다. 그리고 이 이야기를 지순과 영순이 함께 나누고 있었다. 이들의 대화는 2005년 해초 채취 이후 근 1년 만에 있는 일이었다. 굿이 열린 날은 영순의 친정아버지 제사이기도 하였다. 굿이 끝난 후 제삿집에 갔을 때 나는 부엌에서 "제(사)를 먹으러(보러)" 온 지순을 볼 수 있었다. 영순의 세 자매와 지순의 만남은 실로 오랜만이었으나 이들은 그사이의 소원했던 시간의 공백을 드러내지 않았다.

2. 주인과 손님

2006년 4월 5일, 새벽 5시, 마을의 무당("심방")이 "소미"들(심방을 돕는 巫人들)함께 굿집으로 왔다. 잠수들도 일어나 분주히 음식 준비를 하고 심방을 도와 제물을 제단에 올렸다. 제단 위쪽으로는 전날 써 뒀던 긴 예명을 걸었고, 제일 첫 머리에는 "제주도 북(제주)군 구좌읍 김녕어촌계 해녀 해신제(海神祭)"라고 적혀 있었다. 제단 외에도 이곳저곳(보일러실, 굿집 안의 싱크대)에 제물을 소쿠리에 담아 놓아 두었다. 향내가 퍼지며 무악(巫樂)이 울렸고 심방이 만신(萬神)을 초대하는 무가(巫歌)가 시작되었다.

동김녕리 잠수굿은 '해상 안전과 생업 풍요'를 기원하는 의례로 잘 알려져 왔다(김영돈 1993; 현용준 2002:164; 한림화, 김수남 1987:116~130; 강소전 2005:101). 기존 연구들을 통해서 볼 때, 의례의 제차(祭次), 제상 차림 등 의례의 형식에 있어 큰 변화는 없었다.[109] 잠수들의 음식을 대접받는 신들을 보면, 1만 8천신들과 요왕, 요왕차사, 본향당신, 선왕, 관리선의 수호신 등이며, 바다에서 죽은 영혼들을 위무하는 영갯상(靈魂床)이 다른 신들과 함께 제단의 위쪽에 모셔져 왔다.[110] 만약 제상을 못 받고 누락된 신이 있다면 1만 8천신 안에서 대접을 받게 될 것이다. 굿에서 언급하고 있는 신들은 인간의 삶과 죽음, 어로와 농경, 마을의 평안과 발전, 어로의 안전

---

109) 현용준(2002), 한림화 · 김수남(1987), 강소전(2005) 논문을 참조함.

110) 약 30여 년 전 이 의례의 사제였던 김O보 심방은 요왕차삿상, 영갯상, 요왕상과 사제상, 선왕상을 상단에 차리고 그 아래로 촛불과 무구를 놓은 상을 두었다고 하였다. 의례 중 〈요왕맞이〉를 하는 때에는 요왕상만을 따로 차렸다(2007년 1월 22일, 자택에서 인터뷰한 내용).

과 풍요 등을 관장하는 신들로서 마을사람들의 일상과 밀접하게
연관되어 있는 존재들이다.

잠수굿을 맡아서 하고 있는 S심방은 마을에 거주하며, 모친으로
부터 이 굿을 승계 받았다. 그 이전에는 K심방이 장모로부터 굿을
승계 받아 해오다가, S심방의 모친에게로 넘어 갔다고 한다. 누가
잠수굿의 사제가 되는가는 아니라 잠수들의 동의와 선택에 따라서
결정되어 왔다.[111]

굿집 안에서 모든 재차를 지켜보는 사람들은 한복을 입고 있는
몇몇 잠수와 고령의 은퇴한 잠수, 할머니들이다. 한복을 입은 사람
은 동서잠수회 총회장, (동쪽)잠수회장, 동회장 대표 1인이다. 이들
이 심방의 주문에 따라 의례 진행을 도왔다. 이들은 공식적으로도
잠수회의 대표자들이지만, 잠수회장이라 하더라도 한복을 입지 못
할 수가 있다. 집안에 3년 상(喪)을 넘기지 못한 죽은 영혼이 있거
나, 부정(不淨)한 것을 보거나 당하였다면 그녀는 한복 입을 자격이
없었다.[112] 만약 금기에 저촉되었다면, 그녀는 초감제(만신을 모셔오
는 굿의 첫 절차)가 끝난 이후에라야 굿을 볼 수가 있다. 한복을 입은
잠수, 떡을 만드는 잠수, 제물을 만지는 잠수, 씨를 뿌리는 잠수들
등 이들은 대개 "혼자인 몸"인 원로 잠수들이었다. 한복을 입고 있
다는 것은 적어도 의례 공간에서 그녀가 잠수들의 대표임과 동시

---

111) 한림화·김수남(1987:124~125), 강소전(2005:72)을 참조. 잠수굿의 사제 승계
   과정에서는 샤먼보다 단골들의 정치적 관계에 따라 좌우되는 것을 볼 수 있었다.
112) 부정(不淨)은 짐승의 죽음을 보았거나, 돼지고기의 먹은 것, 성관계와 월경
   등이며, 이러한 터부는 잠수들뿐만 아니라 외부방문객들에게도 요구되는 사항
   이다.

에 의례의 주역이라는 권위를 상징하고 있었다.

마을 안의 남성 유지들과 국회의원, 지방선거를 앞둔 후보자들이 흰 봉투를 들고 내방하였다. 이들은 굿집의 제단 아래 놓인 상에다 흰 봉투를 올려놓았다. 옆에서 이를 지켜보는 잠수총회장이 남성 내방객들을 맞아 "세 번 절헙서(세 번 절하십시오)"라며 예법을 안내하였다. 그녀의 역할은 유교식 제의에 비춰볼 때 제관(祭官)의 역할을 하는 것이지만 세 번 절한다는 것이 다르다. 남성 내방객들은 간혹 두 번을 절하고 일어나는 경우가 흔하다. 때문에 총회장은 이러한 주문을 반복하였다. 절을 마친 내방객들은 작업장 안에서 점심을 먹는다. 타지에서 오는 여성방문객을 한 번 본 적이 있었으나 이들의 발길은 끊어졌고 반면, 굿을 보러 오는 학자와 작가, 방송국과 신문 기자, 학생들이 많아져 언제나 북적였다.[113]

작업장 안에서는 중년의 잠수들이 음식을 만들고 나르고 치우는 일로 북새통을 이루었다. 잠수들은 밥과 함께 성게미역국, 군수무침, 문어회, 오분자기 양념찜, 소라성게젓을 반찬으로 상차림을 하였다. 방안에 앉은 '특별한' 손님들에게는 사온 회를 대접하기도 하였다. 작업장 방안에는 기부금을 들고 온 남성내방객들에게 음식과 술로써 대접 하였다. 수협직원, 수산과 공무원, 국회의원, 도의원, 목장개발사업의 지역대표, 신임 이장선거에 출마할 입후보자들, 마을 금융기관(농협, 새마을금고) 직원 등등. 굿이 끝나도록 제장 주변에 있는 모든 이들에게 음식은 두 번 제공되었다.

음식 대접은 주인과 손님이 누구인가를 분명히 보여준다. 음식

113) 2002년 한국문화재연구소와 2006년 한국민속박물관에서도 굿을 촬영하였다.

을 제공한다는 것은 이 의례의 주인이 잠수들이라는 것을 명확히
한다. 잠수들은 내방객들에게 음식을 베풂으로써 내방한 호의에
보답하였다. 의례 참여자(손님/주요기관의 인물들)와 음식 증여자(주
인/잠수들)는 서로 흰 봉투와 음식을 교환하였다. 물질적으로 화폐
와 음식이 교환된 것이나 교환의 궁극적 목적은 그들의 관계를 재
확인 시켜주는 데 있다 하겠다.

3. 잠수의 아이덴티티

잠수들은 몇 해 전 있었던 〈양어장사건〉으로 말미암아 "대파와
쪽파"로 나눠져 왔었고 그 갈등이 의례에도 깊게 투영되어 있었다.
2002년 4월 20일, 초감제를 지내던 심방은 제물을 굿집 밖으로 내
던지며, 몹시 성난 모습으로 더 이상 굿을 하지 말라며 돌변하였
다. 제장에 있던 원로 잠수가 깜짝 놀라 연신 두 손 모아 절하고
"잘못해수다", "다 막아줍서"라고 용서를 빌었고, 밖에 있는 잠수
들과 어촌계장을 불러 오라며 모두 용서를 빌라고 하였다. 굳은 얼
굴이 된 계장과 잠수회장이 와서 절을 올렸고, 몇몇 잠수들이 심방
의 사설이 나올 때마다 연신 "잘못해수다", "다 막아줍서"를 나지막
이 두 손을 모으고 고개를 숙이며 읊조리듯이 애원하였다. 심방의
사설은 잠수들이 '힘들게 물질하여 번 돈으로 조상 모시고 이 굿을
해서 돈을 벌어가는 사제도 미안하다며 굿을 하지 말라'는 것이었
다. '굿을 하지 말라'는 언급은 단지 굿을 할 필요성이 없어졌다는
것을 뜻하고 있는 것이 아니다. 다음은 당시 초감제에서 심방이 하

였던 사설의 일부를 적어 놓은 것이다.

··· (굿 내력을 말함)

상불턱에 상줌녀, 중불턱에 중줌녀, 하불턱에 하줌녀

상줌녀, 중줌녀, 하줌녀 삼월 초순부터 몸정성, 요왕질 치고

이 바당에 오곡씨를 요왕세경에 강 받앙

일년 12달, 전복, 오분작, 뭉게, 해삼,우미, 톳, 보말씨 하영 농

사되게

해녀들 망사리 고득허게 허여수다

작년 요왕굿 해서 군대간 즈순 조심허랜허연

요왕 굿은 일 막아주고

다른 바당에 양어장, 해녀들이 이 바당을 지키젠

이 바당을 지키젠

살젠허민 용심 아니나고 싸움 아니 납니까

작년 3월 올해 3월까지 살림나난 사람 태울 일로

흔 **탈의장 안에서 저울 두 밧디 낭 허난**

어쩔수가 어시난 이 굿은 어떵 허코 해수다마는

이 즈순들이 어디 강 벌언 살아(와)수과? (이하 생략).114)

(2002. 4. 20. 연구자의 강조)

---

114) 아래와 같이 표준말로 풀이하였다.

　상불턱에 상잠녀, 중불턱에 중잠녀, 하불턱에 하잠녀/ 상잠녀, 중잠녀, 하잠녀
삼월 초순부터 몸 정성, 요왕길 치고/ 이 바다에 오곡씨를 요왕세경에 가 받아서
/ 일년 12달 전복, 오분자기, 문어, 해삼, 우뭇가사리, 톳, 고동씨 많이 농사되게
/ 해녀들 망사리(해산물 넣은 그물자루) 가득하게 했습니다/ 작년 요왕굿(줌녀
굿) 해서 군대 간 자손 조심하라고 해서/ 요왕 굿은 일 막아주고/ 다른 바다에
양어장, 해녀들이 바다를 지키려고/ 이 바다를 지키려고 살려고 하면 화가 아니
나고 싸움이 아니 납니까/ 작년 3월 올해 3월까지 살림나서 사람 애 태울 일로/
한 탈의장 안에서 저울 두 군데 놓고 하니/ 어쩔 수가 없이 이 굿은 어떻게
할까 했습니다마는/ 이 자손들이 어디 가서 벌며 살아왔겠습니까?

　심방은 잠수들이 바다를 지키려고 해왔고 그 갈등이 불거진 것을 두고서도 "자손"들이 바다를 떠나서 살 수 있겠는가를 반문하고 있다. 여기서 심방은 잠수들 사이의 갈등을 "한 탈의장 안에 저울 두 개를 놓고 있다"라며 상징적으로 비유하였다. 양어장 사건 이후 대파와 쪽파는 저울을 따로 하여 물건을 재었는데 이것이 이러한 비유를 만들었다. 심방의 노여움과 잠수들이 용서를 비는 것이 어디에서 연유하고 있는 지를 보여주고 있다. 사제는 조상의 위치에서 잠수들에게 질책을 하는 반면에 잠수들의 입장에서 조상에게 아뢰는 역할을 하였다. 조상의 질책은 잠수들의 분열에 대한 것이며 그래도 잠수들은 바다를 떠나 살 수 없는 자손들임을 강조하고 있다. 조상의 질책에 잠수들은 용서를 구하였고 그것은 집을 비유로 전개되었다. 사제가 말한 "한 탈의장"이란 잠수들의 "불턱"을 의미한다. 잠수들은 불턱에서 물질을 준비하고 마무리하여 이곳을 중심으로 한 어로단위가 형성되어 왔다고 할 수 있다. 그런데 이 불턱은 본래 화톳불자리의 의미이며(한림화 2006:37), 한 집(가구)을 나타내는 용어이기도 하다. 이와 연관하여 그동안 제주도의 가족 연구에서 취사단위는 세대별 거주양식에서 중요한 기준이 되어 왔음을 앞에서도 지적하였다(최재석 1984:21; 김혜숙 1999:83). 즉 한 가족이란 불을 중심으로 모여 거주하는 구성원들이며 한 불이 곧 한 가족을 의미하는 것이다. 이와 같은 맥락에서 심방의 비유는 "한 집에 솥 두 개가 있다"는 의미로 한 가(家)의 구성 원리에서 보아 변칙적인/비정상적인 상황이라는 것을 의미하고 있는 표현인 것이다.

심방이 물질하는 서러움과 생계를 위해 살아가는 힘든 살림살이를 말할 때면 잠수들의 고개는 더욱 깊숙이 숙여졌다. 심방은 잠수들이 그렇게 힘들게 번 돈을 받고 굿을 하고 있는 것도 미안하다고 하며 "아이고 내 자손들아~"할 때에는 심방도 고개를 숙인 잠수들도 눈시울이 젖었다. 잠수들의 마음을 위무(慰撫)하는 심방의 퍼포먼스는 잠수들에게 카타르시스(catharsis)를 주고 있는지 모른다. 그리고 잠수들을 위무해주는 것은 오직 이 의례뿐이다. 오로지 그들의 조상에 의해서만. 잠수들은 조상의 위무를 받고 조상과 교감하며 자신이 잠수라는 정체성을 재확인하게 된다고 본다. 왜냐하면 조상이 위로해주는 것은 그들이 물질한다는 것에 있기 때문이다. 해마다 반복되는 이 의례가 잠수들에게 중요한 것은 그녀들을 바라보는 사람들의 보편적 고정관념, 나아가 그로인한 소외감, 그리고 숨을 참아가며 해야 하는 노동의 고단함이나 동료들 사이의 경쟁과 갈등 등에도 불구하고 잠수 자신이 물질을 지속하고 자신의 아이덴티티를 재확인할 수 있는 의례 공간이기 때문이라고 생각한다.

해양농경 의례

1. 조상과 자손

굿의 제일은 매년 음력 3월 8일로, 이 시기 날씨는 맑고 대지를 적시는 비가 내려 봄 농사를 한창 준비하는 때이다. 하필 3월 8일 인 까닭을 굿의 사제나 단골들에게 물으면 이날 바다의 "요왕문이 열렸기 때문"이라고 한다. 물때로 따지자면 바닷물의 변동이 거의 없는, 잠수들의 표현대로라면 "빠졌던 물도 금방 드는", "조금 중 에서도 조금", "한죄기"인 때로 지상 깊숙이 바닷물이 밀려드는 때 이다.[115] "요왕문이 열렸다"는 것은 어떤 공간/세계의 열림(開), 탄 생(出)과 새로운 무엇과의 조응, 왕래, 만남이 이뤄지는 계기를 암 시하는 은유법이다. S심방은 잠수들이 "요왕세경에 가 씨를 받아 이날 씨를 뿌려 풍년을 기원"하는 것이라고 하였다.[116] 굿을 하는 이 날은 마침 마을 성세깃당(마을의 해신당)의 신이 마을에 좌정한 날이기도 하다. 이 신은 동해바다 요왕황제국의 막내아들(男神)이 며 "해녀들의 숨베기소리(숨비소리) 들으며 좌정한 신, 풍선배, 돛 단배의 돛을 보며 좌정한 신"이다. 마을 앞바다에 형성되었던 "농 갱이와당"에서 고기 잡던 한씨, 임씨, 조씨의 씨족들이 이 신을 모

---

115) 2005년 8월 15일, 고춘화(76세) 씨 인터뷰 내용, 탈의장 앞에서.
116) 2005년 4월 15일, 〈잠수굿〉하던 굿집에서 서O실 심방의 설명.

시기 시작하였다고 한다.[117] 강소전(2005)은 〈성세깃당본풀이〉를
인용하여 굿의 기원을 당과 연관 짓고 있으나, 이러한 신의 내력을
곧 〈잠수굿〉을 하는 인과관계로 설명할 수 있는 것은 아니라 본
다.[118] K심방은 성세깃당신을 남신이 아닌 여신이라고 주장하였
다.[119] 그리고 모든 잠수들은 굿을 하여 정성을 바치는 그들의 조
상을 "요왕할망"이라고 믿고 있다. 그 여신과 잠수들의 관계를 아
래의 대화를 통해 살펴보고자 한다.

> 연구자 : 무사 음력 3월 8일에 굿하는 것이과?
> 할머니 : 요왕문 열린 날이난!
> 연구자 : 요왕과 줌수가 무슨 관계리서미씸?
> 할머니 : 줌수가 바당에 집을 삼앙 댕겨부난!
> 연구자 : …….
> 할머니 : (아무 말이 없자 단호한 어조로 그것도 모르냐라는 듯이 나
> 무라며,) 요왕이 바당에 이시난 줌수가 나온거지게!
> (이어 나를 설득하는 어조로) 여기서 걸으민 집에 할망 하

---

117) 2005년 7월 19일, 서O실 심방의 인터뷰, 자택에서.
118) 강소전의 논문에서는 요왕문이 열려 성세깃당신이 좌정하여 굿을 하게 되었다
하여 잠수굿을 성세깃당의 당굿으로 보고 있다. 반면, 연구자는 a.잠수들은
모두 그들의 조상을 여신인 '요왕할망(물 아래에 있는)'이라고 주장하는 점,
b.굿에서는 당굿에서 나타나는 씨족으로 구성되는 상·중·하단골이 없다는
것, c.당 설립 이전에 굿이 행해졌었다는 심방의 설명(김O보 심방), d."해녀들
의 숨비소리를 들으며 성세기하르방이 좌정"하였다는 설명(서O실 심방), e.김
여문 옹(92세, 김녕리)의 증조부(미역상인, 만호)가 이 당을 설립하였다는 구
술을 통해, 잠수굿은 성세기당 설립 이전부터 행해졌을 가능성을 배제할 수
없으며, 당의 한 굿으로 귀속시키기보다는 조상과 굿의 범주를 넓게 접근하고,
구태여 바닷가에서 굿을 행하는 목적 등, 잠수들의 생활세계를 아우름으로써
이 굿의 성격을 규명할 수 있다고 본다(안미정 2006).
119) 2007년 1월 22일, 김O보 심방의 자택에서 인터뷰.

르방이나 같은 거~ 바당이. 바당에 가민 요왕보다 중
요한게 뭐가 있나! 목숨 바청 다니는 거 아니냐!
연구자 : 예~. 근데 굿을 (성세깃)당에서 안하고……?[120]
할머니 : 바당만 울엉 허는 거. 성세깃당 울엉 허는 거 아니라.
심방이다 거닐멍, 다 거닐이는 것 뿐이주.
(2005년 8월 15일, 김창호 최고령 잠수 할머니 자택에서 대화)[121]

　할머니는 굿을 하는 날과, 요왕, 잠수, 바다의 관계, 그리고 굿
을 바닷가에서 왜 하는가를 설명해 주고 있다. 이야기의 핵심을 정
리해보면, ①잠수는 바다에 집삼아 다닌다, ②바다에 요왕이 있으
니 잠수가 나왔다(생겨났다), ③집에 "할망 하르방"이 있는 것과 같
이 바다에는 요왕이 제일 중요하다. 그리하여 ④목숨 바쳐 다니는
것이다. 이와 같이 바다와 잠수에 대한 사고(思考)를 정리해 보면,
첫째, 잠수의 기원에 관한 것으로 바다라는 집과 "할망 하르방(조
상)"이 있어 잠수(자손)가 태어난 것이다. 둘째, 굿은 "바다(집)를 위

---

120) 이 굿을 성세깃당의 당굿으로 보는 기존 관점에 대해, 연구자는 왜 당굿을
　　당에서 하지 않는가라는 의문이 있었기 때문에 물었던 질문이다.
121) 연구자 : 왜 음력 3월 8일에 굿을 하는 겁니까?
　　할머니 : 요왕문 열린 날이니까
　　연구자 : 요왕과 잠수가 무슨 관계라서요?
　　할머니 : 잠수가 바다를 집 삼아 다니니깐!
　　연구자 : ……
　　할머니 : 요왕이 바다에 있으니까 잠수가 나온 거지! (이어 나를 설득하는
　　　　　　어조로) 여기서(육상) 같으면 집에 할머니 할아버지와 같은 것. 바
　　　　　　다에 가면 요왕보다 중요한 게 뭐가 있니! 목숨 바쳐서 다니는 거
　　　　　　아니냐!
　　연구자 : 예~. 근데 굿을 (성세깃)당에서 안하고(바닷가에서 하는 겁니까)?
　　할머니 : 바다만 위해서 하는 것. 성세깃당 위해서 하는 것이 아니라. 심방이
　　　　　　다 읊어주면서 다 말해주기만 하는 것일 뿐이지.

해서 하는 것"이라서 바닷가에서 하는 것이다.[122] 특히 집안의 조
상이 요왕(용왕)이므로, 곧 이 굿은 바다에서 태어난 요왕의 자손들
이 벌이는 굿인 것이다. 여기에 조상은 바다라는 자연에 투영된 신
으로서 요왕할망과 잠수는 일터를 매개로 한 신화적 관계에 있으
며, 조상신의 권위를 터에 부여하고 있다고 할 수 있다. 한국의 무
(巫)에서 일반적으로 조상의 개념은 사람들의 삶과 가장 밀접한 관
계를 갖고 가장 큰 영향력을 행사하는 가장 중심적인 위치에 놓여
있는 존재이며, 이때의 조상은 기본적으로 혈연관계에 있는 가족
이나 친척에게 그 영향력이 한정되어 있다(이용범 2001:214~215).
굿을 올리는 잠수들은 혈연(血緣)과 지연(地緣), 친족의 성원들이
포함되어 있기도 하지만 가장 중요한 것은 물질이라는 생업적 공
통기반을 가지고 있다. 조상-자손의 관계는 터(바다밭)와 물질을
매개로 바다의 여신과 잠수의 관계가 맺어진 것이다. 이렇게 본다
면 바다는 이 관계의 원초적 토대라고 할 수 있다.

　잠수들은 자신들을 하나의 동등한 지위(자손)로 묶고 있는 이념
형(ideal type)으로서 조상을 설정하고 있는데, 그렇다면 추상적인
조상은 어떻게 자손들을 향해 힘을 발휘할 수 있는 것인가? 김성례
(1989:153)는 제주도 샤머니즘 연구에서 불운하였던 신화적 영웅들
이 의례를 통해 조상이라는 서민적(popular) 개념에 응축되어 등장

122) 그러나, 강소전의 논문에서는 7월과 9월의 각 8일도 제일이라고 밝히고 있으
　　며, 3월 8일은 '성세깃하르방의 생신날'이므로 잠수굿을 하는 것이라고 하였다
　　(강소전 2005:21~25). 해신당인 성세깃당을 "열요드렛당"이라고 부른다. 당
　　의 제일이 1월, 3월, 7월, 9월의 각 18일이기 때문이다. 김창호 할머니(83세)는
　　각 달의 8일은 제일이 아니라고 하였다.

한다는 것을 보여 주었다. 또한, 제주도의 여러 〈조상신본풀이〉에
서 조상은 직접적인 혈연성이 그다지 중요하지 않으며, 중요한 구
실을 하는 인물은 주로 여성이다(김헌선·현용준·강정식 2006:55).
잠수들이 엎드려 조상에게 용서를 구하는 것은 단순히 의례에서
규정한 자손의 역할을 연기하는 것만은 아니다. 의례는 신화적 관
계 속에 존재하는 조상을 사회적 갈등을 조정하는 권위자로 등장
시키며, 그들의 신을 사회적 관계 안에 설정하고 있다.

2. 수중세계의 재현

점심을 먹고 난 후, 심방은 〈요왕맞이〉(요왕이 오는 길을 정돈하고
음식을 접대하는 과정)를 하였다. 굿집 밖 바다를 향한 너른 마당에
신에게 대접할 음식상이 길게 차려지고, 상 앞으로 이르는 약 4~
5m의 거리에 멍석을 깔았다. 요왕신을 맞이하는 길이다. 멍석의
양편에는 여러 개의 대나무를 세워두고 해초들을 걸어 수중 세계
를 재현하였다. 대나무에는 지전(紙錢)과 지폐를 매단다. 조상신이
올 길을 깨끗이 치우기 위해 깔린 돌을 치우고 무성한 해초들을
베어내며 길을 다지는 연희를 심방과 잠수들이 함께 하였다. 작은
돌을 등에 지고서 멀리 던지는 잠수들의 의례적 행위는 조상의 오
는 길을 치운다는 자손의 정성을 의미한다. 길을 다진 후 심방은
세워진 대나무 가지들을 일일이 점을 쳐가며 뽑아내는데 한복 입
은 잠수들이 그때마다 절을 올리면서 점차 상 앞으로 나아갔다. 마
침내 상 앞에 이르면 큰절을 하고 제상 위에 있는 각 종류의 제물

들을 하얀 천과 한지에다 담아 "요왕지"를 만들었다. 이를 잠수회 장단들이 들고 부두 끝으로 가서 심방의 징소리에 맞춰 하나씩 바다로 던지고 또 절을 하였다.

잠수굿의 요왕맞이는 육상에서는 보이지 않는 물 아래의 세계를 지상에서 펼쳐 보인다. 요왕맞이는 물 아래의 조상이 현현(顯現)되는 단 한 번의 순간이며, 따라서 육상과 바다의 경계가 사라진 순간이다. 어쩌면 이 순간은 매번 물질을 하며 조상의 세계로 들어가던 잠수들이 조상을 자신들의 공간으로 맞이하는 순간이라 생각해 볼 수도 있다. 이처럼 조상신의 현현은 자손인 잠수의 위상을 상징적으로 보여준다. 또한, 조상이 물 아래에 있다는 것은 물 아래로 내려갈 수 있는 자만이 조상의 자손이 된다는 논리 위에서, 이 때 물질한다는 것은 자손임을 증명하는 증표이다. '물질하는 사람만이

〈사진 9〉 요왕신 맞이하기(2006.4.5.)

요왕할망의 자손'인 것이다. 잠수들의 요왕맞이는 그들의 세계관
과 사고를 펼쳐내는 '신화의 실재' 혹은 '상상계의 실재'이며(조흥윤
2001:247), 신화의 사회적 실재는 잠수들의 세속적 권리, 즉 자원에
대한 배타적 권리를 통해 이루어지고 있는 것이라고 하겠다.

요왕신을 맞이한 후 다시 돌려보내는 과정이 "지 드림"이라고 하
겠다. "지 드림"은 요왕지를 만들어 바다에 던지는 것으로 조상에
게 음식을 바치는 행위이다. '정성을 들이기 위해서 굿을 한다'는
잠수들의 표현은 굿을 통해 신에게 음식을 증여하려 한다는 것이
며, 그것에 대한 대가로 잠수들은 신으로부터 안전과 풍요를 기대
할 수 있는 것이다. 이것은 일종의 교환관계이다. 지 드림이 끝난
후 굿집으로 다시 모인 심방과 잠수들은 "씨 드림"을 준비하였다.
〈요왕맞이〉에서 〈지 드림〉과 〈씨 드림〉, 그리고 〈씨 점〉까지의 과
정이 잠수들이 가장 높은 관심을 가지고 참여하는 의례의 가장 중
요부분이다.

3. 바다밭의 파종

"요왕문이 열렸다"라는 말은 상대적으로 "들어간다"라는 반사적
인 행위를 암시한다. 잠수들은 '요왕세경(龍王世耕)'으로 들어가서
씨앗을 받고 그것을 뿌리게 되는데 이것을 '씨 드림'이라고 한다.
나이 들고 "몸 비리지 않은(부정 타지 않은)"두 명의 잠수는 좁씨를
담은 찰리를 어깨에 맨 채 심방의 노랫가락에 맞춰 어깨춤을 춘다.
심방의 신호에 따라 일시에 굿집에서 뛰어 나간 잠수는 동서로 나

뉘어 재빨리 뛰어다니며 씨를 뿌렸다. 심방과 소미들은 징, 꽹과리 장단을 치며 따라가고 나머지 잠수들은 환호성과 박수를 치며 파종의 경쟁적 과정을 응원하였다. 뿌려진 좁씨는 바다 속에서 자랄 전복, 소라, 오분자기, 문어, 해삼, 톳, 우뭇가사리를 의미한다. 씨앗은 바다에 뿌리는 것이 아니라 해안가(땅)에 뿌린다. 육상에 뿌려진 씨앗이 바다에서 자라 날 것이라는 이치는 바다를 하나의 밭으로 간주하기 때문이다. '바다에 씨앗을 드린다'는 사고는 어로와 농경이 별개의 것이 아님을 보여준다. 하필 좁씨인 까닭은 그것이 껍질이 벗겨진 것이 아니기 때문이라고 하며, 따라서 재생(再生)의 의미를 담고 있는 것이라 여겨진다. 또한 두 잠수가 뛰어다니는 것은 유희적 성격과 함께 더 많은 수확을 얻기 위한 노력인 것으로 보인다. 많이 뿌려진 씨앗이 풍년을 가져 올 것이므로 잠수들은 더 멀리 더 빨리 뛰어다니길 기원하는 것이다.

　이처럼 풍년을 기대하고 수확을 할 권리는 이 씨 드림이라는 실천적 행위를 통해 가능하게 된다. 의례에서 씨 드림은 잠수들이 요왕할망의 자손으로서 행하는 역할행위이며, 조상이 준 것을 그들이 뿌렸으므로 그 물건에 대한 정당한 권리가 있다 하겠다. 굿집 안은 많은 잠수들로 가득 채워지고 굿집으로 돌아 온 두 잠수가 뿌리다 남은 씨앗을 펼쳐진 돗자리에다 뿌렸다. 돗자리에 뿌려진 좁씨는 해산물을 상징한다. 아래의 대화는 2006년 4월 5일, 심방과 잠수들이 돗자리에 뿌려진 씨앗을 보며 심방과 잠수들이 나눈 대화의 일부이다.[123]

---

123) 대화의 내용을 표준말로 풀이하였다.

-심방 : (돗자리에 뿌려진 씨들을 살펴보며)동쪽 바당으로 ㅈㅜ**우미가
막 남수다!**

-잠수들 중 누군가 : ㅈㅜ우미가 좋았주게!

-심방 : 저쪽에 **하수종말처리장 허명** 나가부난 물줄기가 이상허게
터졌수다. 알더래 ㄲ심직 험직허우다. 물이 먼바당더래
내침직 허우다. 바당이 **물조류가 틀려부난.** 여를 자꾸자
꾸 엎어부렴수다예. 바당 여가 낫당 어떤 땐 어서졌당. 전
복은 (자연)양식장 앞쪽으로 홋설 이심직 허우다. 서쪽 바
당 경계선엔 그닥지물건이 어수다. 작년엔 태풍이 어서부
난 먼 바당에 것이 올라오지 안햄수다. **한여 경계**(동쪽 마을

─────────────

-심방 : 동쪽 바다에 가에서 우뭇가사리가 많이 나네요!

-잠수들 중 누군가 : 갓우뭇가사리가 좋았지!

-심방 : 저쪽에 하수종말처리장 만들면서 하수관이 바다로 나가기 때문에
물줄기가 이상하게 터지고 있어요. 아래쪽으로 쓸려갈 것 같습니
다. 물이 먼 바다로 흐를 것 같아요. 바다의 물 조류가 달라졌기
때문에, 여(암초)를 자꾸자꾸 엎어버리고 있구나. 바다 암초가 드
러났다가 어떤 땐 없어졌다. 전복은 양식장 앞쪽으로 아주 조금
있을 것 같습니다. 서쪽 바다 경계선엔 그다지 물건이 없어요. 작년
엔 태풍이 없었기 때문에 먼 바다에 것들이 (갯가로) 올라오지 않고
있어요. 한여경계에는 뭔가가 어쩌든지 생겨나겠습니다. 그쪽 물
조류가 끌어 당겨서 …… 덩개와 서근빌레 사이에 바다 아래쪽이
너북빌레 있어요? 너북빌레에는 조심하세요. 전복으로 언뜻 보이
긴 해도 그게 전복이 아니!(너북빌레는 바다 속에 펼쳐진 바위 형태
의 표현.)

-강순녀 : 거기 요왕할머니가 있는 덴데?

-심방 : 그러니깐 언니들이 알아서 조심해요. 소여(작은 암초) 아래 가늘게
긴 암초가 있어요?

-강정자 : 있어! 거기 김영순이 잘하는데.

-심방 : 올핸 넉넉하겠어요. 고기는 가을 어장에 목차게 하겠습니다. 고사
를 두 번 지내세요. 동쪽 바다는 히라쓰(방어)가 날 것 같습니다.
우뭇가사리 채취하는 바다에서 물에 들 때는 조심하세요. 나도 조
합원(어촌계원)이지마는 물에 들 때 조심하세요. 싸움이 누군가
…… 119로 실려가든가 조심하세요.

어장 경계지역)엔 무시것이 어떵어떵 붙어가켜. 그쪽 물조
류가 끄성 어떵 …… 덩개광 서근빌레 사이에 바당 아래가
너북빌레 이수과? 너북빌레엔 조심험서. 전복으로 언뜻
보여도 그게 전복 이 아니!

－강순녀(58세) : 거기 **물할망**(요왕할망)이 이신딘디?

－심방 : 게난 언니네가 알앙 조심허여. 소여 아래 소랑허게 길죽헌
　　　　여가 이수과?

－강정자(59세) : 이서! 거기 김영순(동료잠수)이 잘허는 디!

－심방 : 올힌 넉넉허쿠다. 고기는 가을 어장에 목차게 허쿠다. 고
　　　　사를 두 번을 지냅서. 동바당은 히라쓰가 남직허우다. **우
　　　　미 바당** 물에 들 때 조심험서. 나도 조합원(어촌계원)이주
　　　　만은 물에 들 때 조심험서. 싸움이 누게가 …… 119로 실
　　　　려가든가 조심험서. (2006년 4월 5일, 연구자의 강조.)

〈사진 10〉 씨점(2006.4.5.)

이 대화에서 돗자리는 잠수들이 일하는 물 아래 속의 대지, 곧 '바다밭'으로 연상되고 있음을 보여준다. 〈씨 점〉은 잠수들이 씨를 뿌렸다는 실천적 행위의 결과를 알아보는 연희적인 의도인 동시에 이를 통해 심방과 잠수는 바다밭의 상황에 대한 서로의 정보를 주고받았다. 심방의 점(占)은 앞으로 어느 곳에서 무엇이 많이 생길지에 대한 자원 정보뿐만 아니라 새롭게 생긴 하수처리장이 일으킬 변화를 주지시키고 있다. 〈씨 점〉은 자원분포, 길흉에 대한 예견뿐만 아니라 물질에 대한 각자의 판단과 대응을 미리 생각해보게 하였다. 물론, 잠수들은 좁씨가 전복이 될 것이라고 믿는 것은 아니지만, 씨를 뿌리고 점을 치는 것은 풍요를 기대하는 상징적 행위로서 자신이 어떻게 물질을 해야 할지를 상상하는 자리가 된다. 물질은 집단적으로 이뤄지지만 개별적 능력에 의해 소득이 결정되므로 자원의 분포, 수중세계의 변화를 미연에 짐작해본다는 것은 넓은 바다에서 정해진 시간 안에 많은 양을 채집해야 하는 잠수에게 중요한 일이다. 다른 잠수들과 벌이는 경쟁은 그녀의 채집 전략을 요구하게 되며 이러한 전략이 물질기량 못지않은 잠수의 중요한 기술이기 때문이다. 좁씨가 뿌려진 돗자리를 잠수들이 '바다밭'으로 상상할 수 있는 것은 그들이 늘상 다니는 바다에 대한 시공간적 인식을 그곳에 투영하고 있기 때문이다. 이러한 방식으로 마을의 심방과 잠수들이 형성하고 있는 '상상계 속의 바다밭'에는 조상-자손의 신화적 친족관계가 존재하는 곳으로, 이곳의 세속적 권리를 그들의 조상이 정당화시켜 주고 있는 셈이다. 이러한 맥락에서 〈씨 드림〉과 〈씨 점〉은 잠수들이 왜 해안가에서 씨를 뿌리는 의례를 행하는지 그 의도를 가장 집약적으로 나타내고 있는 의례의 가장 중요한 부분이라고 할 수 있다. 이와 같이 잠수굿은 잠수들이 파종하여 풍요를 얻는다는 상징적인 실천행위와 씨앗을 준 조상에 대한 정성(보상), 무(巫)의 예언적 기능(占)이 조화를 이루는 해안 어로자들의 해양 농경과 자원 재생의 의례라고 말할 수 있을 것이다.

전통의 정치

1. 신화와 자원권리

  파종(播種)하였다는 실천적 행위 외에도 자원 수확에 대한 권리가 잠수들에게 귀속되는 가장 강력한 이유는 그들이 바다 속 여신의 자손이라는 논리에 있다. 그러나 공통의 조상으로부터 나왔다는 신화적 믿음에 의해 잠수회가 결속되어 있다고 말하려는 것은 아니다. 조상-자손이라는 신화적 관계는 잠수들의 연안어로 활동에서 중요한 메시지를 전달하고 있는 강력한 상징이라고 본다. 그 메시지는 바다밭에 대한 권리이다. 의례는 단지 전통을 답습하여 행하고 있는 것이 아니라, 해안 영역이 자신들의 영역임을 신화적 친족관계에 의해 상징적으로 재현하고 있다.

  잠수굿은 바다로부터 얻은 경제적 소득(자원약탈)에 대한 도덕적 의무(약탈자의 보상)가 잠수 사회에 체제화 되어 있음을 보여주고 있다. 바다신에게 음식을 증여하는 것은 그들이 잡아 온 그리고 또 잡아 오게 될 "물건(해산물)"에 대한 보상의 의미가 있다. 조상과 자손이라는 신화적 관계를 통하여 바다밭에 대한 잠수들의 주체적 권리를 상징함과 아울러 그들의 권리를 표출하고 있는 것이다. 이러한 맥락에서 볼 때, 잠수들은 다양한 사회관계 속에서 조상의 힘에 기대는 것이 아니라 조상에게 힘을 부여함으로써 살아가고 있다고 말 할 수 있다.

2. 영역의 상징

　본래 굿이 열렸던 장소는 옛 성세기 포구 근처인 갯바위가 움푹 패인 자리였다고 한다. 이곳을 작은 굴이라고 하는 사람도 있다. 해안도로가 생기고, 관광식당들이 생기면서 이곳은 매립되었으며, 관광객들의 발길로 번잡해지자 심방이 굿터를 옮기도록 주문하여, 2004년부터 새 집을 마련하고 옛 터에서 돌 하나를 가져와 새 제단 아래에 놓았다. 잠수굿의 요왕신은 '좌정(坐定)한 신'이라기보다 바다 속에 내재한/깃든 터신이며, 다만 제의를 위해 마련한 공간이 굿집이다. 요왕신은 울타리를 만들어 좌정한(자리를 차지한) 마을당 의 신들과 다르며, 따라서 가시적으로 한정된 영역성을 나타내고 있지는 않다. 1990년대 이후 단절되었던 해안마을의 〈풍어제〉도 전통문화의 정치적 부흥담론에 힘입어 부활되어 왔으며, 이들 의례 도 당이 아닌 바다와 가까운 곳에서 이뤄지고 있는 것을 볼 수 있었 다.[124] 한편, 왜 이들 잠수굿은 해안가에서 열리는 것일까?[125] 왜 굿을 바닷가에서 하는가를 물었던 연구자에게 창호할머니는 잠수

---

124) 제주도 남쪽 섬 가파도와 서귀포시의 사계리, 보목리 등을 그 예라 할 수 있다.
125) 1980년대 후반 이 굿에 대한 한 기록에는 이곳을 '알성세기할망당'이라고 하고 바닷가에 씨를 뿌리는 농경의례적 측면을 기술하고 있다(한림화·김수남 1987 :109). 강소전(2005)은 김녕리의 잠수굿을 '성세깃당의 한 당굿'이라고 규정하 며, 의례의 중요한 부분을 굿을 열기 위해 신을 모셔오는 초감제에 있다고 보고 있다(강소전 2005:25,42).

와 바다의 깊은 연관성을 신화적 관계에서 설명했었다. 요왕신은 바다의 신이며 따라서 신을 맞이하는 바닷가에서 하는 것이라 생각할 수 있다. 잠수들은 해산물의 풍요를 기원하고 그 목적을 달성하기 위해 파종행위를 하며, 따라서 해산물이 자랄 그들의 일터/해안가에 파종해야 할 이유가 있는 것이다.[126] 이처럼 잠수들이 파종한 해안가는 잠수들의 영역임을 암시한다. 뿌려진 씨에 대한 자원권리가 잠수들에게 있듯이 두 명의 잠수가 뛰어다니며 씨를 뿌린 곳은 잠수들의 영역이다. "달려라 달려라" 응원하는 잠수들은 풍요에 대한 기원과 더불어 파종된 공간이 곧 그들의 영역이라는 영토성을 상징하고 있다. 그들이 채집을 하기 위해 다닌 마을어장, 연안공간이 곧 그들의 영역임을 나타내는 것이다. 이러한 자원과 공간에 대한 일체적 권리는 포르테스(Fortes 1937)의 탈렌시(Tallensi) 족의 공동어로 원정과 의례에 관한 연구를 통해서도 알 수 있다. 북아프리카 골드코스트(Gold Coast) 연안에 사는 탈렌시 씨족의 의례("Golib")는 농작물의 풍요와 어로 분쟁의 방지, 그리고 질병과 죽음으로부터 안전을 그들의 조상에게 구원한다(Fortes 1937:133~134).[127] 의례가 끝난 후 사람들은 건기와 우기 사이가 되는 약 한달 기간 동안 약 세 차례 저수지의 물고기를 잡는 공동어로을 하였다. 공동어로를 하는 까닭을 물었을 때 사람들은 물고기 저수지의 소유자는 "우

---

126) 제주도 사계리에서는 잠수들이 배를 타고 나가 마을어장에 있는 형제섬으로 가서 씨를 뿌리고 돌아왔다. 곧 자신들의 해산물을 채취하는 일터에서 파종의 상징적 행위가 이뤄지고 있는 것이다.

127) 대규모 의례적 페스티발인 골립(Golib)은 특별한 영험 있는 주술보다 일반적인 기원의례이다.

리의 조상이 그렇게 하였기 때문"이라고 한다(Fortes 1937:133~
140). 그의 글에서는 강조되지는 않았지만, 연구자는 저수지의 소
유자가 저수지 가까이에 이르렀을 때 근처 나무 그늘에 앉으며 "내
조상이 앉았던 자리"라고(Fortes 1937:135) 말한 의미에는 물고기에
대한 권리만이 아니라 그 '지역(저수지)'에 대한 영역성까지도 함축
하고 있는 말이라고 생각한다. 자원과 공간은 결합되어 있으며 어
로권과 영역권은 일체성을 이루고 있다.[128] 이와 같은 의미에서,
잠수들이 해안가에서 벌이는 농경의례는 마을어장에 대한 법적인
자원권리(채집권)를 표출함과 동시에 그들의 터에 대한 영역성을 상
징한다고 본다. '과거로부터 해왔던 전통'이라는 말에는 이러한 권
리가 당위적이라는 의미를 함축하고 있는 것이다.

3. 의례와 노동의 연희

잠수굿은 생업집단의 의례이다. 〈씨 드림〉이라는 농경적 행위
는 굿을 하는 과정에서 집단적 연희성으로 표출되었다. 노동과 의
례의 결합은 굿의 연희성을 통해 구성되고 있다. 가장 대표적인 연
희는 음식의 대접과 춤을 추고 노래를 부르는 것이다. 〈씨 드림〉과
〈씨 점〉을 친 후, 잠수들은 신을 "놀리기 위해(즐겁게 하기 위해)" 춤
을 추었다. 오후 4시가 지나는 즈음이면 굿집의 안과 밖, 작업장에
서는 일하던 젊은 잠수들이 노래방 기기를 틀어놓고 노래를 부르

---

128) 여기서 영역권은 처분권을 의미하는 것은 아니라 점용권, 사용권이라고 할
    수 있다.

며 흥겹게 노래와 춤판을 벌인다. 〈배방송〉과 〈액막이〉를 하여 모든 제의가 끝나는 것은 어둠이 내린 저녁 7시가 지나서이다. 온종일 음식 대접하며 일한 젊은 잠수들은 의례와 별도로 자신들의 흥을 한차례 풀어내고 난 후에야 그릇들을 정리하고, 작업장 바닥을 닦고, 깔았던 카펫들을 개어 넣는 등 굿의 뒷마무리를 하였다. 굿을 마친 심방과 소미들이 어둠속으로 조용히 사라지면 굿집 안의 모든 것들도 정리하였다. 마무리가 끝난 후 잠수들이 모인 작업장 안에서 어촌계장은 하루의 결산을 보고하였다. 부조금으로 들어온 수입과 굿을 위해 쓰인 지출을 보고하고 모두가 애쓴 노고에 감사하다는 말을 마지막으로 굿은 끝이 났다. 집으로 돌아가는 잠수들은 일일이 두루마리 화장지 한 봉지씩을 받았다. 잠수회에서 마련한 답례품이다.[129] 그들이 함께 벌인 굿에서 그들이 같이 나누는 몫인 셈이다. 발길이 떠나지 않는 잠수들은 또다시 노래방 기기를 틀고 한참 동안 노래를 부르다가 밤이 이슥해져서야 모두 집으로 돌아갔다.

---

129) 보통은 경조사에 부지를 들고 온 사람들에게 나눠주는 샴푸, 세제, 수건, 화장지와 같은 생활필수품이나 커피와 같은 기호품이 주를 이룬다. 잠수들이 답례품을 하나씩 나눠 갖는 것은 굿이 그들에게 잔치였음을 말한다. 모두가 하나씩 가져야 하므로 중복도 누락도 없게 하기 위해 잠수회장은 받은 자의 명단을 동별로 작성하였다.

오래된 권리

　잠수들은 사회적으로 낮은 계급의 무학력자, 전통적 방식의 일을 수행하는 강인한 해안 여성이라고 인식되어 왔으나, 이들은 현대산업사회에서 '살아가는' 여성들이다. 이들이 거행하는 굿을 단지 과거의 '잔존물'이나 이들의 '문화적 지체' 현상으로만 설명할 수는 없다. 잠수굿을 왜 매년 하는가를 물었을 때, 잠수들은 "옛날로부터 전통적으로 해 왔던 것이기 때문"이라고 한다.

　잠수굿에서 잠수들은 자신들이 물 아래의 조상신을 두고 있는 물질하는 자손임을 강하게 표출하고 있었다. 유교주의 가부장제 사회에서 여성이 몸으로 하는 일에 대한 차별적 시선들로부터 오히려 수중의 세계를 재현하고 나잠어로자임을 강화시켜 나가는 것이다. 복합사회에서 권력관계와 상징적 행위 사이에 역동적 상호의존성을 강조한 코헨(Cohen)은 상징적 행위는 많은 것이 정말로 과거로부터 계승되어져 온 것이라 할지라도 그것들은 타성(惰性) 혹은 보수주의 때문이 아니라 그것들이 현대의 사회적인 제 상황 안에서 중요한 역할을 하기 때문에 현재까지 계속되는 것이며, 그 것들 중의 몇몇은 과거와 같은 역할을 행하기 위해 과거로부터 재생되고, 또 다른 몇몇은 최근에 창조된 것이며, 또한 새로운 혹은 낡은 목적을 위하여 끊임없이 창조되고 있다고 지적하였다(코헨

1982:17). 다시 말하여 의례의 사회문화적 의미는 주체들의 사회적 생활과 분리하여 이해할 수 없다는 것이다.

그렇다면 잠수들이 의례에서 끊임없이 재생하고 재창조하고 있는 것은 무엇일까? 의례를 성립시키는 논리, 의례에서 가장 반복적으로 등장하는 가장 강력한 상징은 바로 잠수가 바다여신의 자손이라는 데에 있었다. 신화적 관계가 현실적 사회관계 안에서 그들에게 부여하고 있는 것은 연안바다의 자원에 대한 소유권이다. 그리고 이를 정당화하는 것은 굿의 전통성이다. 잠수굿은 '오랜' 역사에 의해 형성되어온 살아있는 종교로서, 그리고 전통이라는 권위의 아우라(aura)를 가지고 있다. 굿의 정형화된 절차는 전통문화의 정통성을 보장하는 외형적 구실을 한다. '전통'은 흔히 집단의 아이덴티티를 강화하고 기존의 부정적인 이미지를 고치는 데 중요한 자원으로 동원되기도 한다(권숙인 1995:424). 의례를 반복적으로 하는 것은 자원에 대한 오래된 주체이자, 지속적 소유권자임을 주기적으로 재생하는 것이라 할 수 있다.

굿의 초감제는 우주 삼라만상의 신들과 마을 안의 신들을 모두 모셔오는 과정으로, 시공간적으로는 태초의 사건이 발생하였던 어느 시점으로 돌아가서 현재로 다가오는 구성을 가지고 있다. 매년 세상을 새롭게 하는 것이 의례를 하는 종교적 의식(儀式)의 가장 중요한 점이며, 세상은 더 안정적으로 재탄생되어질 뿐만 아니라 영원히 상징적 존재에 의해 신성화되는 것이다(Eliade 1971:45). 잠수굿에서 그 태초의 시간은 우주의 생성과 마을신들이 좌정하고, 무엇보다도 "요왕문이 열리어" 조상이 등장하여 신화적 친족관계가

형성되는 때이며 해산물의 씨앗을 파종하는 때이다. 이러한 기원
으로의 회귀는 세상 모든 것과 관계가 이루어지고 자원이 창조되
는 시원성(始原性)을 담고 있다. 그만큼 오래된 시간이 존재하였음
을 전제한다. '영원으로 회귀(Eternal Return)'하는 것은 시간을 주
기화 하여 분할하고 세상을 새롭게 재창조함으로써 이르게 되는
것이다. 잠수굿에서 요왕문이 열리고, 마을의 해신이 좌정하였다
는 담화들은 모두 기원으로 돌아가는 그들의 오래된 권리를 암시
하고 있는 것이라 하겠다.

제6장 _ 해안 개발과 일상의 사회관계

이 장에서 다루는 내용은 마을주민들과 지방자치단체, 개발사업체와 사이에서 발생했던 사회적 갈등에 관한 것이다. 이 과정에서 마을 공유지에 대한 관점과 다양한 이해관계를 볼 수 있었다. 어로활동에 참여하는 방법에 따라 개발에 대한 이해관계가 다르며, 공유자원을 이용한다 하여 모든 주민들이 공통의 이해관계를 가지고 있는 것도 아님을 알게 된다. 저자는 세 개의 개발갈등의 사례를 기술하고, 이러한 갈등 속에서 살아가는 잠수들의 생활세계를 살펴보고자 하였다. 그것은 어로자들의 사회적 연대로서의 의미를 가지는 중층적 사회관계에 관한 것이다.

물질가기 전 모여있는 잠수들

저항과 갈등의 사회적 드라마

1. 잠수회의 갈등 : 양어장 사건

1) 어촌계원의 이해관계

　김녕리의 육상양식장은 4개소 있으나 모두 마을 서쪽 해안가(옛 서김녕리)에 있다. 동쪽 지역에도 마을이 통합 된 후인 2001년에 한 사업자가 육상어류양식장(이하 양어장)을 설립하려고 하다가 잠수들의 반발에 부딪혀 무산되었다. 마을 사람들은 이 일을 "양어장 사건"이라고 불렀다. 이 사건의 전개는 당시 어촌계장(Kj씨)이 어촌계 총회에서 대의원들의 동의를 얻어 양어장 설립에 필요한 동의 공문서를 작성해주었다는 것에서 비롯되었다. 대의원회는 각 동의 2~3인으로 구성된 의사결정 기구인데 당시에는 모두 남성들이었다. 어촌계총회의 의결이 대의원제로 된 것은 640명 전체 계원의 참여가 현실적으로 어렵다는 판단에 따른 것이었다. 소문으로만 "양어장이 들어온다."라는 말을 듣던 잠수들은 〈어촌계 총회〉에 참석해서야 비로소 전말을 알게 되었다. 잠수들은 모두 양어장 설립을 반대하였으나 의사결정권이 이들에게는 없었다. 총회 이후 동쪽 잠수들만으로 구성된 〈양어장반대추진위원회〉(이하 추진위)가 구성되었고 위원장은 상군잠수 지순이 선출되었다. 이 추진위에 서쪽 잠수들과 '앉은계원'들은 포함되지 않았다. 마을이 통합된 지

1년이 지났으나 여전히 동·서의 구분은 잠재되어 있었으며, 더군다나 잠수들의 어장은 동·서로 여전히 나눠져 있었기 때문에 동쪽 해안가에 들어설 예정인 양어장은 동쪽 잠수들의 문제로 받아들인 것이었다. 그리고 앉은계원들은 양어장이 들어옴으로써 생기는 부수적인 이익 분배를 고려할 수 있는 위치에 있었다.

　제주도의 양식어업은 1988년부터 급격히 증가해 온 산업이다(해양수산부 1997:428). 1975년을 기점으로 수산물 수출에서 활어가 우위를 점해 왔고 2005년 도내 어업 가운데 높은 조수입을 올리고 있는 산업으로 성장하였다(제주도해양수산과 2005). 2007년 기준으로 제주도 내의 양식장 수는 모두 341개소이며(제주특별자치도 2007: 64), 이것은 해안을 따라 평균 700m 간격으로 분포하는 것이며, 양식하고 있는 것은 전복 이외에 주로 넙치와 돌돔과 같은 어류이다. 2006년 1월 마을어촌계의 정치총회에서 보고 된 자료를 바탕으로 볼 때, 양어장에 의한 마을어장의 재투자비용은 어촌계 전체 수입에서 약 44.4%를 차지하고 있었다. 잠수들의 어로에서 발생하는 이익보다 양어장으로부터 얻는 소득 비중이 높은 것으로 이점은 같은 어촌계원이라 하더라도 이해관계가 서로 다르다는 것을 말한다. 잠수들이 양어장 설립을 반대한 것은, 만들어질 양어장으로부터 배출되는 하수가 잠수들의 〈자연양식장〉 구역으로 흘러 갈 것이기 때문이다. 양어장에 설립에 대한 이해관계가 엇갈리면서 잠수들은 동의문서를 작성해준 어촌계장을 탄핵하려 하였다.[130]

---

130) 양어장사건에 대한 전개과정은 이 사건의 주요인물인 지순과 영순의 인터뷰를 중심으로 기술하였다(2005년 5월 1일, 지순의 인터뷰 내용, 자택에서; 2006년

2) 양분화 : 대파와 쪽파

추진위가 계장을 탄핵하려 했던 것은 자신들의 입장과 무관하게 처리하였다는 것에 대한 분노의 표출이었다. 그런데 추진위에서는 어촌계장 탄핵에 필요한 잠수들의 서명을 받았으며 그 과정에서 탄핵에 대한 찬반의견으로 잠수들은 나눠지게 되었다. 2001년 여름, 추진위로부터 탄핵 서명을 종용받고 있던 잠수회장 영순은 자신의 집으로 계장과 추진위원들을 불렀다. 자신의 입장을 결정하기 전 마지막으로 화해를 모색하려고 한 것이었다. 영순의 집으로 어촌계장이 먼저 왔고, 이어서 추진위원장인 지순도 도착하였다. 지순은 어촌계장으로부터 그간의 자초지종을 듣게 되었다. 그리고 그가 여전히 잠수들의 편임을 알게 되었다고 한다. 이후 추진위원들이 도착했을 때 지순은 모두가 모인 자리에서 탄핵을 반대하는 입장으로 선회하였다. 이에 나머지 위원들은 그녀의 변심을 사전 모의 한 것으로 보았고 회합은 무산되어 버렸다. 같은 날 오후, 양어장 사업자가 설립을 포기하겠다는 문서를 전달해오자 잠수회장은 저녁에 긴급회의를 소집하였다. 문제가 된 양어장 설립은 무산시켰으나 이미 잠수들은 계장 탄핵을 둘러싼 입장차이로 더 깊은 골이 형성되어 버렸다.

마을사람들은 양분화 된 잠수들을 가리켜 "대파(반대파)와 쪽파(찬성파)"라고 불렀다. 누가 어떤 연유로 이러한 별명을 붙여졌는지는 아무도 모른다. 대파는 동쪽 잠수회 내에서 소수파였음에도 불

1월 12, 영순의 인터뷰 내용, 자택에서). 그러나 대파와 쪽파에 대한 이야기는 마을사람 모두가 아는 사실로서 언제나 잠수들의 담화 속에서 등장하였다.

구하고 이들을 "대파"로 명명하였는데 이들이 마을유지들로부터의 지지를 받고 있던 마을 출신의 잠수들로서 "실세"였기 때문이다. 당시 잠수회장 영순은 시종일관 계장의 탄핵을 반대하였다. 그 까닭은 자신이 잠수회장으로서 계장을 탄핵하는 것이 타당하지 않을 뿐더러 "마을 유지들의 의견"을 고려하여 한 것으로 마을 안에서 잠수들이 계장을 탄핵하는 것은 같은 "마을 사람이기 때문에" 바람직하지 않다고 생각해서였다. 추진위원장이었던 지순이 입장을 선회한 것도 계장이 잠수들 편이었다는 것 외에도 그가 '마을사람'이기 때문에 탄핵하여 좋을 것이 없다고 생각해서였다. 두 사람은 모두 잠수회가 같은 마을 남성인 계장을 탄핵하였을 때 마을 대내외적으로 좋을 것이 없다는 입장을 가지고 있었다. 하지만 갑작스런 추진위원장의 입장 선회로 잠수들 사이의 의혹만 커졌고 쪽파에서는 2002년부터 2004년까지 잠수회의 잠수굿에 불참하였다.

3) 통합의 조건 : 저울의 균형과 권력

2004년 신임 계장이 선출되었다. 해안가의 좁은 굿집도 작업장 앞의 넓은 공터에 새 집으로 지어졌다. 잠수회장도 새로 선출하였다. 그러나 2005년 1월까지 잠수들은 각각 두 그룹으로 나뉘어 저울을 따로 놓고서 해산물을 계량하였다. 대파의 잠수 몇 명은 쪽파에 속해 있는 친구, 친척의 소라 망사리를 자신 쪽으로 잡아 당겨 서로 합쳐 보려고도 하였다. 신임계장도 통사정하여 쪽파를 설득하였다. 그러나 통합은 쉽지 않았다.[131] 쪽파는 두 개의 저울을

---

131) 이 통합과정을 지켜 본 어촌계 간사 이창협 씨는 "대파쪽파의 통일이 남북통일

〈사진 11〉 작업장에서 저울을 보는 연구자(2006.2.21.)

합치는 조건으로 "계장이 저울을 잡는다(본다)"라는 조건을 내세웠다. 이리하여 2005년 1월부터 계장이 저울을 보게 되었고 모든 잠수들이 굿에 참여하였다. 저울 잡는 자가 계장이어야 한다는 쪽파의 주장은 대파와 쪽파 양쪽 모두에게 공정할 수 있는 자, 즉 어느 한쪽으로 관계가 기울지 않는 자만이 저울을 잡아야 한다는 주장이었다. 어느 한쪽으로도 흔들림이 없어야 물질한 해산물의 무게가 흔들리지 않을 것이기 때문이다. 이들이 신임계장에게 요구한 것은 두 파의 어느 쪽으로도 기울지 않는 저울의 균형이었다. 저울은 이들을 통합하는 수단이었고, 이들 사이의 균형을 상징하는

보다 더 어려울 것 같았다"라고 비유하였다.

것이었다.

그런데 2005년 10월 말부터 이 저울을 연구자가 보게 되었다. 계장은 작업 전 잠수들의 회합에서 잠수가 아닌 자로써 이 일을 도와줄 수 있는 사람이 필요하다며 연구자를 추천하였고 잠수들의 동의로 결정이 났다. "잠수가 아닌 사람"이 저울을 봐야 한다는 것이 중요하였다. 얼떨결에 연구자는 앉은뱅이저울 앞에 앉아 각각의 "물건들(해산물)"마다 감량을 어떻게 계산해야 하는지를 간사로부터 배우게 되었다. 이 즈음 연구자에게 몇몇 잠수가 저울 보는 요령을 조언을 해주었다. "눈귀를 꽉 막아서 해리", "똑바로 보아야 한다.", "냉정히 봐야 한다."라는. 연구자는 한 눈금의 오차도 없도록 매번 긴장 속에서 저울을 정확히 보고 전표를 발행하였으나 이들이 지적하였던 내용은 다른데 있었다.

누가 저울을 볼 수 있는가라는 문제는 눈금을 잘 읽는 자가 보는 것이 아니라 저울에 올려놓은 물건의 주인에 따라 저울 눈금이 흔들리지 않는 자가 봐야 하는 것이었다. 앉은뱅이저울은 저울 앞쪽에 앉아 있는 자만이 볼 수 있었다. 때문에 뒤에 서 있는 잠수들은 볼 수가 없었다. 저울의 눈금에 따라 한 잠수의 일일 노동의 가치가 화폐로 환산된다. 만약 누군가 어떠한 의도를 가졌다면 저울의 눈금은 더 높게, 혹은 더 낮아질 수 있고 그 수치가 전표에 기록될 것이다. '저울을 똑바로 보라'는 말에는 눈금을 정확하게 보라고 말하면서도 실제로는 저울 뒤에 서 있는 잠수가 누구인지에 따라 눈금이 흔들리지 말라는 메시지였다.

4) 새로운 관계의 지형

대파와 쪽파의 갈등은 봉합되었으나 이들의 관계는 언제나 잠재되어 있었다. 2005년 우뭇가사리 채취에서도 한 조합에 참여한 대파와 쪽파 잠수들은 묘한 경계를 형성하며 함께 일을 하였다. 그런데 S조합의 우뭇가사리 채취과정에서 이웃하고 있던 Y조합과 어장 경계싸움에서는 조합 간의 다툼이 되어 대파와 대파, 쪽파와 쪽파끼리 싸우는 형국이 되었다. 잠수들의 기존 관계에 또 다른 관계의 조합(調合)들이 이루어졌다. 한 조합 안에 있는 대파와 쪽파가 다른 조합의 대파와 쪽파들과 맞대응하는 양상이 벌어졌으며, 대파와 쪽파 내부에 새로운 경계선이 미세하게 생겨났다. 그럼에도 대파 쪽파로 나뉜 잠수들의 경계와 각각이 사용하는 공간은 여전히 바뀌지 않았다. 대파쪽 잠수들은 일상적으로 모여 담화를 벌이는 두 집이 있는 반면 쪽파쪽에서는 그러한 담화장소 대신 두 개의 탈의장을 나누어 사용하였다. 대파와 쪽파는 몇몇 핵심적 인물들을 중심으로 하지만 조직화된 분파는 아니었다. 마을출신 잠수들이 대파인 반면 그 중심성에 대한 상대 축으로서 쪽파가 존재하고 있는 것이다.

잠수회 내부의 대파와 쪽파는 친분과 노동, 일상적 생활에서도 경계를 형성하였지만 잠수회가 대외적 집단행동을 할 때 그러한 경계는 보이지 않았다. 이러한 경계를 불식시키는 것이 해안 개발사업이었다. 마을 조직들 가운데 잠수회는 가장 적극적으로 대응하였다. 그것이 2005년 가을부터 겨울까지 이어진 잠수들의 하수종말처리장 반대싸움이었다.

2. 개발사업의 저항

김녕리의 동쪽 이웃마을에는 1998년부터 시작된 동부하수종말
처리장(이하 하수처리장)이 2007년 완공을 목표로 해저에 방류관을
설치하고 있었다. 이 사업은 제주도 북제주군청에서 국비 지원을
받아 시행하되고 있었고 생활환경 개선을 위한 연안개발 사업이었
다. 그 마을잠수들의 반대에도 불구하고 재정적 보상과 방류하수
관을 가능한 마을 밖으로(결국 김녕리 쪽으로) 묻는다는 조건으로 협
상이 이루어져 시공할 수 있게 된 것이었다.

2005년 여름, "바다 지키러" 갔던 김녕리 잠수들이 바다 위에
띄워진 부표들을 보고 이 공사에 대한 문제를 제기하기 시작하였
다. 이미 육상에 처리장 건물이 지어진 후였지만 그것은 이웃마을
의 '땅에' 세워진 것이기 때문에 문제 삼지 않았었다. 하지만 해저
의 방류관은 '바다에' 매설되는 것이므로 잠수들은 이를 자신들의
문제로 받아들였다. 마을 안에서 이 사안이 이슈화되면서 주민들
은 하수처리장을 쉽게 '똥통'이라고 불렀다. 마을주민들은 어촌계
를 중심으로 대책을 모색하였고 공식적으로 이 사업에 대한 관계
기관의 설명을 요청하게 되었다.

1) 어촌계 회의

2005년 9월 26일 저녁, 마을리사무소의 대회의실에서 어촌계장
이 주관하는 마을 연석회의가 열렸다. 마을의 공식 대표들(이장, 개
발위원장, 노인회장, 청년회장, 동장 등)과 어촌계의 앉은계원들과 잠수

들이 자리를 매웠다. 그리고 사업에 대한 설명을 위해 북군청 공무원과 시설 감리단장이 참석하였다. 이들의 설명에 따르면, "방류관은 시설최적 조건을 선택하여 (바다에) 직선으로 나가도록 하였으며, 수심 10m 이상에 시설하여 어장에 대한 영향도 미미할 것"이라고 하였다. 이날 배부된 회의 자료에는 이 사업에 대한 〈평면도〉가 첨부되어 있었다. 〈평면도〉에는 방류지점이 마을어장 밖으로 나가게 되어 있었지만 마을 사람들은 모두 방류관에서 나온 담수가 밀물을 따라 마을어장 안으로 들어오게 된다는 것을 모두 알고 있었다. 게다가 그 경계지역은 마을어장에서도 가장 질 좋은 우뭇가사리가 자라는 곳("한여")이었다. 어촌계 총대로 참석하고 있던 관리선장이 감리단에서 주장하는 〈평면도〉에 오류가 있음을 지적하였다. 그는 직접 〈평면도〉에다 자신이 생각하는 새로운 직선을 그어서("현재, 계획, 희망"이라고 표시) 감리단장에게 제시하였다(〈그림 10〉). 감리단의 주장은 육지(육상)에서 90°로 방류관을 매설하여 마을어장 경계에 저촉되지 않는다는 것이었다. 이에 대해 관리선장은 그 "직선"이 해도(海圖)를 기준해서 볼 때는 기울어진 것임을 주장하였다. 결국 마을어장의 경계와 맞닿을 수밖에 없다는 것이며, 배를 타고 나가보아도 매설지점이 마을어장에 저촉되고 있다고 주장하였다. 그가 해도를 중심으로 "직선"을 그려야 한다고 주장한 선은 마을어장의 경계선과 평행선을 이루고 있었다.

두 번째의 문제 제기는 마을어장의 범위를 어디까지로 보아야 하는가에 관한 것이었다. 법적으로 마을어업의 수심 한계는 제주도의 경우 최간조시를 기준으로 수심 7m가 어장 범위이다(수산업법

시행령 제10조 제1항),[132] 이는 거리상으로 약 1㎞에 범위로 간주하는데,[133] 〈평면도〉에서 방류지점이 1㎞ 밖에 위치한 것도 마을어장이 아닌 국가의 공공지에서 방류가 된다는 것을 의미하고 있는 것이다.[134] 그러나 잠수들은 "김녕바다는 다른 지역과 달리 나갈수록 바다"이고, "바다는 바다마다 다르다"라며 고무옷을 입고 함께 나가 방류지점을 확인하자고 하였다. 마을어장의 수심은 바다마다 다를 수 있는 다양성을 주장하며 어장 한계선을 획일적으로 구획될 수 있는 것이 아님을 반박하고 있었다. 군청 공무원은 자신들은 공동어업구역선을 기준으로 할 수 밖에 없으며 날짜를 잡으면 함께 확인하러 가겠다고 답변하였다.

애초에 하수처리장시설이 이 위치에 선정된 것은 그 지대가 군유지(郡有地)로써 사유재산에 따른 토지보상의 문제가 없으며, 인가와 벗어나 있어서 선정되었다고 하였다. 그러자 또 다른 총대가 어떻게 인근마을에 이러한 사업에 대한 설명과 의견수렴이 없을 수 있는지 행정기관의 "배려"가 없다고 이의를 제기하였다. 게다가 감리단장이 1일 방류량 12000톤은 육지부에 비하면 아주 작은 양이며 부유물이 없는 1급수를 나오게 한다고 하자, 또 다른 주민은 그 물은 담수이므로 오히려 바다 속의 해양 동식물의 폐사를 불러올 것이라고 맞섰다. 군청공무원과 감리단장의 설명은 마을사람들에게 설득력을 가지지 못하고 있었다.

---

132) 이외의 지역은 최간조시 평균 5m 이내이다.
133) 이는 일본의 어협법에 준한 마을어장의 범위라 고려된다.
134) 계획된 방류관의 총길이는 1340m이다.

이러한 공방에 작
용하고 있는 가장 근
본적 문제는 바다를
어떻게 인지하는가
라는 관점의 차이라
고 할 수 있다. 마을
사람들은 바다를 조
류가 흐르는 입체적
공간으로 해초와 패
류, 어류가 사는 생
태학적 공간으로 인
식하는 반면, 시설
계획과 정책 집행자
들에게 바다는 '구획

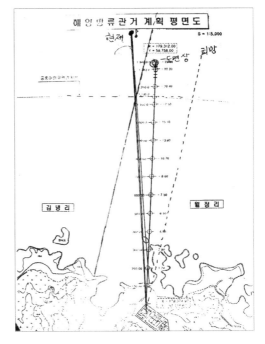

〈그림 10〉 하수종말처리장 시설계획 평면도 :
방류관의 방향

가능한 평면'으로 인식되고 있는 것이다. 또한 마을주민들은 바다
로부터 보는 관점이 있는가 하면 시설측은 육상에서 바다를 보는
관점에 서 있다. 공무원과 감리단장을 보낸 후 회의는 〈임시총회〉
로 바뀌어, 향후 대책에 대하여 논의하였다. 마을 공식조직 대표자
들을 중심으로 대책위를 구성하였고, 이미 가동되고 있는 하수종말
처리장의 실태를 파악하자고 하였다. 이웃마을의 해저 방류관 사업
이 마을전체의 문제로 확산되고 있었다.

2) 마을대책위의 대응

대책위는 다른 지역의 하수처리장을 답사하고 현지주민과 잠수
들의 이야기를 수집하였다. 하수처리장이 들어섰을 때 생기는 생
태학적 변화가 어떠한 사회적 위험을 초래할 것인가를 예견하고,
관청과 전문시설기관이 말하는 '전문적 설명'에 대하여 마을주민
이 감지하는 생활세계의 위협, 곧 '생활경험의 지식'으로 대응하려
는 것이었다. 2005년 11월, 다시 이 안건은 어촌계 회의 안건으로
상정되었다. 어촌계장은 새로운 대응방향을 찾기 위하여 마을에
보상을 전세로 시설을 찬성할 것인지, 아니면 무조건 시설계획을
변경하도록 반대할 것인지를 찬반투표로 결정하고자 하였다.[135]
그러나 성원을 이루지 못하여 준비된 방안들은 무산되었다. 대책
위원들은 군수와의 면담을 진행하였고 또 공무원들이 어촌계를 방
문하는 발걸음들이 오갔다. 그러나 군청은 2006년 제주도의 행정
개편에 의해 사라지므로 공무원들은 확답을 제시하기가 어려웠고
또 마을주민들은 설령 확답을 받더라도 그것을 믿기가 난감한 처
지였다.

대책위에서는 〈탄원서〉를 제출하기로 하였다. 각 동별로 주민
들의 서명과 도장을 받아야 하였는데 이 일을 잠수회의 각 동회장
들이 책임을 맡았다. 중군잠수 지영(57세)은 잠수회의 동회장이었
다. 연구자가 그녀의 일에 동행하였다. "물 들어사 돔바리 해여?
(바닷물이 만조가 된 후에야 돔을 잡으러 가?)" 마을주민의 반응은 적극

---

135) 2005년 11월 16일, 어촌계 〈임시총회 회의자료〉.

적이기 보다 강한 불만과 조용한 거부 그리고 '도장 찍는 일'에 대한 불안까지 다양하였다. 어떤 한 남성 어촌계원과는 1시간 이상을 이야기해서야 겨우 도장을 받을 수 있었다. 특히 주민들은 왜 이 일을 잠수회가 나서서 하고 있는지를 민감하게 받아들였다. 지영은 처리장 건물이 들어설 때는 '이웃마을 땅에 있는 것이라 뭐라 할 수 없었으나 배수가 되면 그 물이 마을어장으로 들어와 피해가 생기므로 〈탄원서〉를 만들고 있는 것이라며 만약 피해보상이 된다면 잠수들만이 아니라 마을 전체(모든 가구)가 받을 것'이라는 설명을 덧붙였다. 이렇게 하여 각 동별 잠수회장들이 연속 3~4일간 저녁시간을 할애하여 주민들의 〈탄원서〉에 도장을 받았다.

3) 잠수회의 집단항의

2005년 11월 13일(4물), 읍 체육대회가 마을에서 열렸고 관내 모든 어촌계에서는 하루 동안 작업을 하지 않기로 하였다. 이날을 빌어 비교적 젊고 노련한 잠수들(중군, 상군)이 하수관이 매설된 바다 속을 직접 보기로 하고 배를 타고 나갔다. 하수관 매설이 어장 경계를 침범하였는지를 물 위에서는 육안으로 가늠하기가 힘들므로 물 아래의 지형들을 보고 판단하려 한 것이다. 경계지역에 이르렀을 때, 검은 돌덩이와 굴착기를 실은 두 대의 배가 한창 작업 중이었다. 이것을 본 잠수들은 작업배로 다가가 고래고래 소리를 지르며 항의하였고, 더군다나 뿌연 흙탕물이 어장 안으로 흘러가는 것을 보았다.(잠수들은 연구자에게 이것을 사진 찍으라고 하였다).

뒷날(5물) 아침, 어촌계 간사는 흙탕물 사진을 인쇄하였다. 잠수

들은 물에 들기 위해 작업장에 모였으나 전날의 사건으로 계장, 간
사와 함께 모두 트럭에 나눠 타서 공사현장 사무소로 갔다. 초겨울
바람과 비가 날리어 두꺼운 옷에 머리엔 모자와 스카프를 한 70여
명의 잠수들이 현장사무소 현관 앞에 모였다. 모였다는 것만으로
시위였다. 모두가 현관 앞에서 어슬렁거리고 있을 때 2명의 경찰
이 와서 중재를 자청하였다. 건물 옆 컨테이너 사무실에 군청직원
과 시설 공사측(5명)과 잠수측 대표자 7명이 마주 앉았고, 긴 탁자
의 한쪽 끝에 경찰, 어촌계장과 간사, 그리고 연구자가 있었다.[136]

> (2005년 11월 14일, 다섯물, 회담장 안에서 대화)
> -현장소장 : 어제 부유물질을 보지 못했습니다만,
> -지순 : 우린 무식핸(무식해서) '부유물질' 몰라마씸! 흙탕물마씸!
> -현장소장 : 어제 투석과정에서 돌맹이를 투척했는데 앞으론 세
>   척해서 하겠습니다.
> -지순 : 잠깐! 어제 다이버도 인정했는데 여기 월정 김녕 사이 이
>   렇게 모살(모래)판이, 암반 깰 것이 없습디다. 방류관이 현
>   재 800미터 나간 지점이 수심 몇 미터과?
> -현장소장 : 9.9에서 10미터입니다.
> -지순 : 지금 공사하는 데가 1종 공동어장이과 아니과?
> -소장 : 앞으로 더 나갈거…….
> -지순 : 어제 작업장에 흙탕물이, 9월부터도 그쪽 바당엔 가지 못
>   해수다. 월정에 (부표를) 띄워야 하는데 왜 김녕에 와서 띄

---

136) 현장에 온 경찰은 나에게 다가와 누구인지를 물었었다. "어촌계 사무장입니
까?"라는 물음에 연구자는 "준간사"라고 답했었다. 그러자 "사무 보세요?"라고
물었다. 당시 저울 보는 일을 하고 있었기에 연구자는 "저울 봅니다"라고 대답
했었다.

웜수과? 김녕해녀를 얼마나 우습게 봐서 …… (지순이 화가
나서 옆에 있던 감리단장에게도) 당신들 업자 편 아니과? 해
녀편에서 생각해봅디가? 약속 지킨 것이 뭐 이수과?

-봉희 : 해녀 일생이 보장된 바당인데 그거 누가 책임질 것과? 공
사 중단 협서!

-지순 : 10월부터 대조문 바당인데 오늘도 물에 못가지 안아수과?

-봉희 : 160명 일생을 책임집서!

-금희[137] : 오늘까지 물때인데 왜 물에 안 감신지(안 가는지) 생각
안햄수과? 오늘 해녀 회의해서 오늘 바당에 가야 일당
벌거우다. 당신네는 월급 나왐수게예? 우린 안 가민
아이들 학교도 못 보냄미다아!

-영순[138] : 우린 이 바당을 집 삼앙 다니는 사람들마씸! 이 집(처리
장건물) 지을 때만도 월정이라부난 집만 바래보멍 무
심코 이서서예. 이건 월정 땅이난! 우미 헐 때 5월 중
순에 빨간 때박이 띄울 때도 못 확인해수다. 이 사진
자료 이시난 일부러 곳곳 허는 거마씸. (방류)관이 나
간 빨간때박 지점 가 봐수다. 한 번 해봅서! 우리도 갈
때까지 갑니다! (함께 간 우리들을 보며) 요런거(흙탕물
사진자료) 어시민 말로만 핸 넘어가메!

---

137) 금희 : 오늘까지 물때인데 (우리가) 왜 물에 안 가는지 생각이 안 됩니까?
오늘 해녀 회의해서 오늘 바다에 가야 일당을 벌 겁니다. 당신네는
월급 나오죠? 우린 (바다에)안 가면 아이들 학교도 못 보냅니다!

138) 영순 : 우린 이 바다를 집 삼아서 다니는 사람들입니다! 이 하수처리장 건
물이 지을 때만해도 월정이라서 건물만 바래보면서 무심하게 있었
어요. 이건 월정 땅이니깐! 우뭇가사리 할 때 5월 중순에 빨간 부표
를 띄울 때도 확인 못했습니다. 이 사진자료 있으니까 일부러 말하
는 겁니다. (방류)관을 묻은 빨간부표 지점에 가 봤습니다. 한 번 해
보세요! 우리도 갈 때까지 갑니다! (함께 간 우리들을 보며) 이런 것
(흙탕물 사진자료)이 없었으면 말로만 해서 넘어간다고!

잠수들이 앉아서 말을 하는 동안 담당자들은 내내 서서 답변을 하였다. 잠수들은 모두 격앙된 목소리로 항의하였다. 회담장 안의 벽에는 〈건설현장 중대재해사례〉라는 큰 게시판이 걸려 있었다. 그 내용엔 '환경사고, 붕괴사고, 폭발사고, 감전사고' 등 공사과정에서 발생할 수 있는 사고들에 대한 간단한 설명이 있었다. '환경사고'에 대한 정의는 "생활하수 무단방류 물고기 폐사"라고 적혀 있었다.

-군청 하수계장 : 이것을 원만히 해결하기 위해 대표들과 그때그때 상황 봐가면서 협의하면서 처리하겠습니다.
-지영 : 그때그때는 안 되수게!
-군청 하수계장 : 어쨌든 피해를 없겠끔 허쿠다
-잠수들 : 이젠 그런 말도 못 믿어! 우리 갖고 놀지 맙서!
-현장소장 : 이런 게 이수다. 해녀들 오기 전까진 작업허고 오민 안 허고…….
(이 말에 지순이 발끈 화가 나서)
-지순139) : 아저씨! 작업 날에 작업허민 물 영 흐령 작업 못 헌댄 안 협디가?
-봉희 : 다른 거 필요 어시 우리 160명 책임지든가 공사 중단허든가 이젠 알앙 헙서!

시공업체측은 변명조차 제대로 하지 못하였고, 배석한 경찰과 어촌계장, 간사는 상황을 지켜보고 있었다. 잠수들은 여기까지 말하고 어떤 대안도 나오지 않자 자리에서 일어나버렸다. 밖에 나오니 한 두 방울씩 비가 내리고 있었다. 트럭 2대로 다시 작업장으로

---

139) 지순 : 아저씨! 물질하는 날에 공사하면 물이 아주 흐려서 물질 못 한다고 안 했습니까?

이동하였다. 영순은 차에 오르기 전 공무원에게 "북군청에 강 김녕 해녀가 어떻헌지 알아봅써! 다 알건디?!"[140])라는 말을 남겨 놓고 트럭에 올랐다. 이 말은 은근히 그러나 강한 쐐기를 박는 말이었다. 그 공무원은 아무런 대꾸도 하지 않았다. 트럭을 타고 작업장으로 돌아오면서 영순은 회담장에서 있었던 말들을 풀어 놓았다. 그 내용인 즉, 소장이 돌을 앞으론 세척해서 투석하겠다는 말에 잠수들이 "당근이나 세척헙서!"라는 말로 대꾸하였다는 것이다. 이 말을 들은 모든 사람들이 크게 웃었다. 영순은 다른 설명을 붙일 필요도 없이 돌 세척과 당근세척 이야기로 회담장 안의 상황을 압축하여 일행들에게 전하였다.

위 내용은 이 상황을 참여관찰한 연구자의 필드노트에서 재인용한 것이다. 회담장 안에 들어간 잠수대표들은 공사관계자들을 향해 엄연히 물질하는 기간에 공사를 하였다는 것에 몹시 화가 난 것이었다. 그리고 본질적으로 잠수들은 그들이 '바다에서 물질하는' 잠수들을 이해하지 못하고 있음을 지적하고 있었다. "해녀편"에서 생각을 해봤는지, 바다가 잠수의 일생을 보장한다는 것을, 물 때인데도 바다에 왜 가지 않았는지, 바다에 가지 못하면 "아이들 학교도 못 보내는"것 등을 아는지를. 이러한 것을 영순은 바다가 잠수에게는 "집"라는 것으로 말해주었다. 그리고 사진과 같은 근거가 없었다면 또 다시 상황을 무마해버릴 것이며 자신들을 우롱할 것이라는 것까지 예상하였다.

잠수들은 자신들에게 바다가 무엇인지를 설명하려고 하였다.

---

140) "북군청에 가서 김녕해녀가 어떤지 알아보세요! 다 알 텐데?!

244 제주 잠수의 바다밭

위 상황을 통해 잠수들이 주장하는 것은 어장의 오염이 불러올 그들의 경제적 손해만이 아니다. 바다가 '일생이고 집'인 사람들이라는 말에는 그들의 삶의 총체적 터전이 바다라는 의미이다. 이는 물질을 하는 자가 오염된 바다에서 신체로 느끼는 위험만이 아니라 한 가구의 위험이자 생활의 위험인 것이다. 때문에 물질하는 잠수의 몸은 생물학적인 개별적 몸이 아니라 가족과 생계(생활)를 상징하는 '사회적인 몸'인 것이다. 작업장으로 돌아온 잠수들 사이를 숙희가 부지런히 다니며 항의 시위에 참가하였던 잠수들의 이름을 일일이 적었다. 잠수들은 이 일에 대한 논의를 대책위에 위임하기로 한 후 집으로 돌아갔다. 집으로 가는 길에 지영과 함께 걸었다. 그녀는 회담장에 참석하였던 잠수들 중 자신만 빼고 모두 "양어장 사건"때 앞장섰던 사람들(대파와 쪽파의 실세)이었다고 말하였다. 그런데 회담장 안에서 대파와 쪽파의 경계는 무의미한 것이었다. 회담장 안에 놓여 있던 탁자는 연안 바다에서 '살아가는' 사람들과 연안 바다를 '이용하는' 사람들 사이를 가르고 있었던 것이다. 다시 뒷날(6물) 공사업체에서는 하루 조업 피해액에 대한 보상을 약속했으며 그 보상금의 책정은 김녕리 잠수들의 일일 소라 채취량을 기준으로 결정되었다.

4) 바다로부터의 관점

하수처리장을 둘러싼 마을주민들의 대응과정에서 알 수 있는 것은 육상에서 바라보는 연안바다에 대한 주민들의 '바다로부터 보는 관점'이었다. 마을주민들은 바다에 대한 경험적 지식에 토대하여 해안생활자의 위치에서 이 사안을 바라보고 있었다.

그것은 첫째, '직선'에 대한 주장을 통해서 알 수 있다. 관리선 선장은 〈평면도〉의 오류를 육지에서 바라볼 때와 해도(海圖)에 따라 바라볼 때 달라지는 것을 지적했었다. 이는 바다와 육지에서 보는 관점이 서로 다를 수 있다는 것을 상기시켰다. 둘째, 바다를 생태적 공간으로서 입체적으로 인지하고 있다는 점이다. 시설업자와 행정기관에서 제시하는 〈평면도〉에서 두 마을간 바다 경계는 수면 위에 경계를 표시함으로써 분명히 나뉜 두 개의 영역이 되지만, 마을 주민들의 관점에서는 매일 조수의 흐름이 들고 나가는 하나의 입체적 공간으로 인지한다. 또한 연안자원의 생태적 변화를 동시에 고려하여 향후 일어날 변화의 예견까지, 바다는 통합적 공간으로 인식하고 있는 것을 보여준다. 바다에 관정을 매설하던 시점에 이르러서 잠수들이 문제를 제기하기 시작하였다는 것은, 이웃마을의 육상과 달리 이웃마을의 바다는 곧 자신의 바다, 자신의 생활세계 안으로 들어오는 것으로 인지하였다. 육상이 경계로 구획되는 데 반하여 바다는 통합적 공간이라는 것을 의미하고 있다. 셋째, 마을 어장에 대한 개념의 차이가 있다. 잠수들의 작업공간은 법적 구속력을 받는 공간이지만, 마을 사람들에게는 과거로부터 살아온 생활공간으로서 이것이 '우리 바당(바다)'이라는 관념을 형성하고 있는 토대이다. 게다가 잠수들에게 물 아래 세계의 변화는 생활세계의 변화와 마찬가지인 것이다. 법적으로 어장은 지도상의 구획으로 '임대공간'이며, '무주물(無主物)'이지만, 비잠수자들에게는 비가시적인 세계(물 아래)를 잠수들은 매년 의례를 통해 미역, 소라, 전복들이 자라는 밭으로, '요왕할망의 세경'으로 형상화하고 있다.

이처럼 육상에서 바다를 바라볼 때와 다르게 형성될 수 있는 해안생활자들의 바다에 대한 관점은 문화에 대한 다양한 관점주의를 고려하도록 한다. 농경문화와 해양의 어로문화는 단일한 앵글(angle)로 접근할 수 없다는 것을 시사하고 있다. 또한 해안마을의 연안바다는 이 공간을 이용하는 개인과 집단의 제도와 조직, 관행을 아우르지 못하고 단지 생태적 대상으로만 바라본다면 생활공간인 어장의 의미를 볼 수 없으며 지역 주민의 항의는 집단 이기주의로 전락시키고 말 것이다.

3. 목장의 개발

마을주민들이 항상 개발을 반대하는 것만은 아니었다. 마을어장의 연안개발에 항의하였던 것과 반대로 마을목장지에서 추진되는 관광개발 사업에 온 마을 주민들은 적극적으로 지지하였다. 마을주민의 또 다른 공유지인 목장지대의 관광개발사업은 연안개발사업과 무엇이 다른 것이었는지 그것을 살펴보도록 하겠다.

1) 사업의 전개

〈묘산봉관광지구개발사업(이하 묘산봉개발사업)〉은 마을의 내륙에 있는 옛 마을공동목장(리소유지) 지대에 대규모 호텔, 휴양콘도, 골프장, 영상단지, 문화예술파크 등을 조성하는 관광개발 사업이다. 사업시행자로 선정된 주식회사 자이언트(가명)는 어촌계사무실

과 나란히 현장사무소를 두고 있었으며, 마을주민이 참여하는 사업이 되도록 현장사무소의 직원들도 모두 마을출신이었다. 이 사업은 부지 약 141만 평에 총사업비 1조1천9백7십6억 원을 투자하여 2011년까지 조성하는 계획이다.[141] 사업예정지는 묘산봉에서 한라산 방향의 약 1㎞지점이며, 이곳은 해발 200m 이하의 완만한 경사의 광활한 용암대지이다. 내(川)가 없고 숨골이 많으며 상록활엽수가 자생하는 곳이었다. 이 지역을 개발한다는 것은 도내 환경단체의 반대를 불러일으켰다. 마을주민들도 이 지역 개발이 자연환경을 파괴한다는 것을 우려하고 있기는 마찬가지였다. 2003년 김녕리 청년회에서 만든 〈김녕리 묘산봉 관광지구와 마을발전 전략〉자료에서도 이곳의 학술적 가치와 생태적 가치,[142] 그리고 관광개발이 되었을 때 자연환경을 파괴하는 문제들을 지적하고 있다.

그러나 제주도의 관광산업 육성 정책과 맞물려 이곳은 새로운 관광산업단지로서 물망에 오르게 되었다. 처음부터 이 개발이 주민들의 지지를 받은 것은 아니었다. 이전의 사업체가 마을주민들과 무관히 개발사업을 추진하였을 때 주민들이 저항하여 무산시켰었다. 그러나 지금의 자이언트 주식회사는 마을에 발전기금을 기탁하였고 마을주민을 중심인력으로 고용하였다. 청년회가 작성하였던 마을의 발전전략에는 마을주민의 고용과 소득이 지속적으로 개발사업과 연계될 수 있도록 사업자 측에 요구하고 있으며,[143] 행

---

141) 김녕리사무소, 2005, 〈정기총회〉자료, p.31.
142) 옛 방목지였음을 보여주는 잣담(돌담)들과 희귀식물들과 상록활엽수림의 군락지대로써 생태학적 가치를 가지고 있다.
143) 마을이 연계될 수 있도록 도로를 건설하고, 마을 안에 있는 관광지에 연차적인

정관청에는 "바다와 산, 무속과 삶이 공존하는 신관광지조성사업을 국제자유도시 개발사업에 포함시켜 예산을 배정"해달라고 하였다. 2005년 가을, 자이언트 현장사무소 앞에 현수막 하나가 걸려 있었다. 그것은 TV 드라마의 촬영세트장이 개발사업지에 들어온다는 홍보였다. 드라마의 주인공이 유명한 한류 스타였으므로 드라마세트장의 설치는 일본관광객들을 끌어들일 것이고 따라서 마을의 관광소득도 높아질 것이라는 기대감을 보여주고 있었다.

2) 개발의 주체권

관광개발 예정지인 마을공동목장의 부지는 도내에서 유명한 곶자왈(자연생태림)지역으로 도내 환경단체는 이를 파괴하는 묘산봉 개발사업을 반대하였다. 2006년 3월 9일, 마을주민들 200여 명은 이 사업에 대한 환경영향평가 심의가 있던 제주도청 광장에서 환경단체와 나란히 맞서서 침묵시위를 벌였다. 도청회의실에서 진행되는 사업심의에 마을주민들은 무언의 압력을 행사하고 있었다. 낮게 구름 낀 오후, 광장에 모인 주민들 가운데 대다수의 여성은 잠수들이었다. 길게 늘어선 부녀자들 맞은편에 환경단체 회원들이 피켓 시위를 벌였다. 마을주민들이 든 현수막에는 '마을의 개발 권한은 마을주민에게 있다'라고 쓰여 있었다. 차가운 날씨 속에 뒷줄에 서 있던 잠수들이 자리에 쭈그려 앉아 수근거렸다. 개발로 환경

투자, 마을주민의 고용창출, 공사 시에는 김녕리 주민에게 우선권을 부여하고, 환경감시 주민 모니터링제도와 통합환경영향평가에 주민을 참여시키고, 주거래 은행을 김녕농협, 김녕새마을금고를 이용할 것 등을 요구하고 있다.

이 파괴될 것임을 알고 있지만 마을의 발전을 위해서 마을전체의 입장을 따라야 하는 것이라 하였다. "반대만 허당 이제 하나 해도라 허난 반대 햄시네!"[144] 그동안 연안개발사업에 대해서 반대해왔던 것을 염두에 두고 하는 말이었다. 차가운 바람을 피하며 모여앉은 잠수들은 이렇게 관광개발 사업이 난관에 부딪히는 것은 마을의 오름이 민가와 등져 있기 때문이라고 하였다(즉 바다를 뒤로 하고 내륙을 향해 있는 형상).

> 혜자 : 선흘, 조천만 좋을 거(선흘리, 조천리[이웃마을들]만 좋게 됐어)
> 혜란 : 고살미 등 돌아 앉아부난(묘산봉이 등 돌려 앉아버리니까)
> 영순 : 게난 앞으로 앉히게 만들어사(그러니까 앞으로 앉게 만들어야지)
> 애순 : 앞으로 앉히민 뿐어서(앞으로 앉으면 멋이 없어)!
> 옥자 : 고살미 돌아 앉아부난 ᄇᆞ름만셈젠!(묘산봉 돌아앉아서 바람만 센 거래!)

이 시위를 하기 위해 마을주민들은 동별로 한 가구에 1인씩 의무적으로 참여하도록 하여 예닐곱 대의 전세버스를 타고 왔다. 동장이 참석자의 명단을 작성하기 시작하였다. 마을 부녀회에서는 임원들이 참여하였다. 이를 보고,[145]

---

144) 반대만 하다 이제 하나 해달라고 하니까 반대하고 있는 거야!
145) 영순 : 어디 갈 때에 단체성이 좋은 것은 잠수지?
　　　희진 : 잠수회로 오는 일이라 버리니까, 물에 안 들면서 오는 정도인데 (이 사안이) 얼마나 심각한 일입니까?
　　　지영 : 잠수들이 아니면 (마을주민이) 얼마 안 왔겠네. 우리 130명이 왔으니까 광장이 가득 찼지.
　　　혜자 : 그저께 돈 못 벌고 오늘도 돈 못 벌고…….

영순 : 어디 갈 때 단체는 해녀라이?

희진 : 해녀단체로 오는 일이라부난, 물에 안들멍 오는 거난, 얼마
  나 심각한 일이꽈?

지영 : 해녀가 아니면 얼마 안 와시크라. 우리 130명 와 부난 마당
  이 고득했주.

혜자 : 그저게 돈 내불고 오늘 돈 내불고…….

영순과 지영은 마을주민이 동원된 가운데 잠수회의 집단적 결속
력을 말하고 있고, 희진은 이 일의 심각성을 자신들이 '물질도 하
지 않으면서' 참여하고 있는 것으로 대변하고 있다. 그리고 혜자는
잃어버린 소득을 환기시켰다. 이들은 최근 TV에 보도된 국회의원,
국무총리에 대한 정치 이야기를 하더니, 침묵시위 온 것이 "이치상
해녀단체와 관계 어신" 일인 것으로 "리민들이 와야"하는 했다고
생각하였다. 동장이 명단을 적어가자, 명애(65세)가 "아방대신(남편
대신에)"에 왔다며 부언(附言)을 하였다. 그러자 옆에 있던 희진은
"아방은 아방이고 어멍은 어멍이라부난(남편은 남편이고 아내는 아내
라서)!" 자신은 남편과 함께 각각 참여했다고 말하였다. 저녁 6시경
심의는 결정되지 못한 채 끝났고, 나눠준 빵과 우유를 먹고서 다시
전세버스를 타고 마을로 돌아갔다.

그리고 얼마 후, 제주 지역 일간지에는 마을 주민대표자들의 기
자회견 사진이 게재되었다.[146] 주민들은 그동안 여러 차례 번복되
어 왔던 이 개발 사업에 대해 새로 지정된 사업체와의 신뢰성을
쌓아 왔으며, 마을의 중장기 발전계획 수립을 위한 용역을 실시하

---

146) 2006년 3월 24일, 제주일보, "묘산봉 개발은 생존 위한 선택."

여 "공동번영 목적을" 이루기로 하였다는 것을 강조하였다. 또한
주민들이 1차 산업 붕괴에 직면하여 새로운 도전을 해야 하는 현실
에 직면해야 하며, "환경피해가 생긴다면 가장 큰 피해자는 우리들
(마을 주민들)"이라며 환경피해보다 마을의 경쟁력이 떨어져 김녕리
의 마을 공동체가 깨어지는 일이 더 위급하다고 주장하였다. 이튿
날(24일) 도청에서는 최종심의가 열렸고 주민들은 다시 도청 앞 광
장에서 시위를 벌였다. 전세버스 16대가 동원되었다. 환경단체의
지적사항을 참고하여 개발사업을 추진하도록 결정이 났다. 2006
년 7월 5일, 목장 부지 내 개발사업 현장에서는 도지사와 도내 기
관장, 마을주민들이 참석한 가운데 〈기공식〉이 열렸다.

주민들이 관광개발을 바라는 것은 불모지가 되어버린 옛 목장지
대를 이용하여 새롭게 마을발전을 이루려는 것이었다. 반면 어장
의 개발을 반대하는 것은 목장과 달리 아직도 그곳에서 전개되고
있는 생업활동이 있기 때문이다. 목장을 개발하고 어장개발을 반
대하는 것은 모순적이고 이기적인 발상이라 할 수도 있다. 그러나
마을의 터를 이용하며 살아가야 하는 주민들에게 환경은 생활과
유리된 것이 아니라 그들의 생활터로서 생산성을 가지고 있어야
함을 보여주고 있다.

4. 잠수회의 도덕성과 정치성

양어장과 하수종말처리장 그리고 목장지대의 개발에 대해 주민
들은 함께 대응하였으나 내부적으로는 다양한 이해관계와 관점의

차이가 있음을 보게 된다. 특히 여성 어로조직인 잠수회는 마을의 어장과 목장에 관련한 집단적 행동에 가장 적극적인 사회조직이었다. 그리고 내부적으로 대파와 쪽파라는 갈등관계가 지속되고 있었다. 그럼에도 잠수회는 와해되지 않고 대외적 활동에서는 가장 적극성을 발휘하는 마을조직이었다. 연구자는 내부적으로 갈등관계에 있으면서도 조직적 대응을 벌이는 잠수회의 성격을 그들의 갈등관계가 형성된 과정을 통해 알아보고자 한다.

1) 공적 직위와 사적 관계

잠수회원들 사이에 "대파쪽파"가 형성된 것은 양어장 반대 때문이 아니라 계장의 탄핵을 둘러싼 서로의 입장 차이에서 비롯된 것이었다. 그리고 입장차이를 촉발시킨 것은 공식적 대표/기구의 의사결정 과정에서 사회관계를 고려하지 않은 것이 문제가 되었다.

잠수들이 계장을 탄핵하려 한 것은 그가 불법적 권한을 행사하였기 때문이 아니다. 오히려 계장은 '적법한' 절차에 따라 공문서를 발행하였다. 잠수들의 비난은 '자신들의 대표'가 자신들의 뜻과 위배되는 사업에 동의공문을 작성했다는 데에 있었다. 잠수들은 이를 두고 계장이 자신들의 편이 아니라고 생각하였다. 양어장 설립에 관해서 계장과 잠수들은 총회 이전에 어떠한 공식적·비공식적인 협의과정도 없었다. 그리고 어촌계의 의사결정체계는 잠수들의 의견을 반영하지 못하였다. 때문에 이 사안에 관련하여 잠수들과 계장 사이에서는 공식적·비공식적 의사교환의 장(場)이 마련되지 못하였다. 이는 그들 관계의 단절을 의미하였고 그것을 실행

한 것이 곧 계장의 탄핵으로 나타난 것이다. 잠수들은 어촌계의 총
회 의결사항을 무효화시켜 버렸다. 그들의 탄핵주장은 자신들과의
관계를 저버린 대표자에 대한 도덕적 처벌이며, 의결사항을 무효
화시킨 것은 자신들의 의사를 반영하지 못하는 의사결정체계에 대
한 반발이었다. 게다가 추진위원장 지순의 갑작스런 입장 선회로
추진위원들이 반발하게 된 것도 잠수들의 계장 탄핵과 같은 맥락
에 있다. 지순은 추진위의 대표자였으나 위원들과의 사전협의 없
이 단독으로 의사를 바꾸었다. 잠수편이라고 생각하였던 계장에
대해 잠수들이 분노하는 것과 같이 위원장을 중심으로 위원회 활
동을 벌이던 나머지 잠수들의 분노를 촉발시킨 것이다.

이러한 일련의 과정을 통해서 집단의 대표자를 바라보는 잠수들
의 관점을 알 수 있다. 한 집단 수장의 직위에는 타인에 대한 지배/
대표의 힘이 이미 그 안에 내포되어 있는 것이 아니라 '지속적인
관계'를 통해 힘을 가지게 된다는 것이다. 감투 자체가 이미 힘을
가지고 있는 것이 아니라 타인이 씌워 주는 것이 감투라는 의미이
다. 공식적 직위라 할지라도 대표성(힘)은 성원들과 지속적인 관계
의 재확인 속에서 공식적인 힘이 발현된다는 것을 보여준다.

잠수회가 공식적 결정을 철회시키고 양어장을 무산시킨 것은 국
가의 공식적 사회 제도가 비공식적(혹은 전통적) 사회관계를 전적으
로 지배하지 못함을 보여준다. 마을 안에서 전통적인 사적 관계는
국가의 공식적 제도와 경쟁하고 타협의 관계를 맺어 왔으며, 사적
관계를 동원하는 적응과 저항의 전략적 차원이 있음을 생각해보게
된다(김광억 2000:38~40).

2) 생활 공동체

　탄핵을 주장하는 쪽파의 주장에도 불구하고 계장은 탄핵되지 않았으며 또한 잠수들은 그들의 관계가 양분됨에도 어느 한쪽에서도 자신들의 입장을 포기/양보하지 않았다. 왜 탄핵은 이루어지지 않았던 것일까? 앞서 서술하였듯이 대파와 쪽파로 갈라진 것은 대표자에 대한 책임을 추궁할 것이냐 아니면 마을과 잠수회의 대내외적 입지를 고려할 것이냐를 두고 나누어진 선택이었다. 그리고 전자의 도덕성과 후자의 정치성은 잠수회가 마을어장의 어로조직으로서 어느 한쪽도 포기할 수 없는 측면이다.

　잠수들은 오랫동안 연안바다에서 어로를 행해왔으며 그들이 축적해온 경험의 역사가 있다. 어머니와 딸, 시어머니와 며느리, 자매, 고모와 이모 등의 관계에서 잠수들은 함께 물질하고 있다. 그들은 함께 물질을 하며, 마을어장의 자원보호 활동과 의례도 공동으로 하고 있다. 어촌계에 속해 있으나 자율적 조직이다. 동시에 이들은 국가의 법적 지배를 받는 연안어장에서 어로를 하는 것이며, 시장경제의 체제에 따라 해산물을 유통시키고 있다. 마을어장은 마을의 공유지로서 잠수회가 독자적으로 이용하고 운영하고 있는 것이 아니다. 또한 잠수들은 마을에서 살아가는 주민이다. 생업 집단으로서 견지해 온 관행과 규범들이 있는 반면 마을주민으로서 국가의 수산정책과 시장경제를 무시할 수 없다.

　잠수들은 오히려 자신들의 내부가 분리되어 어느 하나를 선택함으로써 다른 하나를 상실케 되는 상황을 만들지 않았다. 대파의 주장으로 보면 잠수회는 마을의 대외적으로 입장을 고려함으로써 사

회적 비난을 모면할 수 있었다. 그리고 쪽파의 주장으로 보면 잠수
회는 여성 어로조직이 축적해 온 도덕적 사회관계가 파괴되지 않
았음을 보여줄 수 있었다. 대파와 쪽파의 분파 형성은 잠수회의 정
치와 도덕성 중 어느 것도 포기하지 않는 선택을 보여주는 것이라
하겠다. 이런 맥락에서 대파와 쪽파는 서로 다른 가치의 경합과정
속에 있으며 서로 포기하거나 버릴 수 없는 반쪽으로서의 의미가
있다. 이들의 긴장관계는 잠수회를 분열·와해시키는 요인이 아니
라 잠수회가 도덕과 정치를 조율·승화해야 하는 전략을 모색하고
있는 역동적인 모습을 반영하는 것이라 할 수 있다.

중층적 사회관계

지금까지 잠수들의 어로와 의례, 그리고 그들의 개발사업 등에 대한 갈등과 저항을 잠수회라는 조직을 중심으로 기술하였다. 개별적으로 잠수들은 고향, 교육, 취향, 종교, 가족구성 등에 있어 각각 다양한 배경을 가지고 있다. 따라서 잠수들의 개별적인 사회관계를 살펴봄으로써 잠수회가 다양한 성원들의 내부적 갈등에도 불구하고 외부적 변화에 어떻게 집단적으로 대응할 수 있는 것인지를 살펴볼 수 있을 것이다.

1. 잠수들의 사회관계

마을의 잠수들은 개별적으로 자주 만날 수 밖에 없으며 여기에는 기본적으로 민가가 서로 밀집되어 있는 취락의 특성과 관련이 있다. 옹기종기 모인 집들은 울담을 사이에 두고 앞집과 뒷집, 옆집이 서로 같은 골목을 끼고 살며 하루에도 몇 번 씩 이웃과 마주칠 수 밖에 없다. 오가며 이야기를 나눈다거나 어느 한 집에 모여 이야기를 하는 모습도 종종 볼 수 있다. 또한 바닷일과 농삿일로 특별히 바쁜 시기가 아닌 때에는 한밤이 되도록 자주 모여 이야기를 하였다. 모인 사람들끼리는 "도래기 공실"을 하는데, 이것은 여

럿이 앉아 나누는 이야기로 한 이야기가 다른 누군가에게 계속 이어져 가는 것을 두고 일컫는 말이다. 저마다 본 것이나 누구로부터 들은 것을 주고받다보면 특정한 인물이나 사건에 대한 이야기가 구성되었다. 마치 퍼즐 맞추기를 하듯이 언제 누가 어디서 무엇을 했는지 알리바이가 형성되며, 모자란 부분은 추리를 통해 메워간다. 따라서 마을 안에서 누가 무엇을 했는지를 직접 보지 않아도 알 수가 있으며, 그 내용은 또 다른 관계들을 통해 전파되었다. 또한 "도래기 공실"을 하며 여러 사람들의 생각을 모아 농사나 일상의 여러 일들에 대한 도움을 주고받기도 하였다. 그리고 한 장소에서 모여 이야기한다는 것은 그 이야기의 내용면에서 서로 비슷한 입장을 만들어 갔다. 그래서 서로를 "멤버"라고 하는 말에는 여러 가지를 함축하고 있다는 생각이 든다.

물질을 갈 때나 집으로 돌아올 때도 잠수들이 잘 다니는 두 집이 있었다. 날씨가 궂어 밭일이나 물질을 못하게 될 때도 이 집들은 잠수들이 모여서 한담하는 공간이 되었다. 두 집은 상군 영순과 중군 진해의 집이었다. 이 글에서는 편의상 영순의 집을 〈세자매집〉 그리고 진해의 집을 〈팽나무집〉이라 부르도록 하겠다. 〈세자매집〉에 모이는 잠수들은 모두 마을 출신이며 잠수회를 주도하고 있는 50대 중반에서 60대 중반까지의 잠수들인 반면, 〈팽나무집〉 잠수들은 집주인을 비롯하여 대개 다른 마을에서 시집 온 50대 초반의 잠수들이었다. 두 집에 모이는 잠수들은 대개 대파잠수들이지만 〈팽나무집〉에는 마을 출신의 젊은 쪽파잠수들도 참여한다. 잠수들은 이들 집에 모이면 온 종일 이야기 하느라 점심과 저

녘을 같이 먹곤 하였다. 주로 날씨와 물질 이야기를 하거나 TV를 보고 마을 안의 각종 화제와 "먹을 일(경조사)"에 대한 소식들이 오간다. 이런 이야기 가운데에서 다른 잠수들이 어떤 밭일을 다니고 있는 지에 대한 소식도 빠지지 않았다. 주요 내용들은 마을의 공공 사안이나 잠수회에 관한 것으로 가족과 관련된 사적인 이야기보다 주를 이루었다. 그 중 가장 으뜸인 화두는 언제나 '일'에 관한 것이었다. 이야기 내용은 언제나 풍부하고 새로운 정보들이다. 이렇게 일상적으로 많은 정보를 주고 받은 사람들의 사회관계를 파악해 보았다.

〈그림 11〉 잠수들의 사회관계

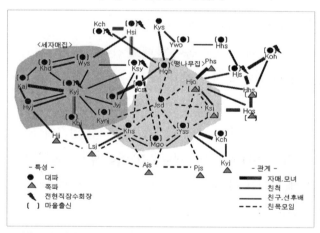

* 잠수들의 이름은 영문 이니셜로 표기하였다.

위 그림을 보면, 잠수들의 관계는 중층적으로 형성되어 있음을 알 수 있다. 자매, 친척, 친구, 친목회 등으로 다양한 네트워크를 형성하고 있는 잠수들은 이를 통하여 또 다른 잠수들과 연계가 이루어짐을 보여준다. 따라서 대파와 쪽파로 나눠진 서로의 갈등 속에서도 이와 같은 직간접적으로 연결된 사회적 관계망을 통해 다양한 정보와 이야기들이 소통될 수 있는 것이다.

난희(그림의 Hjo)의 경우를 보면, 그녀는 잠수들 가운데에서도 폭넓은 친족관계를 구성하고 있었다. 친정어머니와 이모들(3명), 이종 사촌자매(2명, 연미와 옥란)가 모두 잠수이다. 그리고 이들은 어촌계장의 탄핵을 두고 대파와 쪽파로 서로 나뉘게 되었다. 그녀가 친목회으로 참여하던 철쭉회(가명)도 어촌계장의 탄핵 관련 일로 와해되어 버렸다. 모임의 성원 중 계장의 부인이 참여하고 있었고 그들 사이의 입장 차이로 말미암아 모임이 해체된 것이다. 당시 그녀는 쪽파였고 C동에 살지만 B동에 사는 대파의 진해와 "언니동생"하는 가까운 사이여서 진해네 〈팽나무집〉을 왕래하였다. 이 집은 젊은 대파와 쪽파 잠수들이 만나는 유일한 장소였고, 계장의 부인(그림의 Hoh)도 자주 놀러 왔다.

숙희(그림의 Khs)는 진해와 친하여 자주 〈팽나무집〉에 가서 놀곤 하였다. 숙희는 금희(그림의 Lsj)와 함께 이웃마을에서 시집온 사촌자매였다. 숙희는 S동에 사는 대파 쪽 하군 잠수이며, 금희는 B동에 사는 쪽파 쪽 상군 잠수이다. 두 사람은 사촌자매이지만 친정집의 경조사 외에 왕래하는 일이 없었다. 금희는 S동에 사는 복순(그림의 Kbj)과 같은 시댁의 며느리로 시제와 제사 때에 서로 왕래하였다. 복순은 대파 쪽 상군 잠수이며 영순(그림의 Kyj)의 여동생이다.

〈세자매집〉의 주인인 영순은 S동에 살며 상군 잠수이고 대파의 실세라고 간주되곤 한다. 가까운 곳에 사는 나연, 지영, 옥자, 순자, 혜자가 모두 이 집에 모여 이야기 하는 멤버들인데 모두 마을에서 태어나 함께 자란 이들이며, 그 중 올케와 시누이 사이인 사람도 있다. 영순의 가장 가까운 친구였던 지순은 해초 채취 이후 관계가 소원해져 이 집에 오는 발길이 끊겼었다.

잠수들 사이를 매개하는 또 하나로는 해산물 있다. 난희(쪽파)는 하군 잠수이지만, 그녀가 잡은 오분자기는 잠수들 사이에서도 최고라는 품평을 받곤 하였다. 일순(대파)은 오분자기가 필요하자 저울을 보고 있던 연구자에게 특별히 난희가 잡은 오분자기만을 자기에게 넘겨 달라고 했었다. 오분자기와 성게는 제주사람들의 각종 의례에서 선호하는 해산물들이며 이것을 잡는 사람은 하군 잠수들이다. 때문에 소라와 전복을 잘 잡는 상군들이라 할지라도 하군이 잡아오는 해산물이 필요하고 그들과 '거래'를 할 수 밖에 없다.

이와 같이 서로 엮여 있는 잠수들의 관계를 정리해보면 이들은 가족, 친척, 친구의 관계로 맺어져 있으며, 대파와 쪽파의 갈등 관계도 다양한 관계망을 통해 서로 소통하고 있음을 보여 준다. 특히 잠수회의 사안에 관련해서는 개인의 정치적 입장이 친척과 자매와 같은 기존의 혈연관계에 우선하고 있다는 점은 주목할 만하다.

2. 담화의 정치

표면적으로 여성들은 마을의 공식적 영역 밖에 존재하고 있는 것으로 보이지만 다양하게 얽힌 사회적 관계와 사모임(친목)이나 일터 등의 일상적 공간을 통해서도 여론을 형성해 가는 것을 볼 수 있었다.

1) 노동과 공론

마늘 파종으로 온 마을이 분주하던 9월, 한 소문이 온 마을에 퍼졌다. 도둑으로 몰린 동쪽의 한 잠수 이야기가 서쪽 마을사람들에게도 공공연히 얘기되곤 하였다. 이렇게 소문이 널리 퍼진 것은 여성들의 밭일을 통해서였다. 마침 마늘을 파종할 시기였고 마을 여성들은 한 밭에 열 서너 명 가량이 둘씩 짝을 지어 종일 일을 하였다. 파종하는 일은 아침 6시부터 오후 5시까지 모판에 씌우진 비닐 구멍에다 마늘을 심는 것이다. 밭일을 하는 동안 한 밭에 모인 사람들끼리는 다양한 정보와 화제를 공유하였다. 연구자가 이 소문에 주목하게 된 것은 소문의 당사자보다 그의 친구가 이 사안을 "한 사람이 죽느냐 사느냐"라는 심각한 상황으로 받아들였기 때문이다. 결국 그 친구는 직접 문제 해결에 나섰고 급기야 처음 소문을 발설을 했던 사람은 병원으로 실려 가는 소동이 벌어졌다.

그 내용인 즉, 마을의 한 잠수인 인순(57세, 중군잠수, 대파)이 남의 밭 참깨를 도둑질 했다는 것이다. 소문을 먼저 들은 영순 자매와 혜자는 이것은 "질 뿔롸사 된다(길을 바르게 만들어야 한다)"며 맨 처음

〈사진 12〉 마늘 파종하는 잠수들(2005.9.7.)

소문을 발설했다는 욱이 어멍(인순의 옆밭 주인)을 찾아가 인순이가 참깨를 도둑질하는 것을 보았는지 그리고 누구에게 그 말을 말했는지 따졌다. 욱이 어멍은 자기 며느리인 순화(55세, 중군 잠수, 쪽파)에게 말을 하였고 이후 마을 전체에 소문이 퍼진 것이었다. 집으로 돌아온 영순은 이 일을 앞으로 어떻게 해야 할 지 의논하였다. 영순은 만약 진위를 밝히지 못한 채 소문을 인순이 알게 된다면 "제초제를 먹을 것"이며 "누구 한 명 죽어 나간다."라고 이 일을 가장 심각하게 여기고 있었다. 그녀는 인순의 친구였다. 그래서 영순은 인순이 알기 전에 빨리 누명을 벗겨야 한다고 생각하였다. 다른 잠수들도 인순이 도둑이라는 누명을 받으며 마을에서 살 수는 없을 것이라고 생각하였다. 이들이 추론하는 상황은 아마도 욱이 어멍이 본 것은 인순이 참깨를 잘 덮으려고 하였던 것을 착각한 것일지 모르고 며느리에게 말을 전하는 과정에서 참깨를 털어버린 것으로 와전된 것일지도 모른다는 것이었다. 문제의 참깨는 햇볕에 말려가며 씨를 털어내는 것으로 털어도 털어도 나오므로 정작 참깨 주인도 자신이 도둑맞았는지를 모른다는 것이다.

3일 후, 물질하러 가던 길가에서 잠수들끼리 소란이 벌어졌다. 아침에 누군가 병원에 실려 갔는데 그 사람이 살았는지 죽었는지를 두고 의견이 분분하였다. 이날 아침 엠블란스에 실려 간 사람은 욱이 어멍이었다. 인순이 마침내 소문을 듣게 되었고 욱이 어멍을 찾아가 싸움이 났는데 말다툼 도중 욱이어멍이 "북배기가 되싸져서(뱃속이 뒤집혀서)" 병원에 실려 갔던 것이다. 이 소동으로 참깨 소문은 잠잠해졌다. 마치 없었던 일처럼 마을사람들의 화제에서 사라졌다. 이틀이 지나서 인순이 물질하러 작업장에 나왔고 영순이 의도한대로 "질은 뽈롸"졌다. 그런데 후에 연구자가 영순에게 어떻게 욱이 어멍을 찾아가게 되었느냐고 물었을 때 친정어머니 조언에 따라 한 것이었다라고 말하였다.

이 사례를 언급하는 것은 도둑 누명을 벗겨준 잠수들의 우정을 보여주기 위해서가 아니라 '마을에 산다'라는 것의 의미를 잘 보여주기 때문이다. 주민들의 상호 관계가 밀접한 만큼 그 관계의 단절은 곧 마을을 떠나야 하는 문제이다. 이 일이 '죽느냐 사느냐'의 문제라고 언급되었던 것은 마을주민으로서의 생명력을 유지하는가 마는가, 곧 마을사람들과의 관계를 유지할 수 있는가 마는가의 문제와 같은 의미임을 말하고 있는 것이었다.

2) 사적 관계의 공적 개입

여성들은 마을의 여러 사안들에 대해 남성 못지않은 정보력을 가지고 있었다. 일을 하면서 혹은 담화를 벌이는 가운데 마을 안에서 벌어질 선거의 후보자가 누구와 친척이고 친목관계에 있는지를 주고받았다. 이렇게 하여 여성들은 후보자의 정치적 지형이 어떻게 형성되는지를 추측할 수 있었다. 그리하여 자신의 사적관계를 동원하여 투표에 영향력을 발휘하였다. 다음 사례는 그것을 보여준다.

2005년 12월, 마을 안에서는 이장과 금융기관의 조합장을 선출하는 두 개의 선거가 있었다. 조합장은 김녕리와 인근의 세 마을에 있는 약 1500명의 조합원이 선출하였다. 여러 명의 입후보자가 출마하였는데 그들은 모두 김녕리 출신들이었다. 성씨가 모두 달랐고 전직 이장, 어촌계장, 군 의원을 역임하였던 사람도 있었다. 입후보자와 직접적 관련이 있는 친척("덕들"), 친목회의 성원, 동창은 물론이거니와 입후보자의 앞뒷집에 사는 사람들과 입후보자의 부인과 친분이 있는 사람 등 다양한 연관 관계를 통해 선거는 마을 전체의 관심사가 되고 있었다. 숙희는 입후보자인 P씨의 부인과 가까운 사이였고 앞뒷집에 사는 관계에 있었다. 하지만 그녀는 유권자가 아니었다. 하지만 숙희는 육지에 사는 친구를 통하여 이 선거에 영향력을 발휘하였다. 그녀는 친구에게 전화하여 후보자 P씨의 지지를 부탁하였다. 친구의 친정어머니가 조합원이었기 때문이다. 숙희는 친구가 유권자인 친정어머니에게 P씨를 지지하도록 전화를 부탁한 것이다. 숙희와 그 친구는 19살부터 25살까지 "육지물질"을 다닐 때 알게 된 사이였었다. 숙희가 양파와 귤, 참깨를 보내면 친구는 멸치와 감을 보냈다. 연구자는 정말 친구가 숙희의 부탁을 들어줄 지 궁금하였다. 숙희는 자신의 친구관계에 대해 "간 표도(다른 후보자의 표도) 가져 올 수 있다"고 장담하였다. 그녀는 투표권이 없었음에도 사적인 관계를 통하여 자신의 뜻을 관철시킬 수 있었다.

3) 중간자 전략

누군가와 친밀한 관계에 있다고 하여 덜 가까운 사람을 외면할 수 있는 것은 아니다. 한 잠수의 사회관계는 중층적이며 언제나 명확한 경계를 가지고 있는 것도 아니었다. 표면적으로 드러나는 관계와 달리 실질적으로 친밀한 관계가 있을 수도 있다. 양어장 사건 이후 형성된 잠수들 사이의 갈등관계는 이쪽과 저쪽을 가르면서도 동시에 실질적으로는 어느 쪽에도 속하지 않는 사람들도 있었다.

철쭉회(가명)는 1995년 결성된 후 2001년 대파와 쪽파로 나뉘면서 해체되어버렸던 친목회이었다. 구성원들 가운데에는 당시 어촌계장(K씨)의 부인인 희진과 난희도 포함되어 있었다. 2005년 말 마을 이장 선거전이 벌어졌을 때, K씨가 출마하자 희진이 가입된 "먹거리 모임"에서는 희진의 집에서 음식 만드는 일을 적극적으로 거들었다. 이 모임에는 난희도 참여하고 있었다. 그러나 다른 성원들과 달리 난희는 공개적으로 희진의 집에 가지 못하였다. 난희는 쪽파였고 모임의 성원들은 거의 대파였다. 모임이 구성된 것은 비교적 최근의 일이었고 친한 진해가 있어서 멤버가 된 것이었다. 투표일 당일에 희진의 남편이 불리하다는 우려가 나오자 난희는 바로 희진의 집을 방문하였다. 당선된다면 모를까 만약 낙선한다면 희진에게 미안한 마음을 되돌릴 수 있는 기회가 없어서였다. 이것을 독려한 사람은 진해였다.

조합장 선거에서는 마을 동쪽에 사는 P씨가 당선되었다. 그리고 이장선거에서는 서쪽에 사는 L씨가 당선되었다. 마을사람들은 어떤 후보자와 자신이 가족이나 친척 관계라면 다른 후보자를 지지할 수 없다고 생각하였다. 사람들은 이 관계가 친구나 모임의 회원 등 다른 어떠한 관계들 가운데에서도 가장 우선적인 관계로 고려하였다. 그럼에도 복합적인 관계망 속에서 사람들은 이쪽과 저쪽의 관계를 모두 살펴야 하기 때문에 의도적으로 아리송한 태도를 만들기도 한다. 그래서 표를 "'안 찍은 데는 찍어 수다, 찍은 데는 안 찍어 수다.' 라고 말한다고 하였다"[147] 왜냐하면 "당선된 사람은 (그에게 표를) 안 찍었다고 해도 찍었다고 생각하며, 당선 안 된 사람은 (그에게 표를) 찍어줘도 안 찍었다고 생각하기 때문"이라는 것이다. 이 같은 방식으로 사람들은 자신의 복잡 다양한 관계를 훼손하지 않는 방법을 만들어 가는 것이다.

이와 비슷한 전략으로 숙희는 잠수들의 대파와 쪽파 사이에서 "멍청이"가 되기로 하였다. 그녀는 〈팽나무집〉의 진해와 친하고 그곳에서 자주 모여 이야기하곤 하였다. 마을 한 길에 사는 그녀의 행동은 마을 사람들에게 쉽게 노출되기에 자신의 행동을 두고 이런저런 입소문이 나는 것이 싫었다. 그래서 눈치 없이 굴면서 이쪽

---

147) 2005.12.25. 작업장 난롯가에서 선거결과에 대한 이야기 도중, 관리선장의 이야기. 지지하지 않은 후보자에게는 지지했다고 말하고 실제 지지한 후보자 에게는 지지하지 않았다고 말한다는 것.

과 저쪽 사람들 사이의 경계를 의도적으로 무시해버리고 자신이 하고픈 것을 하였다. 그녀의 이런 행동은 상대적으로 그녀에게 자유를 주었다. 사람들은 그녀가 호탕한 성격이라 그렇다라고 이해하였기 때문에 그녀를 나무라지도 소문도 없었다. 또한 그녀가 다른 사람들과의 관계를 소홀히 하지 않았기에 관계가 손상되는 것도 아니었다. 오히려 그녀는 8개나 되는 친목회을 가지고 있었다. 그녀의 선택은 사회적 네트워크 밖에서 이루어지는 것이 아니라 오히려 다양한 관계를 넘나드는 전략임을 알 수 있다.

호혜적 교환과 분배

이 절에서는 마을 안에서 볼 수 있는 다양한 교환행위들을 살펴보도록 하겠다. 일상생활 속에서 나타나는 여러 가지 교환과 분배 행위도 사람들 사이의 사회적 네트워크를 보여주는 것으로서 중요하다고 고려하기 때문이다. 잠수들의 생활세계에서 흔히 볼 수 있었던 각종 음식의 증여와 현금 부조, 노동 교환과 친목 활동에 관해 기술할 것이며, 그 속에서 음식과 노동의 교환이 갖는 의미를 사회관계 측면에서 살펴볼 것이다. 교환 행위에 있어 교환되는 상품 가치의 인식이 본질적으로 중요한 부분이기도 하지만 교환을 일으키는 사회적 관계의 유형도 또한 중요하기 때문이다(Mair 1972 :182).

1. 노동력의 교환과 친목

밭일과 그 외의 불가피하게 필요한 노동력을 잠수들은 자신의 친목회의 회원들과 협력함으로써 해결하였다. 이러한 소모임들은 하나의 계(契)와 같은 형식을 가지고 있었다. 회비를 모아 저축을 함으로써 목돈을 만들고, 주로 저녁에 모여 함께 밥을 먹는 것으로써 서로의 친목을 다지는 것이다. 일상생활 속에서 친목회가 갖는 가장 중요한 기능은 노동력의 공급이라고 하겠다. 친목회원들은 경제적 이해관계에 앞서서 자신의 노동력을 제공하였는데, 이를 한 젊은 잠수의 사례를 통해 살펴보도록 하겠다. 〈표 19〉는 난희가 가지고 있는 친목회를 제시한 것이다.

〈표 19〉 잠수의 친목회

명칭	구성 (잠수:비잠수)	주기	회비	회비 분배방법	특징
한마음	7(1:6)	매월	1만원	정기적	22년 됨, 거의 비잠수
형제모임	7(7:0)	격월	2만원	2년만기	15년 됨, 모두 쪽파
부부모임	12(1:11)	매월	3만원	정기예탁	15년 됨, 남편 동창생중심
동년모임	10(4:6)	매월	1만원	부정기적	8년 됨, 동창
먹거리(아삼육)	7(7:0)	매월	1만원	여흥	1년 채 안됨, 거의 대파
8자매	8(8:0)	매월	1만원	2년 만기	3년 됨, 모두 쪽파
동네모임	25(6:19)	격월	1만원	여행	5년 됨, 동네 부녀자
철쭉회	13(11:2)	–	–	–	95년 결성, 2001년 해체

난희의 친목 모임은 동창생, 동네사람, 잠수들로 구성되고 있으며, 남편이 매개가 된 것은 단 하나뿐이다. 그녀는 잠수와 잠수가 아닌 이들로 구성되는 다양한 친목회를 구성하고 있으며, 그 가운데 해체된 1개의 친목회를 제외한 7개의 친목회에 참여하고 있었다. 같은 나이, 같은 동네, 혹은 대파와 쪽파의 잠수들 등 특정 공통분모를 기반으로 모임을 구성하고 일부 회원들은 중복되기도 하

였다. 난희가 필요한 밭일, 의례(제사를 포함하여)에 필요한 노동력은 "형제, 먹거리, 8자매" 친목회원들이 제공하였는데 이들은 모두 잠수들이었다.

2006년 4월 24일(4물)은 잠수 난희의 시어머니의 소상(小祥)으로 이날은 마침 물질 기간이었다. 난희의 친목 회원들이 물질을 포기하고 상갓집에서 일을 하였다. 이들은 내방한 손님들에게 대접할 돼지고기를 삶거나 각종 음식을 만들고 설거지를 도맡아서 하였다. 이들은 "형제, 먹거리, 8자매"의 친목회원들이었고, 대파와 쪽파의 중·상군 잠수들이었다. 세 모임의 회원들은 중복되는 경우가 많았다. 형제모임과 8자매모임에 5명의 잠수가 중복되고 있는데 그들은 모두 쪽파였다. 이 외에도 난희의 "먹거리 모임"의 회원들이 진해의 밭일과 벌초를 도왔으며, 형제모임의 회원들이 현주(49세)의 당근 수확을 거들었다. 난희가 필요한 밭일의 노동력은 "8자매" 성원들의 협력을 받고 있었다. 이처럼 그녀의 친목회는 밭일과 의례에 필요한 노동력을 주고받으면서 저축과 친분을 쌓아가고 있었다. 그리고 친목회원들끼리의 협력은 잠수회 조직의 두 그룹(대파와 쪽파)을 가로질러 소통되는 양상을 보여주는 것이기도 하다. 결국 다각적인 모임 구성과 중복되는 회원 구성은 잠수들 사이의 고정적 경계가 존재하지 않는다는 것을 말하고 있다.

의례에 참여한 모든 사람들은 "부짓돈(부조)"을 들고 왔다. 내방객들에게 여상주(女喪主) 난희는 식용유를 나누어 주었고, 그녀의 시누이와 동서가 양말을 답례품으로 주었다. 이와 별도로 일을 거든 사람들에게 난희는 "속은 풀이(고생한 답례)"라며 두루마리 화장지 세트를 나누어 주었다. 설거지를 하거나 음식을 만들고 심부름을 한 사람이라면 이 세 답례품 모두 다 받았다. 부조와 노동에 대한 보답으로. 특히 여성가구주는 노동에 대한 보답의 의무가 있는 사람이었다.

그런데 이날 난희를 도운 동료잠수들은 물질을 하지 못함으로써 하루의 벌이를 상실한 셈이다. (그 가운데는 최고로 물질 잘하는 상군잠수 혜자도 있었다.) 이들은 모두 최소 약 5만원에서 7만원 상당의 벌이를 놓친 것이며,[148] 뿐만 아니라 소라 출하과정에서 맡은 당번을 이행하지 못하였기 때문에 결손액도 생겼다. 그러나 친목회원들은 자신의 경제적 손실보다 여상주를 도와주어야 할 도덕적 의무를 선택하였다. 그로써 자신의 "친목"을 보여주는 것이라 여겼다. 이때의 "친목"이란 자신도 언젠가는 겪게 될 여러 일들을 상호 협력함으로써 해결할 수 있는 사회관계를 구축해 가는 것을 의미하고 있다. 여성가구주의 친목회들은 여러 통과의례들과 밭일에 필요한 노동력을 안정적으로 공급할 수 있는 노동협력 체계이며 동시에 자신의 여가와 금전적 축적을 도모하는 다기능적인 조직이다. 미래를 대비하는 생활 방책인 셈이다.

2. 노동의 소공동체

노동과 친목의 가장 결합된 형태는 영순의 〈세자매집〉 구성원

---

148) 만약 10월, 11월이었다면 손실액은 더 증가하였을 것이다. 4월에는 잡을 수 있는 소라의 양이 줄어든다.

들에게서 볼 수 있다. 이들은 영순 외 5인으로 구성된 소집단으로
자매이거나 시누이와 올케, 마을에서 함께 자란 "언니 동생"의 사
이였다. 언제나 〈세자매집〉 혹은 가까이에 있는 나연의 집에서 함
께 밥을 먹거나 TV를 보며 한담을 즐겼다. 이들은 틈나는 대로 일
을 함께 하였다. 여름에는 태풍에 오른 감태를 건조시켜 2,662kg
(54개 가마니)을 상인에게 팔았다. 그리고 700평의 밭에 함께 농사
를 지었다. 종자비, 농약값 등은 밭주인을 제외한 성원들이 공동부
담하고 다함께 일하였다. 그중 혜자가 하루는 밭일에 참여하지 못
한 적이 있었다. 때문에 혜자는 나머지 성원들에게 불참을 대신한
음식을 제공하였다. 연구자가 나머지 성원들에게 혜자의 불참에
대해 뭘이 없느냐고 물었을 때 그들은 "게난 멤버가 좋아야 하네(그
러니까 멤버가 좋아야 하는 거지)!"라고 말하였다. 그들 사이에는 벌금
이 없었다.

2006년에는 자신들이 속한 동네 조합으로부터 풍초 채취권리를
위임 받아 공동으로 일하였다.[149] 이 일은 조합의 우뭇가사리 공동
채취와 별도의 자율적인 채취 작업이고 소득은 함께 일한 멤버들과
똑 같이 분배하였다. 공동으로 경작한 밭이나 조합의 우뭇가사리
공동 채취 분배 몫보다 풍초의 소득이 더 많았다고 하였다.[150]

농한기인 겨울철, 다른 마을에서 수확하는 당근과 무 밭일에도
이들은 항상 같은 "구지(그룹, 組)"를 이루며 다녔다. 각자의 집과

---

149) 동조합장이 미리 계산한 금액과 가장 근사치를 적은 입찰자에게 낙찰된다.
150) 풍초에 대한 채취권을 얻기 위해 조합에 낸 금액은 525,000원이었다. 채취
    후 총 소득에서 이 금액을 제외하여 나머지 금액을 5명이 공동분배 하였다.

밭을 가지고 있지만 늘 노동과 여가 그리고 담화를 함께 하였다. 이들은 잠수들 가운데에서도 노동을 중심으로 가장 강하게 결속된 여성 생활공동체라고 말할 수 있겠다.

3. 음식의 분배

마을 안에서 일상적으로 흔히 볼 수 있는 것은 음식과 현금(통화)의 주고받기이다. 여성들은 명절 때보다도 더 많은 양의 제사 음식을 장만하곤 하였다. 온종일 2~3명의 여성이 음식 만들기를 하는 것이 보통이었다. 많이 만드는 음식은 대개 방문하는 친척들과 동네 사람들에게 대접하기 위한 것이다.

2006년 3월 1일, 상군 잠수 복순의 시아버지 제사가 있었다. 그녀는 가게에서 과일과 떡, 술을 구입하였으나 많은 음식들을 직접 만들었다. 복순은 이 제사에 든 경제적 비용보다 그녀가 어떻게 이 음식을 만들 것인가를 더 고민하였다. 그럼에도 불구하고 그녀는 노동강도를 줄이기 위해 음식 수를 줄이기보다 오히려 노동시간을 더 늘리는 방법을 선택하였다. 새벽 3시부터 저녁 6시까지 음식들을 준비했으며 2명의 사촌동서가 번갈아가며 그녀를 도왔다. 그중 한 명이 상군 잠수인 금희이다. 저녁때가 되어 제삿집에 온 사람들은 친척들도 많았지만 같은 동네의 사람들도 많았다. 손님들에게 장만한 음식을 대접하느라 그녀와 딸, 사촌동서와 그들의 며느리들이 분주하였다. 제사에서 많은 음식을 준비하는 것은 마을 안에서 보편적이었다. 여성들은 왜 이렇게 많은 음식을 만드는데 주저

하지 않는 것일까?

여성이 기어코 많은 음식을 만드는 것은 남편과 그녀의 시집의 위신을 세우는 일로서 가부장제 이데올로기를 강화하는 것이라고도 할 수 있다. 그러나 "조상제사는 조상숭배라는 종교적인 측면과 음복이란 절차에 의한 음식물 교환과 부조라는 인간관계의 거래체계를 형성하는 사회적 측면"을 가지고 있다(전경수 1992b:511). 제사를 치르는 집을 두고 제주에서는 "식께집"이라고 하고 제를 보러 가는 것을 "식께 먹으러 간다"라고 말한다. 유교식 조상의례를 '음식을 먹으러 가는 행위'로 비유하고 있는 것이다. 〈표 20〉은 상군 잠수 복순이 준비한 제사 음식의 종류와 가짓수를 나타낸 것이다.

〈표 20〉 제사 음식 종류

음식 종류	만든 음식
밥, 국 2종류	**쌀밥**, 성계국(제상에는 별도의 고깃국)
산적류 4종	돼지, 소고기, **소라**, **상어**
부침류 4종	**송이버섯, 표고, 두부, 다진 돼지고기**
과일류 8종	사과, 배, 귤(한라봉), 키위, 감, 곶감, 바나나, 수박
떡종류 4종	인절미, 빵떡, 시루떡케이크, 시루떡
주류와 음료	소주, 환타, **주스, 커피**
튀김류 2종	**고구마, 오징어**
무침류 4종	**오징어채, 군벗**, 고사리, 콩나물
반찬 2종	**삶은 문어, 족발**(간장, 초고추장)
묵, 구이	메밀묵, 옥돔구이

* 강조한 표시는 방문한 손님들을 위해 마련한 음식들이다.

방문하는 사람들 가운데 남자는 제사상 앞에 흰 봉투를 놓았고 여자는 안주인에게 돈 봉투를 건넸다. 제사가 효를 실행하는 유교식 제례이기도 하지만 동시에 마을사람들 사이에서 음식과 현금의 물질적 교환이 일어나는 것을 알 수 있는 것이다. 친척이 아님에도 제사에 참석하는 사람들은 가구주와의 사회관계를 고려하며 방문한 것임도 알 수 있다.

복순은 제사가 끝난 후 내방한 사람들에게 떡과 과일을 담은 음식봉지를 나눠주었다. 제사 음식을 주변사람들과 나누는 것은 제주도의 오랜 풍속이다. 많은 음식을 장만하는 것은 주인의 후함을 나타내기도 하고 또한 사회적 분배에 기여하는 측면도 있다. 형식적으로 제사는 남성의 의례라 할지라도 의례에서 일어나는 음식의 사회적 분배기능을 여성이 담당한다는 것은 사회관계의 중개인으로서 여성의 위치를 보여주는 것이다(스톨러 1985). 또한 유교식 제사라 하더라도 여성은 남성과 같은 방식, 같은 의미로 의례에 참여하는 것도 아니라는 지적도 있다(Cho 1979:265).[151] 남성가구주만이 아니라 여성가구주에게서도 제사는 마을사람들과의 사회관계를 확인하는 중요한 계기라고 하겠으며, 그 형태가 음식과 현금의 교환형태로 나타나고 있는 것이다. 여성가구주가 많은 음식을 준비하고 또 분배에 적극적인 것은 남편의 위신을 위한 헌신만이 아니라 여성가구주로서의 위치에서 사회관계를 활성화시키는 역할을

---

151) 조혜정(Cho 1979)은 잠수사회의 한 여성을 통해, 유교식 제사를 죽은 조상을 위해 대접하는 것이 아니라, 자신이 죽은 후 조상으로서 제사를 통해 기억되며, 음식을 제공받음으로써 영원히 사는 종교적 함축성을 갖고 있음을 지적하였다.

담당하고 있는 것으로 그녀 자신의 위신과도 무관하지 않은 것이
라 본다.

음식 분배가 무엇을 상징하는지를 잘 보여주는 예가 바로 "돗제
(豚祭)"다. 마을에서는 가을부터 초겨울에 이르기까지 며칠 간격으
로 각 가정마다 이 의례를 거행하는 곳이 많다. 그리하여 이 때 쯤
에는 "돗제 먹으러 가자"는 말을 자주 들을 수 있었다. 돗제는 마을
의 궤내깃당에서 유래된 가내의례이다. 의례의 주관자는 여성가구
주와 마을의 심방이다. 마을 사람들은 3~5년 간격으로 돗제를 반
복해야 한다고 하는데 그래야 가족이 무탈하고 사업이 번성하는
등 집안이 잘 된다고 생각하였다. 돗제라고 불리는 것은 "돼지 한
마리"를 바치는 공희(供犧)가 이뤄지기 때문이다. 사람들은 돼지고
기 외에도 몸죽(해초를 넣어 만든 죽)을 나눠 먹는데 반드시 상이 아닌
바닥에 놓고 먹는다. 이러한 행위가 어떠한 유래와 의미를 가지고
있는 것인지 마을사람들은 단지 관행에 따르고 있다고 할 뿐인데,
아마도 혈거문화의 유습(遺習)이 아닌가 짐작된다.[152] 그런데 돗제
를 먹으러 오는 사람들은 흰 봉투를 주인에게 건네지 않아도 된다.
그들은 단지 음식을 먹으러 올 뿐이며, 집주인은 가급적 보다 많은
마을사람들에게 음식을 나누려고 한다. 집으로 돌아가는 사람들에
게도 주인은 답례품이나 음식 봉지를 주지 않는다. 이처럼 돗제는
교환이 일어나지 않는 유일한 의례이며, 마을 사람들에게 음식분
배를 목적으로 한 의례라 하겠다. 대신에 이렇게 음식을 분배하려
는 목적은 집안의 평안과 부(富)를 위해서라고 한다. 부(富)를 위해

---

152) 궤내깃당은 선사유적지로서 혈거민의 거주지였다고 지적되어 왔다.

〈사진 13〉 돗제의 돼지(2006.3.7.)

이미 가진 부를 분배해야 한다는 논리를 담고 있다. 더군다나 보다 많은 마을사람들에게 음식이 분배되도록 하여 부를 얻을 수 있다는 것은 결국, 소유한 것을 분배하여 마을사람들 사이에 부가 고루 돌아가도록 한다는 것을 알 수 있다. 어쩌면 사람들 사이의 부의 불균형을 방지함으로써 상호의 경쟁을 막는 기능을 한다고 볼 수도 있겠다. 부의 분배 혹은 파괴라는 것은 협력자인 동시에 경쟁자를 향해 벌이기 때문이다(모스 2002[1973]:56). 축적된 부를 분배하는 의례의 기능은 뉴기니아의 카이코(kaiko)에서도 볼 수 있다. 젬바가(Tsembaga) 공동체의 이 의례는 전투가 끝난 후 조상을 위해 많은 돼지를 잡고 새롭게 얻은 땅에 나무를 심는다. 그 땅의 조상 영혼들

과 연결을 만들기 위한 것이다(Rapapport 2000:166 ~174). 라파포트
(Rapapport 2000)는 문화유물론적 관점에서 이 의례가 사람과 돼지,
지역의 식량공급과 전투가 유기적으로 연관되어 있음을 보여주었
다. 지속적인 전투와 카이코 의례는 돼지 수의 증가와 상응하고 있
는 것이며 의례를 통하여 이웃과 교역이 촉진되고 부의 잉여를 분
배하게 되는 것이다.

　마을사람들의 돗제는 "돼지 한 마리"로 상징되는 경제적 부를 균
등화시키는 메커니즘이며 그 형태가 음식의 분배로 나타나는 것이
라 하겠다. 게다가 조상을 위해 그리고 지속적 부를 위해 바쳐지는
돼지는 사람들 사이의 호혜적 사회관계를 나타내는 상징이라고 하
겠다.

4. 균형적 호혜성

　상호간의 교환은 교환이 없을 때보다 훨씬 더 많은 양과 높은
강도의 가치를 얻고 여기에 교환행위의 목적이 있다(짐멜 1983(1978)
:100). 마을 안에서 일상적으로 벌어지는 노동력 교환과 음식의 증
여는 사회관계 안에서 일어나고 있는 행위들이며 교환 속에는 단지
화폐의 가치만이 아니라 '감정의 가치(valeur de sentiment)'가 교환
된다는 것을 염두해 볼 수 있다(모스 2002[1973]:249). 잠수들의 친목
회가 "친목"을 강조하는 것도 같은 이유이다. "친목"이란 시장경제
의 원리가 아니라 남이 필요한 자신의 노동을 기부함으로써 형성되
며 경제적 손실을 초월한 도덕적 의무감을 보여줘야 하는 것을 말

하고 있었다. 필요한 때에 조력하는 것이 여성 친목회이 결성되는 중요한 동기이며 경제적 이해관계와 도의(道義)성을 함께 가지고 있는 것이 친목이다. 그리고 이러한 모임들은 순발력 있게 조직되었다가 또 와해되기도 하였다. 이러한 모임들이 활성화 되고 있는 가운데 잠수들의 사회관계가 중층성(重層性)을 가지게 되는 것이라 말 할 수 있다.

이와 같은 중층적 관계를 통해 교환과 분배가 연속적으로 일어나고 있는 것은 마을에서 하나의 문화적 규범으로 자리 잡고 있는 것이라 생각된다. 주고받는 가치는 상호 균형적 가치가 되도록 하고 있는 것도 볼 수 있기 때문이다. 우선 밭일과 같은 노동을 상호 순환해가며 협력하는 것이 그러하며 의례에서 받은 부조금은 언젠가 그에 상응하는 가치로 되돌려져야 하는 빚과 같은 것이다. 마을 사람들에게는 "부조금을 받으면 천리라도 가서 줘야 하지만 안 받았다면 같은 동네라도 줄 필요가 없다."는 교환의 법칙이 있다. 내가 받아야 할 것과 주어야 할 것이 있다면 그것은 받은 것이나 갚은 것이 되었다. 받은 만큼 되갚아야 한다는 규칙에 따라 연속적인 교환행위가 일어나고 있으며 이 때 '받은 만큼'을 되갚는다는 균형적 호혜성을 지향하고 있다.

이것은 의례의 답례품 종류를 통해서도 알 수 있다. 답례품은 집주인이 자신이 받은 노동력과 현금 증여에 대한 대가로 상대에게 나눠주는 물건이다. 주로 화장지, 양말, 식용유, 커피와 같이 일상적으로 필요한 것들이다. 만약 집주인이 부(富)를 과시하기 위해 증여하는 것이라면 사람들은 더 많은 부조금을 건네야 할 것이

다. 그리고 또 다른 이의 경쟁적 과시를 부추김으로써 결국 파멸의
위기를 초래할 지도 모른다. 그러나 사람들은 자신의 받은 가치 만
큼에 상응하는 등가의 원리에서 맞교환을 이루려고 하며 또한 그
것은 생활에 유용한 물건들로 답례(증여)하였다. 서로가 필요한 것
을 교환 행위 속에서 이룸으로써 상호 공생이 지지되는 메커니즘
이라 하겠다.

　잠수들의 경우에도, 그들은 상호 경쟁적인 어로자이지만 동시에
동료잠수와 호혜적 관계를 형성하고 있는 것을 볼 수 있다. 채집기
술이 차이 나는 상군하군 사이에서 뿐만 아니라 같은 상군들끼리도
자신의 소라를 나누는 것을 볼 수 있었다. 한 동료가 허탕을 쳐 잡
은 양이 적었을 때 동료잠수는 자신의 것을 덜어 하루 일당벌이(약
4만원)가 되도록 보태주었다. 잠수들의 채집기술은 그녀 자신의 몸
으로부터 나오며 언제나 고정되어 있는 기술이 아니다. 욕심 부려
잡은 소라를 다른 동료에게 나눌 수 있는 것은 동료의 손실을 보전
해주고 낙담을 덜어주며 한 멤버라는 의식과 더불어 관계가 돈독해
진다. 게다가 그녀 자신도 언젠가는 허탕 친 그 동료처럼 자신에게
도 그런 상황이 벌어질 개연성도 있다. 그리하여 당장의 이익을 바
라는 욕심보다 향후의 안정성을 지향하는 호혜적 행위가 일어날
수 있는 것이다. 젊은 잠수들이 하루 물질을 접고 난희의 상갓집
일을 도왔던 것은 경제적 이해관심이 언제나 그들 사이의 우월한
가치가 아니며, 지속적인 관계를 도모하는 그들 사이의 도덕적 신
뢰가 바탕에 있다는 것을 말하고 있다. 나아가 마을 전체적으로 균
형적 호혜관계는 체제화되어 있다고 말할 수 있을 것이다. 만약 "조

농사가 안 된 사람은 미깡(귤) 농사가 잘 되듯이 하나는 돈이 안 되어도 다른 것에서 돈이 나오게 되는 것"처럼 "돈은 골르라 매기는 거"라는 말이 있다. 하나가 돈이 안 되어도 다른 것에서 돈이 나오게 되는 것이니 '돈은 골고루 돌아 간다'는 것이다.[153]

앞서 언급하였던 잠수회의 갈등과 개발사업 등의 외부적 사안 등에 대해 잠수회가 조직적으로 대응하고 집단적 행동이 가능한 것은 이러한 호혜적 사회관계가 그들의 사회적 연대망이 됨으로써 가능한 것이라 생각된다. 이에 중층적 사회관계의 중요성이 있다고 본다. 그리고 그 관계가 역동적으로 구성·변화한다는 점에서 잠수들의 능동성을 볼 수 있다.

---

153) 2005년 10월 9일, 〈세자매집〉에서 동료들과 이야기 도중에.

제7장 _ 결론

지금까지 현대 산업사회의 발달한 기술을 도입하지 않고 전(前)산업사회의 방식으로 수중에서 어로를 하고 있는 제주도의 한 해안마을 잠수들의 생활세계를 살펴보았다. 잠수들은 마을의 연안바다에서 기계장비를 갖추지 않은 채 바다 속의 해초와 조개류·어류를 수렵채집하며, 동시에 농사철에는 밭일을 하는 이중적(二重的) 생업활동을 전개하고 있는 부녀자들이다. 저자는 현지연구를 바탕으로 제주도 해안마을주민들의 해초채취 과정과 잠수들의 수중채집어로(물질)와 의례, 그리고 연안개발 사업에 얽힌 사회적 갈등을 민족지적으로 기술하였다. 이 책에서 주목하고 있는 것은 현대 자본주의 시장경제체제하에서 살아가는 제주 잠수들이 왜 생산의 고효율성을 추구하는 기계적 기술을 도입하지 않고 '전통적' 어로방식을 지속하고 있는가라는 것이었다. 그리고 연안바다에 대한 여러 사회적 주체들이 공유자원을 둘러싼 경쟁과 갈등 속에서도 어떻게 공동어로가 행해지고 있는 것인지, 물질이 해안마을주민들의 생활세계에서 어떠한 사회문화적 의미가 있는 것인가를 보고자 하였다. 이를 간략히 정리해보도록 하겠다.

바다를 바라보는 상군잠수

자원권리와 공생관계

우선, 마을주민(어촌계원)들이 가지고 있는 자원권리는 해양자원의 생태적 특성과 상관관계가 있음을 지적하였다. 마을어장의 자원에 대해 가장 포괄적으로 접근할 수 있는 사회적 권리를 가진 사람들은 잠수회원들로서 마을의 기혼여성들이다. 마을어장의 자원이란 마을에 '집을 소유하여 거주하는 자'로 구성된 어촌계원만이 채취권을 가지고 있으며, '뿌리를 내리고 있는 해초'의 분배에는 모든 계원들이 "공동권리"를 가진다. 그러나 수중(水中)에서 채취할 수 있는 그 밖의 이동성 해산물들에 대해서는 수중어로가 가능한 계원들(곧 잠수들)만의 몫이 되었다. 연안의 정착성 자원은 거주자들에게, 이동성 자원은 그들 중 수중어로 기술(물질)을 가진 자만이 채취권리를 가지고 있는 것이다. 자원의 정착/이동의 생태적 특성이 사회적 권리에 투영되어 있으며 이때 물질한다는 것은 더 많은 자원에 대한 권리를 가질 수 있다는 것을 말한다.

둘째, 집단적 해초 채취과정을 통하여 마을주민들의 공유자원에 대한 사회적 권리는 상호간의 질적 평등을 지향하고 있음을 기술하였다. 그리고 주민들의 "공동권리"란 실질적으로는 개별적 '노동으로써' 성취하는 권리임을 의미하고 있었다. 주민들은 한 가구(家口)의 대표자로서 어장자원에 '참여'할 수 있는 동등한 권리를 가지지만 참여자가 수행하는 노동형태(노동강도)에 따라 가구별 분배 몫은 다르게 되었다. 그리고 참여자들의 노동강도를 상쇄시켜 권리의 공평함을 이루려는 방안들이 뒤따르고 있었다. 공유자원을 이용할 수 있는 주민들의 "공동권리"는 공유자원에 대한 접근의 기회가 같아지도록 하는 체계적인 어장 순회규칙과 노동의 질적 차이에 대한 보상규칙, 그리고 상호의 차등을 메우려는 도덕성에 바탕하여 이뤄지고 있다. 이것이 마을주민들에게 '질적으로 같은 가치'를 가지는 "공동권리"인 것이다. 이러한 공동어로는 서로가 공유하는 것을 사유화하는 과정이며, 생태적 해양자원을 사회적 권리로 탈바꿈시키고, 각자의 노동으로 자원권리를 행사하는 과정이라 하겠다. 공동어로의 관행은 과거의 유습으로서 지속되는 것이 아니라 상호 동등한 자원권리를 실현하는 자원접근의 공평성과 개별노동의 질적 형평성을 조율하는 과정 속에서 이뤄지고 있는 것이다.

셋째, 잠수들은 특정 해양생물을 배타적으로 점유하는 독점적 권리를 가지고 있으며 이들 자원과 공생적 관계에 있다. 특히 소라에 있어서 잠수들은 '약탈자'인 동시에 가장 적극적인 '보호자' 역할을 하고 있다. 소라는 잠수들의 의해 시장으로 유통되는 주요 '상품'이기 때문에 이를 보호한다는 것은 잠수 가구의 생계유지를 도모하는 것이다. 다른 시장상품의 등장이 없는 한 잠수들의 어로는 소라에 집중될 수밖에 없으며, 그들의 공생적 관계도 지속되는 것이다. 잠수회의 어장구역을 순회하며 어로하는 것과 별도의 금채구역("자연양식장")을 설정하는 것, 그리고 자율적인 자원보호 활동 등은 소라의 지속적 시장공급으로 가계소득을 도모하는 것이다. 이는 동시에 해양자원의 안정적 생태계를 유지하는 것이 된다. 또한 항시적인 어장감시와 집단적 감시 활동("바당 지키기")은 새로운 어로 기술의 도입으로 생태적 균형을 위협하거나 사회관계를 변화시킬 수 있는 위협들로부터 자신들을 보호하는 실천이라고 하겠다.

공생적 관계는 그녀의 채취경쟁자인 주변동료들과의 관계에서도 마찬가지이다. 같은 구역에서 채취어로를 벌이는 동료(벗, "멤버")는 경쟁자이지만, 언제 일어날지 모르는 물리적 위험을 상호 예방하는 보호막 구실을 하고 있다. 이러한 동료관계는 실제 어로 상황에서는 기계적 장비 없이 이뤄지는 나잠어로의 물리적 위험성을 상호보완해주는 체제로서 기능하며, 일상생활에서도 상호 호혜적 관계를 이루는 근간이 되고 있음을 지적하였다. 잠수들의 '욕심과 명심'의 금언(金言)은 자원, 그리고 채취동료와의 '지속적 관계'를 지향하는 의미를 내포하고 있다. 고소득을 얻기 위해 기계기술을 도입한다면 자원이 고갈되고 소수자들만의 어로로 바뀔 것이며, 주변의 경쟁자들은 줄어들지만 생활상의 상호의존 관계도 변형되거나 파괴될 것이기 때문이다. 공유자원을 이용하는 잠수들이 '공유지의 비극'을 쉽사리 초래하지 않는 (혹은 더디게 하는) 것도 이와 같은 상호의존적인 공생관계가 있기 때문이다.

제2절

지속적인 생활방식의 전략

잠수들의 물질은 해안마을 여성들의 생활세계에서 지속적 삶의 전략으로서 이루어지고 있는 것을 알 수 있다. 우선, 물질은 수중에서 기계적 장비가 없이 이뤄지므로 온 몸의 기능을 고도화시키고 수중조건에 대응할 수 있는 노하우가 더욱 요구되는 노동이다. 그리고 물질은 해양생태 지식을 바탕으로 이뤄지는 계획적인 어로이며 이 지식은 문서나 특정인으로부터 전수되지 않기 때문에 오로지 개별적 경험에 의해서만 습득가능하고 그녀의 몸에 축적된다. 이런 측면에서 물질이란 자신의 몸으로 익히고 형성한 지식의 총체를 의미한다. 여성들의 물질은 생물학적으로 여성의 신체에 적합하거나 합리적인 노동의 성별 분업에 의해서 이뤄진 '자연스러운' 결과가 아니라 유교주의 봉건체제에 의해서 그리고 일제시기 상품경제의 확산에 따라 여성의 일로 고착화되어 온 것이다. 그리고 가부장제 이데올로기에 의해 여성에게 억압적 노동 강화로 조장되는 측면이 있음에도 불구하고 현재 사회적 자원권리로서 여성의 영역으로 강화되고 있는 측면도 있다.

둘째, 이러한 사회적 자원권리는 잠수회의 활동을 통해서 잘 알 수 있다. 잠수회의 운영은 법률에 따른 것이 아니라 마을 잠수들의 자율적 활동으로 이루어지고 있다. 잠수들이 마을어장·자원에 대하여 가장 주도적 권리를 가지고 있는 것도 이들의 활발한 어로와 자율적 조직운영과 연관이 깊다. 물질이 집단적 형태로 지켜가고 있는 것은 물리적으로 조수(潮水)가 바뀌는 시간이 있고 법적으로는 마을어장의 자원을 일괄 출하해야 하는 규정이 있어서이지만, 공유자원에 대한 권리가 개별적으로 동등해야 하는 것과 외부적 상황(연안 개발정책과 시장경제의 변동)에 그들이 서로 '공동으로' 대응하는 현실적 필요성이 이러한 어로형태를 유지시키고 있는 것이라 본다. 잠수회의 물질로 마을어장의 해양자원이 가구별로 분배되는 효과가 있으며 지속적으로 이용할 수 있는 연안자원으로 보호하는 측면도 있다. 따라서 잠수회에 의해 생태적·사회경제적으로 자원의 보다 지속적인 생산체제가 유지되고 있다고 말할 수 있겠다. 더욱이 연안의 바다 속은 이들의 어로활동을 통해 가시적이고 입체적인 인간의 생활무대로서 지속되고 있다.

셋째, 잠수굿에서 잠수들은 바다 속 여신("요왕할망")의 자손이라는 '신화적 친족' 관계를 토대로 바다 속 자원에 대한 그들의 사회적 권리를 상징하고 있음을 기술하였다. 조상이 바다 속에 있다고 관념하는 것은 잠수(潛水)하는 자야말로 조상의 자손이며, 그곳의 자원이 자손에게 주어지는 것을 정당화한다. 잠수들의 파종행위는 해양농경을 상징하는 동시에 그들의 구체적인 실천행위로서 자원권리를 표방하는 의미가 있다. 의례과정에서 조상의 자손으로서 잠수들은 '공동체적 일치감(communitas)'을 형성하며 '잠수'로서의 정체성이 강화되기도 한다. 그들이 한 자손이라는 관념은 '그들에 의해서' 형성되어 가고 있는 것이다. 의례를 통해 물질은 단지 과

거의 낡은 어로가 아니라 오래 전부터 이어져 온 '전통'의례로서의
권위를 얻고 있기도 하다. 의례과정에서 잠수들은 마을어장의 법
적 임대자에서 손님을 맞이하는 주인으로 바뀐다. 그리고 여성이
의례를 집전하고 남성이 이에 참여하는 성 역할의 반전이 일어나
며, 부조와 음식의 교환, 그리고 의례참여자들 사이에 지속적 관계
가 형성되고 있다. 잠수굿은 현대사회의 복합적 관계 속에서 그들
의 지속적 어로를 위한 삶의 방식으로 지지되고 있다고 하겠다.

넷째, 잠수 사회에서 여성들의 비공식적 담화행위는 공적 영역
에 영향을 미치며, 중층적 사회관계를 통해 이뤄지고 있음을 지적
하였다. 담화를 나누는 여성들은 사적 관계에 있으나 내용은 공론
을 형성하는 공적 담화행위와 다르지 않다. 공론을 통해 잠수들은
친구의 누명을 벗겼으며, 다른 잠수 집단에 대한 견제를 하고, 공론
참가자들 간의 노동연대와 같은 생활상의 여러 협력을 도모할 수
있었다. 여성가구주는 여러 '친목회'를 형성하여 노동과 의례 및 가
계경제에도 영향력을 발휘하였다. 중층적으로 얽힌 사회관계의 주
축을 이루는 회원들은 같은 구역에서 물질을 하는 멤버들이었다.

다섯째, 잠수들의 생활세계에서 다양한 교환과 분배의 행위는
상호 균형적 호혜관계 속에서 지속되고 있다. 집집마다의 제사와
경조사 등 음식과 노동의 교환이 빈번히 일어나는데 의례의 음식준
비와 분배는 여성의 역할이었다. 남성이 의례를 주도한다면, 음식
분배를 통한 사회적 관계의 형성 과정에서 여성의 음식분배 역할을
중요하다고 본다. 일상적 교환과 분배는 중층적 사회관계를 통해
마을주민들의 생활세계에 체제화 되어 있으며 균형적 호혜성이 문

화적 규범으로 자리하고 있음을 보았다. 당장의 경제적 손익보다 지속적 사회관계를 유지함으로써 장래의 생활안정을 고려하는 도덕경제(moral economy)를 볼 수 있었다. 잠수들의 중층적 사회관계는 여성이 형성해가는 생활의 한 연대방식을 보여주고 있다.

이상과 같이, 연구자는 제주도 잠수들의 물질은 전통적 방식의 답습이나 문화적 계승의지에 의해 이뤄지고 있는 것이 아니라, 수중의 자원을 수렵채집하는 여성들이 마을 공유어장에서 자신들의 자원권리를 자율적 조직운영과 노동연대, 상징 의례를 통하여 고수하고 있는 어로기술이자 생활전략임을 지적하였다. 잠수들의 어로를 통해 자원을 '공유(共有)'한다는 것은 자원의 소유형태만을 의미하는 것이 아니라 다양한 참여자들의 권리와 사회적 관계를 아우르는 규제와 세밀한 규칙 등이 동반되고 있음을 알 수 있었다. 마을어장이라는 지역 공유지(local-commons)를 이용하는 주민들의 공동어로는 자원에 대한 권리의 질적 평등성을 지향하는 가운데 나타나는 어로방식이다. 그리고 어촌사회의 복잡한 제도와 조직들이 농촌의 그것보다 더 복잡하다고 지적되고 있는 것은 생산의 토대를 공유하면서 개인 간의 경쟁과 자원고갈 등 비극적 상황을 회피하기 위한 보다 많은 규제와 전략들을 모색하고 있기 때문이라고 본다.

현재 해안마을 지역주민들의 어로 상황은 세계적 이슈들과 별개의 것이 아니다. 지구온난화에 따른 해수온도의 상승이 해초의 생육조건에 변화를 주고 있으며, 국제 수산물 시장의 변동이 잠수들의 일상적 생활패턴에 직접적으로 영향을 주고 있다. 지구온난화로 인한 환경재난에 대해 어느 국가, 어느 지역도 자유롭지 않다. 해양생태계의 변화와 특정 자원의 고갈은 생태계의 먹이사슬을 교란할 뿐만 아니라 인간의 생활방식에도 타격을 줄 수 있다는 점에서 이상 기후 현상의 심각성이 있다. 점차 고령의 잠수들이 은퇴하고 있으며 새로운 어로기술의 도입 가능성도 점쳐지고 있고, 따라서 소수에게 귀속되는 자원권리는 공동어로의 방식에도 변화를 초래할 것이다. 새로운 어로기술 도입에 의한 사회관계의 변화는 균형적 호혜관계뿐만 아니라 생활세계의 변화를 동시에 의미한다. 현대 사회에서 물질의 오랜 역사적 전통은 자원의 고갈을 방지하고 인간이 자원과 어떻게 지속적 삶을 영위할 수 있는가에 시사하는 바가 크다. 특별히 부적응으로 보이는 생활방식이 오히려 적극적인 삶의 대응전략으로서 모색되어 왔다는 것을 잠수 사회를 통하여 배우게 된다. 그러나 수산물의 대외종속과 같은 시장의 불안정성은 잠수들의 생계 불안정성을 감소시키지 못하며 사회적으로도 잠수 인력의 재생산을 저해하는 요소라고 본다.

향후 지속적으로 잠수들의 물질이 이루어지기 위해서는 새로운 잠수인력의 육성을 도모하는 수산물 시장의 다각화와 연안 자원에 대한 체계적 자원관리 시스템의 구축, 지역적 특수성을 고려한 사회보장정책이 제도화 되어야 할 것이다. 무엇보다도 경제적 논리나 사라져가는 문화의 기록과 문화재 지정만이 아니라 잠수들이 살아가는 생활방식의 사회문화적 가치와 의미를 재발견해야 할 때 비로소 제주 잠수에 대한 새로운 대안을 모색할 수 있으리라고 본다.

참고문헌

〈국내 문헌〉

강경희, 1997, "제주도 어촌의 근대화와 종교변화:가파리 사례를 중심으로," 『濟州島研究』 14:81~156.

강대원, 1973, 『海女研究』, 제주:한진문화사.

_____, 2001, 『濟州潛嫂權益鬪爭史』, 제주:제주문화.

강만익, 1993, "우도어촌의 성립과 변천과정," 『濟州島研究』 10:175~202.

강소전, 2005, 〈제주도 잠수굿 연구:북제주군 구좌읍 김녕리 동김녕마을의 사례를 중심으로〉, 제주대학교 석사학위논문.

강제언, 2004, "제주도 항일독립운동의 몇 가지 특징에 대하여," 〈제주역사와 주변지역과의 교류〉, 탐라연구회(일본), 제주4.3연구소 편, 제주도연구 국제학술심포지엄자료집, pp.11~14.

고광민, 1996, "해녀바다," 『제주의 해녀』, 제주:제주도인쇄공업협동조합, pp.387~433.

구좌읍, 2000, 『舊左邑誌』, 제주:태화인쇄사.

권귀숙, 1996, "제주 해녀의 신화와 실체:조혜정 교수의 해녀론을 중심으로," 『한국사회학』 30(봄):227~256.

권숙인, 1995, "아이덴티티 정치," 『한국문화인류학』 28:407~443.

김 승, 1999, 『漁村漁業制度의 社會經濟的 調查研究』, 서울:항하사.

김 영·양징자, 2004(1988), 『바다를 건넌 조선의 해녀들』, 정광중·좌혜경 역, 제주:각.

김광억, 2000, "전통적 '관계'의 현대적 실천," 『한국문화인류학』 33(2):7~48.

김수희, 2006, "일제시대 제주 해녀의 해조류 채취와 입어," 〈제주해녀:항일운동, 문화유산, 해양문명〉, 제주해녀항일운동기념사업위원회, 세계섬학회 국제학술회의 자료집, pp.71~88.

김영돈, 1993, 『제주민의 삶과 문화』, 제주:제주문화.

_____, 1999, 『한국의 해녀』, 서울:민속원.

김영돈·김두희, 1982, "해녀어장분규조사연구, 해녀입어관행의 실태와 성격 분석을 중심으로," 『제주대학교논문집』 14:15~36.

김영돈·김범국·서경림, 1986, "海女調査研究," 『탐라문화』 제5호, 제주대학 교탐라문화연구소, pp.145~268.

김정숙, 1989, 〈제주도 해녀복 연구〉, 이화여자대학교 석사학위논문.

김찬흡·고창석 외 역, 2002, 『역주 탐라지』, 서울:푸른역사.

김창민, 1990, "제주도의 역사와 당제," 『한국문화인류학』 22:281~300.

_____, 2003, "재일교포 사회와 제주 마을간의 관계 변화:1930-2000," 『비교 문화연구』 9(2):195~221.

김헌선·현용준·강정식, 2006, 『제주도 조상신본풀이 연구』, 서울:보고사.

김혜숙, 1999, 『제주도 가족과 궨당』, 제주:제주대학교출판부.

남도영, 2003, 『濟州島 牧場史』, 경기도:국학자료원.

뒤르케(Milda Drüke), 2003, 『바다를 방랑하는 사람들』, 장혜경 역, 서울:큰 나무.

뒤르켐(Emile Durkheim), 1992(1916), 『종교 생활의 원초적 형태』, 노치준· 민혜숙 역, 서울:민영사.

레비-스트로스(Claude Lévi-Strauss), 2005(1962), 『야생의 사고』, 안정남 역, 서울:한길사.

리포(Claude Riffaud), 1988, 『인류의 해저 대모험:아리스토텔레스 시대에서 핵 잠수함 시대까지』, 이인철 역, 서울:수수꽃다리.

마스다 이치지(桝田一二), 1995(1937), 『제주도의 지리적 연구』, 제주:제주시 우당도서관.

말리노브스키(Bronislaw K. Malinowski), 2001(1926), 『원시신화론』, 서영대 역, 서울:민속원.

모스(Marcel Mauss), 2002(1973), 『증여론』, 이상률 역, 서울:한길사.

무어(Jerry D. Moore), 2002(1997), 『인류학의 거장들』, 김우영 역, 서울:한길사.

문무병, 1993, 〈제주도 당신앙 연구〉, 제주대학교 박사학위논문.

문순덕, 2004, 『제주여성 속담으로 바라본 통과의례』, 제주:제주대학교출판부.

민경임, 1964, "한국해녀의 역사 및 생활상태,"『이대사원』 5:85~92.

박수양, 1986,『金寧里鄕土誌』, 명성종합인쇄.

박용옥, 2006, "제주해녀 항일투쟁과 그 여성사적 의의,"〈濟州海女:항일운동, 문화유산, 해양문명〉(제주해녀박물관 개관기념 국제학술회의, 제주해녀항일운동기념사업위원회 주최, 2006.6.7~8.), pp.45~58.

박찬식, 2004, "제주 해녀의 역사적 고찰,"『역사민속학』 19:135~164.

_____, 2006a, "제주해녀의 역사적 고찰,"『제주해녀와 일본의 아마』, 좌혜경, 고창훈 외 편, 서울:민속원,'pp.107~136.

_____, 2006b, "海女鬪爭의 歷史的 記憶,"〈濟州海女:항일운동, 문화유산, 해양문명〉(제주해녀박물관 개관기념 국제학술회의, 제주해녀항일운동기념사업위원회 주최, 2006.6.7~8.), pp.59~70.

부르디외(Pierre Bourdieu), 1996,『구별짓기:문호와 취향의 사회학』, 최종철 역, 서울:새물결.

사피오티(Heleieth I. B. Saffioti), 1985, "여성, 생산양식, 사회구성체,"『제3세계 여성노동』, 서울:창작과 비평사, pp.121~136.

석주명, 1968(1949),『濟州島隨筆』, 서울:寶晉齊.

송성대, 1996,『제주인의 해민정신』, 제주:제주문화.

스콧(James C. Scott), 2004(1976),『농민의 도덕경제』, 김춘동 역, 서울:아카넷.

스톨러(Ann Stoler), 1985, "쟈바 농촌의 계급구조와 여성의 자율성,"『제3세계 여성노동』, 서울:창작과 비평사, pp.304~324.

아키미치 토모야(秋道 智彌), 2005,『해양인류학』, 이선애 역, 서울:민속원.

안미정, 1997,〈제주해녀의 이미지와 사회적 정체성〉, 제주대학교 석사학위논문.

_____, 2006, "바다밭(海田)을 둘러싼 사회적 갈등과 전통의 정치,"『한국문화인류학』 39(2):307~347.

양순필, 1992, "16·17세기 濟州風土錄과 風土記의 對比,"『제주도언어민속논총』, 제주:제주문화, pp.445~479.

양원홍, 1999,〈완도에 정착한 제주해녀의 생애사〉, 제주대학교 석사학위논문.

오선화, 1998,〈竹邊地域 移住潛女의 適應過程 硏究〉, 안동대학교 석사학위논문.

오창명, 2007, 『제주도 마을 이름의 종합적 연구Ⅰ:행정명사·제주시편』, 제
　　주:제주대학교출판부.

옥영수, 2004, 〈어촌계 어류양식업에 관한 연구〉, 한국해양수산개발원 연구
　　보고서.

원학희, 1985, "제주 해녀어업의 전개," 『지리학연구』 10:179~198.

유철인, 1998, "물질하는 것도 머리싸움:제주 해녀의 생애이야기," 『한국문화인
　　류학』 31(1):97~118.

윤유녕, 1997, "Toward reviving the myth of woman's land," 제1회 세계섬학
　　술회의 발표논문(제주KAL호텔, 1997. 11. 28).

이기욱, 1992, "마라도 주민의 적응적략," 전경수 편, 『한국어촌의 저발전과
　　적응』, 서울:집문당, pp.15~60.

＿＿＿, 2003, 『제주 농촌경제의 변화』, 서울:집문당.

이성훈, 2005, 『해녀의 삶과 노래』, 서울:민속원.

이용범, 2001, "한국 무속에 있어서 조상의 위치," 『民族과 文化』 10:193~215.

이이다 다쿠(飯田卓), 2003, "인도양의 카누 문화," 『바다의 아시아 2』, 오모토
　　케이이치 외, 서울:다리미디어, pp.230~260.

이지치 노리코(伊地知紀子), 2004, "제주해녀 공동체의 인류학적 고찰," 〈제주
　　해녀의 보전과 계승 방안〉, 탐라대학교 지역개발연구소 토론회 자료집,
　　pp.41~46.

이청규 1995, 『제주도 고고학 연구』, 서울:학연문화사.

장대수, 2002, 〈제주도산 소라, Batillus cornutus의 자원평가 및 관리에 관한
　　연구〉, 제주대학교 박사학위논문.

장주근, 1986, "제주도 당신신화의 구조와 의미," 『제주도연구』 3:249~256.

전경수, 1992a, "제주연구와 용어의 탈식민화," 현용준박사화갑기념논총간행
　　위원회 편, 『제주도언어민속논총』, 제주:제주문화, pp.487~494.

＿＿＿, 1992b, "하사미의 제사와 음복," 『韓國漁村의 低發展과 適應』, 서울:집
　　문당, pp.503~527.

정근식·김 준, 1993, "도서지역의 경제적 변동과 마을체계:소안도를 중심으
　　로," 『島嶼文化』 제11집, 목포대학교 도서문화연구소, pp.301~332.

정루시아, 1999, 〈제주도 당신앙 연구:구좌읍 김녕리를 중심으로〉, 중앙대학교

석사학위논문.

제민일보사, 2006, 〈제주해녀의 유네스코 인류문화유산 등재와 해녀가치의 보존 전승〉, 잠녀기획세미나 자료집(2006.4.14).

제주대학교국어교육과, 1989, "김녕리학술조사보고," 『백록어문』 6:217~337.

제주대학교박물관, 1985, 〈郭支貝塚〉, 제주:干昌인쇄사.

제주대학교탐라문화연구소, 1991, 『이원진 탐라지』, 제주:탐라문화연구소.

제주대학교평화연구소, 2004, 〈제주해녀(잠녀)의 해양문명사적 가치와 해녀학 정립가능성 모색 : 문화비교론적 관점〉, 한국학술진흥재단과제보고서.

제주도, 1995, 『제주어 사전』, 제주:제주도인쇄공업협동조합.

_____, 1996, 『濟州의 海女』, 제주:제주도인쇄공업협동조합.

제주도민속자연사박물관, 1995, 〈김녕리 궤네기동굴 유적 발굴조사보고서〉.

제주시·제주대학교박물관, 1994, 『耽羅巡歷圖』, 제주:로얄프로세스.

제주시수산업협동조합, 1989, 『濟州市 水協史』, 제주:경신인쇄사.

조혜정, 1982, "제주도 해녀사회 연구:성별분업에 근거한 남녀 평등에 관하여," 『한국인과 한국문화』, 한상복 편, 서울:심설당, pp.143~168.

_____, 1988, "'발전'과 '저발전':제주 해녀 사회의 성 체계와 근대화," 『한국의 여성과 남성』, 서울:문학과 지성사, pp.263~331.

조흥윤, 2001, 『한국문화론』, 서울:동문선.

_____, 2002, 『한국종교문화론』, 서울:동문선.

좌혜경·고창훈·권상철·김동윤 외 6인, 2006, 『제주해녀와 일본의 아마』, 서울:민속원.

진관훈, 2004, 『근대제주의 경제변동』, 제주:각.

진성기, 1991, 『제주도 무가 본풀이 사전』, 서울:민속원.

짐멜(Georg Simmel), 1983(1978), 『돈의 철학』, 장영배·안준섭·조희연 역, 서울:한길사.

최인학, 1978, "Ami 족의 의식과 사회조직," 『한국문화인류학』 10:57~70.

최재석, 1984(1979), 『濟州島의 親族組織』, 서울:일지사.

코헨(Abner Cohen), 1982(1974), 『이차원적 인간:복합사회의 권력과 상징의 인류학』, 윤승용 역, 서울:한벗.

키징(Roger Keesing), 2001(1985), 『現代文化人類學』, 전경수 역, 서울:현음사.

탐라대학교지역개발연구소, 2004, 〈제주해녀의 보전과 계승 방안〉, 제주해녀
　　의 보전대책을 위한 토론회 자료집.
터너(Victor Turner), 2005(1969), 『의례의 과정』, 박근원 역, 서울:한국심리
　　치료연구소.
플래스(David W. Plath), 1997, "환경에 대한 적응:일본 해녀(あま)의 경우,"
　　『耽羅文化』18:499~507.
하순애, 2003, "제주도 민간신앙 의 구조와 변화상,"『제주지역 민간신앙의 구
　　조와 변용』, 서울:백산서당, pp.87~278.
한규설, 1993, 『공동어장과 어촌』, 서울:참한.
＿＿＿, 1996, 『어촌경제구조의 관찰』, 서울:참한.
한림화, 2006, "해양문명사 속의 제주해녀,"『제주해녀와 일본의 아마』, 서울:
　　민속원, pp.21~105.
한림화 · 김수남, 1987, 『제주바다 潛嫂의 四季』, 서울:한길사.
한상복, 1976, "농촌과 어촌의 생태적 비교,"『한국문화인류학』8:87~90.
해양수산부, 1997, 『해양수산백서』, 서울:문원사
＿＿＿＿, 2002, 『한국의 해양문화 5:제주해역』, 서울:경인문화사.
현길언, 1993, 『껍질과 속살』, 서울:나남.
현용준, 1980, 『제주도 무속자료사전』, 서울:신구문화사.
＿＿＿, 2002, 『濟州島 巫俗과 그 周邊』, 서울:집문당.
＿＿＿, 2005, 『제주도 신화의 수수께끼』, 서울:집문당.
홉스봄(Eric Hobsbawm) 외, 2005(1983), 『만들어진 전통』, 박지향 · 장문석
　　역, 서울:휴머니스트.
후지나가 다케시(藤永壯), 1999, "1932년 濟州島 海女의 鬪爭,"『'濟州島'의 옛
　　記錄:1878년~1940년』, 제주시우당도서관 편, 제주:경신인쇄사, pp.83
　　~123.

〈국외문헌〉

Acheson, James M. 1981, "Anthropology of Fishing," *Annual Review of Anthropology*, Vol. 10:275~316.

_____. 1989, "Management of common-property resources," in S. Plattner(ed.), *Economic anthropology*, Stanford:Stanford University Press, pp.351~429.

Bennett, John. 1976, *Ecological Transition*, London:Perganion Press.

Cho, Haejoang. 1979, 'An Ethnographic Study of a Female Diver's Village in Korea:Focused on the Sexual Division of Labor', Ph. D. thesis, University of California, Los Angeles.

Eliade, Mircea. 1971, *The Myth of the Eternal Return or, Cosmos and History*, Bollingen series XLV I, translated from the French by Willard R. Trask, Princeton:Princeton University Press.

Fortes, M. 1937, "Communal Fishing and Fishing magic in the Northern Territories of the Gold Coast," *The Journal of the Royal Anthropological Institute of Great Britain and Ireland*, Vol. 67(Jan.-Jun.), pp.131~142.

Gluckman, Max. 1956, *Custom and Conflict in Africa*, New York:Barnes and Noble.

Guillet, David. 1990, "The Question of the Commons:The Culture and Ecology of Communal Resources," *American Ecologist* 17(2):384~385.

Han, Sang-Bok. 1976, *Korean Fisherman*, Seoul:Seoul National University Press.

Hardin, Garrett. 1968, "The Tragedy of the Commons," *Science*, New Series, Vol. 162. No. 3859.(Dec. 13), pp.1243~1248.

Hong, Gui-Young. 1997, "From Marginality to Virtue:A Jamnyo's Transformation," Paper presented at the 1st World Islands Conference (November 27~29, 1997).

Hong, Suk-Ki and Hermann Rahn. 1967, "The Diving Women of Korea and Japan," *Scientific American* 216(March):34~43.

Ingold, Tim. 2000, *The perception of the Environment:Essays in livelihood, dwelling and skill,* London and New York:Routledge.

Kim, Seong-nae. 1989, 'Chronicle of Violence Ritual of Mourning:Cheju Shamanism in Korea', Ph. D. thesis, University of Michigan.

Kwon, Heon-ik. 1998, "The Saddle and the Sledge:Hunting as Comparative Narrative in Siberia and Beyond," *The Journal of the Royal Anthropology Institute,* Vol.4(1):115~127.

Leonardo, Micaela. 1991, "Introduction:Gender, Culture, and Political Economy," in Micaela di Leonardo(ed.), *Gender at the Crossroads of knowledge:Feminist Anthropology in the Postmodern Era,* University of California Press. pp.1~48.

Lepowsky, Maria. 2001, "The Sexual Division of Labor on Vanatinai," in C. Brettel and C. Sargernt (eds.), *Gender in Cross-Cultural Perspective,* Prentice Hall, pp.266~269.

Lockwood, Victoria S. 2001, "The Impact of Development on Women:The Interplay of Material Conditions and Gender Ideology," in C. Brettel and C. Sargernt(eds.), *Gender in Cross-Cultural Perspective,* Prentice Hall, pp.529~543.

Mair, Lucy. 1972, *An Introduction to Social Anthropology,* New York, London:Oxford University Press.

Malinowski, Bronislaw. 1961(1922), *Argonauts of the Western Pacific,* New York:E. P. Dutton & Co., INC.

Menon, Shanti. 2001, "Male Authority and Female Autonomy:A Study of the Matrilineal Nayars of Kerala, South India," in C. Brettel and C. Sargernt(eds.), *Gender in Cross-Cultural Perspective,* Prentice Hall, pp.352~361.

Pálsson, Gísli. 1991, *Coastal Economies Cultural Accounts,* Manchester: Manchester University Press.

Rappaport, A. Roy. 2000, *Pigs for the Ancestors*, Long Grove:Waveland Press, Inc.

Reiter, Rayna(ed.). 1975, *Toward an Anthropology of Women*, New York:Monthly Review Press.

Rosaldo, Michelle Z. and Louise Lamphere(eds.), 1974, *Woman, Culture, and Society*, Stanford, California:Stanford University Press.

Sauer, Carl O. 1962, "Seashore-Primitive home of man?" in J. Leighly(ed.), *Land and life: a selection from the writings of Carl Ortwing Sauer*, Berkely: University of California Press, pp.300~312.

Steward, Julian H. 1955, *Theory of culture change*, Urbana: University of Illinois Press.

Strathern, Marilyn. 1990, *The Gender of the Gift*, Berceley, Los Angeles, London:University of California Press..

Turner, Victor. 1967, *The Forest of Symbols:Studies in Ndembu Ritual*, Ithaca, New York:Cornell University Press.

_____. 1974, *Dramas, Fields, and Metaphors:Symbolic Action in Human Society*, Ithaca:Cornell University Press.

稲井秀左衛門, 昭和 12年(1937), 『朝鮮潜水器漁業沿革史』, 京城:近澤商店印刷部.

網野善彦, 2006(2003), 『海と列島の中世』, 東京:講談社.

枚方市教育委員會, 1991, 『在日朝鮮人の歴史』, 枚方:株式會社 じんのう.

朴九秉, 1991, "漁業權制度と沿岸漁場所有利用形態,"『日韓漁村の比較研究』, 京都:行路社, pp.223~264.

李善愛, 2001, 『海を越える濟州道の海女』, 東京:明石書店.

田辺悟, 1990, 『日本蜑人傳統の研究』, 東京:法政大學出版局.

_____, 2000(1993), 『海女』, 東京:法政大學出版局.

秋道智彌, 2004, 『コモンズの人類學:文化・歴史・生態』, 京都:内外印刷柱式會社.

河原典史, 2006, "植民地期の濟州島における水産加工業と日本人の移動," 耽羅研究會 編, 『濟州島』 10:25~33, 東京:新幹社.

〈자료〉

국립해양유물전시관, 2003, 〈특별기획전 해녀:물에꾼들의 삶과 문화〉.

김녕리청년회, 2000, 『하늘내』 창간호.

_____, 2003, 〈김녕리 묘산봉 관광지구와 마을발전 전략〉.

김녕농협, 2005, 〈김녕농협소식지〉 104호.

김녕리사무소, 2005, 〈정기총회〉(2005.1.30.).

수산경제연구원, 2006, 〈수협통계 조사월보〉제38권 12호(2006.12).

제주도 해양수산과, 2005, 〈해양수산현황〉.

제주시수산업협동조합, 2007, 〈수산물 입찰가격집계〉.

제주특별자치도, 2006, 〈해양수산현황〉.

_____, 2007, 〈해양수산현황〉.

한국해양수산개발원, 2004, 〈러시아 해양수산법령집:법률과 해설〉(정책연구 2004-1).

해양수산부, 2005, 〈어업정보도:제주도부근〉, 인천:국립해양조사원.

_____, 2006, 〈수산물 수급 및 가격편람〉(2006.9).

찾아보기

▌저자 안미정(An, Mi-Jeong)

한국 해양대학교 국제해양문제연구소 HK연구교수.
일본 국립 민족학박물관 외래연구원(박사 후 해외연수) - 2008.
한양대학교 문화인류학과 졸업(박사) - 2007.
제주대학교 사회학과 졸업(석사) - 1998.

제주 잠수의 바다밭

2008년 11월 11일 초판 1쇄 펴냄

지은이 안미정
펴낸이 고충석
펴낸곳 제주대학교출판부

등록 1984년 7월 9일 제주시 제9호
주소 (690-756) 제주특별자치도 제주시 제주대학로 66
전화 064-754-2275
팩스 064-756-2204
http://press.jejunu.ac.kr

제작 도서출판 보고사
주소 서울특별시 성북구 보문동7가 11번지
전화 02-922-2246

ISBN 978-89-5971-057-7 93380
ⓒ 안미정, 2008
정가 16,000원